Classici et commentarii

HERMES

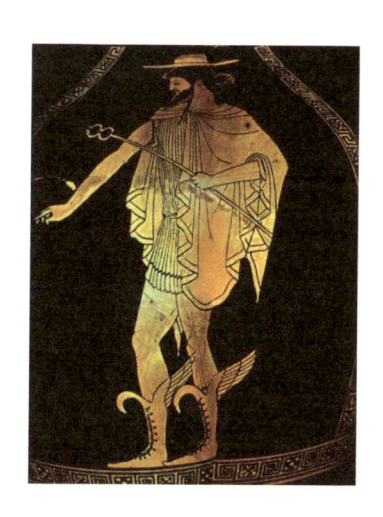

HERMES

在古希腊神话中,赫耳墨斯是宙斯和迈亚的儿子,奥林波斯神们的信使,道路与边界之神,睡眠与梦想之神,亡灵的引导者,演说者、商人、小偷、旅者和牧人的保护神……

华东师范大学出版社六点分社　策划

中国人民大学科学研究基金"'普遍历史'观念源流研究"项目成果
（项目批准号：22XNLG10）

出版说明

古老的文明共同体都有自己的史书,但史书不等于如今的"史学"——无论《史记》《史通》还是《文史通义》,都不是现代意义上的史学。严格来讲,史学是现代学科,即基于现代西方实证知识原则的考据性学科。现代的史学分工很细,甚至人文－社会科学的种种主题都可以形成自己的专门史——所谓的各类通史,实际上也是一种专门史。

不过,现代史学的奠基人兰克并非以考索史实或考订文献唯尚,他反倒认为,"史学根本不能提供任何人都不会怀疑其真实性的可靠处方"。史学固然需要探究史实、考订史料,但这仅仅是史学的基础。史学的目的是,通过探究历史事件的起因和前提,形成过程和演变方向,各种人世力量与事件过程的复杂交织,以及事件的结果和影响,像探究自然界奥秘的自然科学一样,"寻求生命最深层、最秘密的涌动"。换言之,兰克的史学观还带有古典色彩,即认为史学是一种政治科学,或者说,政治科学应该基于史学,因为,"没有对过去时代所发生的事情的认知",政治科学就不可能。亚里士多德已经说过:"涉及人的行为的纪事","对于了解政治事务"有益(《修辞术》1360a36)。正如施特劳斯在谈到古代史书时说:

政治史学的主题是重大的公众性主题。政治史学要求这一重大的公众性主题唤起一种重大的公众性回应。政治史学属于一种许多人参与其中的政治生活。它属于一种共和式政治生活，属于城邦。(施特劳斯，《修昔底德：政治史的意义》)

兰克开创的现代史学，本质上仍然是政治史学，与19世纪后期以来受实证主义思想以及人类学、社会学等学科影响而形成的专门化史学在品质上截然不同。在古代，史书与国家的政治生活维系在一起。现代史学主流虽然是实证式的，政治史学的脉动并未止息，其基本品格是关切人世生活中的各种重大政治问题——无论这些问题出现在古代还是现代。

本丛编聚焦于16世纪以来的西方政治史学传统，译介20世纪以来的研究成果与迻译近代以来的历代原典并重，为我国学界深入认识西方尽绵薄之力。

刘小枫
2017年春
古典文明研究工作坊

目　录

中译本说明（刘小枫）／ 1

英译本导言／ 7
英译者前言／ 17
人文地理学的基本定律（方旭、梁西圣　译）／ 21
 一 民族志的研究任务／ 23
 二 人类的处境、形态及数量／ 27
 三 人类自然民族的地位／ 38
 四 文化的本质、增长和传播／ 46
 五 语言／ 59
 六 宗教／ 72
 七 科学与艺术／ 105
 八 发明与发现／ 120
 九 农业和畜牧业／ 133
 十 衣着与配饰／ 141
 十一 居住／ 151

十二　家庭与社会习俗 / 159

十三　国家 / 180

生存空间：一项生物地理学研究（袁剑、李倩 译） / 191

英译者引言 / 193

一　地球上的生命和空间 / 198

二　地球表面积的变化和生命的发展 / 201

三　作为生命特征之一的空间掌控 / 208

四　征服还是殖民？ / 217

五　生命密度、栖息密度和物种密度 / 227

六　空间对生命的追溯作用 / 234

七　空间的争夺 / 241

八　边界地带 / 251

九　广袤的空间维持生命 / 255

十　新生命形态发展中的空间现象 / 259

十一　创造中心还是保存区？ / 266

中译本说明

拉采尔（Friedrich Ratzel，1846—1904）是现代德意志帝国（1871—1918）崛起时期的著名人文地理学家，但更以地缘政治学的先驱人物闻名后世——他的《政治地理学》(*Politische Geographie*，1897，715页)被誉为这门学科的奠基作之一。[①]

拉采尔的成名作是两卷本的《人类地理学》(*Anthropo-Geographie*)(1882/1891)和三卷本的《民族志》(*Völkerkunde*，1885—1888)，史称现代"人文地理学"(human geography)的奠基之作。《人类地理学》关注"人类分布的共同因子"，《民族志》则致力于呈现世界各民族在地表上的具体地理分布和生活习俗以及文明迁移的历史，可以说是一部基于现代地理学的人类学志(Ethnography)。[②]

[①] 奥伯胡默尔，《拉采尔之前的政治地理学及其晚近发展》(史敏岳译)，见娄林主编，《地缘政治学的历史片段》(《经典与解释辑刊》第51期)，北京：华夏出版社，2018，页2—38。拉采尔的生平和著述，详见 Harriet Wanklyn, *Friedrich Ratzel: A Biographical Memoir and Bibliography*, Cambridge University Press, 1961; Günther Buttmann, *Friedrich Ratzel. Leben und Werk eines deutschen Geographen*: 1844—1904, Stuttgart, 1977。

[②] 罗伯特·迪金森，《近代地理学创建人》，葛以德等译，北京：商务印书馆，1980，页80—82。

按今天的学科分类，拉采尔的《人类地理学》和《民族志》都属于文化人类学。可是，在如今的文化人类学教科书中却找不到拉采尔的大名，在人类学简史一类读物中，他甚至没有获得值得一提的地位——《民族志》篇幅巨大，却无缘进入"西方人类学名著"之列。① 即便在专门论述德国的人类学发展史的文献中，拉采尔也仅被附带提及。按照一种大而化之且有失偏颇的说法，拉采尔是个达尔文主义者，他秉持"以天才为中心的文化传播"论，把历史中的文化迁移视为穿越"时空"的主要动力。由于他对历史上文化迁移过程的探究并没有"依靠实践经验这一要求"，他的历史人类学显得是一种"冥想史"。②

将拉采尔《民族志》的长篇"导言"与杜尔哥（1721—1781）的《普遍历史两论提纲》尤其《政治地理学论著纲要》对比，③人们很容易看到，拉采尔的《民族志》不过是为杜尔哥的文明进步论普遍历史图表添加了大量实证材料而已。

三卷本《民族志》出版不到十年就有了英译本，英国著名的人类学家、牛津大学设立人类学教席时的首任教授爱德华·泰勒（1832—1917）亲自撰写导言，给予很高评价，而拉采尔的其他著作迄今没有英译本，这是为什么呢？格莱德希尔从人类学视角看待世界政治现象时说，"没有一位人类学家曾经能够用民族志的方法研究一个从未受到过西方文明影响的人类社区，更不用说那些实

---

① 比较威廉·哈维兰，《文化人类学》（第十版），瞿铁鹏译，上海：上海社会科学出版社，2006；弗洛斯朗·韦伯，《人类学简史》，许卢峰译，北京：商务印书馆，2020；王铭铭编，《西方人类学名著提要》，南昌：江西人民出版社，2006。

② 安德烈·金格里希，《德语国家的人类学——断裂、学派和非传统：重新评估德国社会文化人类学的历史》，见弗雷德里克·巴特主编，《人类学的四大传统：英国、德国、法国和美国的人类学》，高丙中译，北京：商务印书馆，2008，页108、131。

③ 见刘小枫编，《从普遍历史到历史主义》，谭立铸、王师等译，北京：华夏出版社，2017，页37—118。

际上先于旧世界和新大陆的最早的文明所形成的社会"。① 格莱德希尔若读过《民族志》的英译本——《人类史》，他断乎不会做出这样的断言。当然，格莱德希尔所揭示的人类学这门学科的诞生与欧洲大国殖民扩展的关系，倒是能够解释为何19世纪末的英国学者有热情翻译如此大部头的《民族志》。

拉采尔在文化人类学史上仅有边缘地位，但在政治地理学史上的地位却相当显要。如此差异引发了值得我们思考的问题：拉采尔后来发展出的政治地理学与他的历史文化人类学是什么关系？政治地理学真的是从属于文化人类学或人文地理学的分支学科？拉采尔曾有过从历史文化人类学向政治地理学的转向吗？如果有的话，那么，这种转向又意味着什么呢？

《民族志》篇幅巨大，长达2254页（新式排版也有近1600页）。第一卷题为《非洲的自然民族》（*Die Naturvölker Afrikas*，1885，660页），第二卷题为《大洋洲-美洲-亚洲的自然民族》（*Die Naturvölker Ozeaniens, Amerikas und Asiens*，1886，815页），第三卷题为《古代和近代世界的文化民族》（*Die Kulturvölker der Alten und Neuen Welt*，1888，715页）。

显而易见，"自然民族"与"文化民族"的区分是这部民族志的基本主题。拉采尔力图表明，人类诸民族在从自然人向文明人演进的历程中并不同步，有的很早就成了die Kulturvölker[文化民族]，而有的直到19世纪还是die Naturvölker[自然民族]。如何理解这一世界历史现象？

全书的总括性长篇导言题为"民族志的基本定律"（Grundzüge der Völkerkunde），用今天的说法应该是"人文地理学的基本定律"，因为，拉采尔在描述人类从自然人向文明人演进

---

① 约翰·格莱德希尔，《权力及其伪装：关于政治的人类学视角》，赵旭东译，北京：商务印书馆，2011，页52—53。

的"文化迁移"历程时,始终紧扣世界地理的自然区域和自然民族的变迁。显而易见,拉采尔试图结合18世纪至19世纪的德意志历史哲学和历史语文学以及自然进化论来回答这样的问题:文化民族如何历史地形成。由于拉采尔致力于描述"自然民族"与"文化民族"在地表上的分布(配有1160幅展现民族特征的素描)及其相互斗争,这部大著又具有人文地理学性质。

在长篇导言临近结尾时,拉采尔提到了国家作为"文化民族"政治组织的作用,并对欧洲启蒙运动以来的文明进步论所理解的"文明进步"提出了质疑:

> 战争不断不就是最低级人类的原初状态吗? 对此我们可以回答,迄今为止,我们自己的和平除了靠武装之外别无他法。但在我们中间,战争冲动的迸发打破了文明状态所要求的那种更长的休战间歇。在我们说到的民族中,像中世纪"暴力统治"这样的状态通常很持久。即便如此,也必须指出,野蛮人中也有和平的民族和爱好和平的统治者。我们不能忘记,自然民族打得最血腥和最具毁灭性的战争,不是他们自己之间的战争,而是与欧洲人进行的战争。没有任何东西能像奴隶贸易那样在他们中间掀起如此腥风血雨,造成了猎奴的可怕后果,而正是更文明的陌生人的贪婪煽动起了奴隶贸易。

"更文明的陌生人的贪婪"除了指盎格鲁-美利坚人的"贪婪"还会指谁呢? 现代欧洲民族的确"更文明",但也更贪婪。事实上,人们已经能够从拉采尔的这一长篇导言中看到他的政治地理学思想萌芽。

全书篇幅巨大,这里译出的仅是长篇导言部分。拉采尔生前曾单独刊行这篇导言,可见它具有提纲挈领的内涵。[①] 中译依据

---

① Friedrich Ratzel, *Grundzüge der Völkerkunde*, Leipzig, 1895, 172 页。

英译本迻译，而英译本实为德文本的意译，未必句句紧扣德文原文。

拉采尔晚年（1901年）发表的长文《生存空间：一项生物地理学研究》通常被视为其政治地理学基本原理的最后归纳，我们收作附录，便于读者对观。这篇文献晚近才被译成英文（2018），表明英语学界已经意识到，有必要重新认识和评价拉采尔的文化人类学。

刘小枫
2021年5月
古典文明研究工作坊

英译本导言

泰勒（Edward Burnett Tylor）

[v]1885年至1888年，拉采尔的第一版《民族志》一经问世就被当作人类及文明研究的参考指南。对于初次开展人类学研究的学者来说，本书提供了一个从事人类民族研究，尤其是从事早期人类文化历史舞台上的野蛮人研究的不可或缺的轮廓框架，因此本书有助于现代人认识自己、权衡自身优劣，甚至从发展历程预知未来的可能性。正如魏尔啸（Rudolf Ludwig Karl Virchow）博士首次提到这本书时便大加赞赏的那样，这是自普理查德（Evans Prichard）和威茨（Waitz）时代以来，展现人类较低民族的知识进行的最广泛尝试，因为此书吸收了大量旅行者的研究、有关欧洲原始人的展览、大博物馆的公开信息。

目前流传的英文版经1894—1895年德语第二版编修而来，章节由原本的三卷压缩至两卷。需特别提及的是插图，其数量达1160幅，这已远远超过此前任何一部以人类为主题、针对广泛受众的著作。无论如何，这些插图都不仅仅作为书中的装饰品，而是展现文明发展的各个阶段的最重要的一部分素材。这些插图以一种语言所不能及的方式介绍和指导如何使用这些博物馆藏品，而人类科学越来越依赖这些藏品以建构人类发展理论。将文化的物质呈现同旅行者细致入微的描述结合起来的作品，最能展现人类与千变万化的自然所建立的联系。在这方面，伍德（Rev. J. G. Wood）的著作《人类的自然历史》（*Natural History of Man*）和布朗（Robert Brown）博士撰写的《人类的民族》（*Races of Mankind*）都为人类学研究做出了突出贡献。

诚然，民族间的身体差异只能通过描述和精心挑选的肖像来呈现，细微的身体分类只有解剖学家才能做到。用语言对民族进行分类只能从语法和词典中选取实例来说明，以便使比较语言学的结论更加明了，而不需要语言学论著的详尽论述。然而，对于人类文化生活进行更全面、技术性更低的处理更容易实现。或许可以按此提纲挈领地看待在野蛮民族中发现的关于[6]战争、生产、娱乐、知识、道德、宗教的物质艺术，这不仅是初学者的教材，还是学成者的参考书。

在我们这个时代，对人类生活进行专门研究的实物教学课（object-lessons）开始引人注目，如配备了博物馆里的标本的教学课。这些东西在过去不过是野蛮部落生活中的稀奇之物，其本身一开始就被认为是稀奇、罕有的，从来没有被怀疑是否具有教育意义。现在人们把这些实物更好地视作帮学生"纵观古今"的材料。在那些珍藏永恒知识的藏品中，他们用两种不同的方式阐释了文化进程的图景。按照更正常，也最好得这么正常的方式，人们日常生活所需的所有东西被聚拢分组，每组都各得其所。因此，在大英博物馆民族志画廊中，澳大利亚人、波利尼西亚人、黑人、鞑靼人的基本情况或"整体情况"（用旧时的术语来说）或多或少呈现出特定群体维系着一致的艺术和习惯。在布须曼人（Bushman）把根植棍（rooting-stick）当作原始工具的非洲，我们发现了铁锄（卷 i，页 88、89）。南太平洋诸岛居民（the South Sea Islander）可以勾画出一幅粗略的地图，并巧妙地将一根根棍子连接在一起组成框架（卷 i，页 165），作为跨海航行的指南；相对于文明化的航海行动使用的指南针和测量图，这些并没有什么可比性。

集体照片(group-pictures)不仅显示了野蛮民族的身体特征,也体现了他们的生存状况,更带着启发性和直观的教育意义暗示了文化的这种层级。原书第一卷的卷首插画描绘的是布须曼人倚靠在一块岩石上,他的圆头棒也正好搭在这块岩石边;他的手中有一根用来吸食大麻的羚羊角管;一个孩子用(不属于现代的)石器劈骨髓,而另一个孩子带着牛吼器(bull-roarer),[①]就像柏林的街头男孩们最近做的那种一样,直到警察制止他们玩这种神秘的玩具;他的妻子用网兜装着鸵鸟蛋,脖子上挂着作为饰物的牙齿,而她的玻璃珠可能产自意大利的穆拉诺岛,这显示出他们开始与文明世界接触;带着毒箭箭袋的小弓,以及在干旱沙漠中使人生存下来的水袋,位于画面最显著的位置。

从上文所展示的一系列图片中,我们可以发现这些原始部落的生活是如此原始。另外一张关于生活在菲律宾群岛的以伊哥洛特人的图片也向我们证实了这一点。在该图中,这些原始的伊哥洛特人从事着各种各样活计,其中一些活动便是其真实生活状态的写照。对这些原始部落而言,更先进,同时也更复杂的文明状态不可能在他们之中产生。但在描绘野蛮人或其他更开化民族(civilized race)的画面中,仅仅只是武器战利品或各种器皿便足以充斥整个画面(普拉特,页232)。

在这些图画中,生活被分为了不同的方面,以至于我们这些观者会认为工具和艺术品乃分属于不同的人。在民俗藏品中,部落或民族(nation)的作品[vii]按照地域或者是民族进行分组,呈现在文化研究者面前的是类似的人类本性和环境记录,人之本性和环境的联系如此紧密,以至于每一类对象都清晰地呈现出自身成形的规则及不同的发展程度。研究者发现,或希望通过进一步的研究发现,不同层级的渐进过程都存在相似性。因此,在不同地区

[①] [译按]一种乐音与噪音相混的乐器,通过抡臂甩动而发出类似于牛吼一般的声响。

的工具中，澳大利亚的石斧头较早占据了一席之地，其后来者是埃及的青铜斧和现代欧洲的钢斧。这样一来，在文字记录的诸种方式中，相对于古埃及生发了字母书写方式的混合图像和音标来说，美洲印第安人的书写-图像记录就是一种较为低级的形式。牛津大学博物馆陈列的里弗斯（Pitt-Rivers）藏品集中研究艺术、习俗和信仰发展规律的实质性证据，从力所能及的所有地区和年代汇集的标本着手调查，将这些采集到的标本依照形式和用途进行排列，最终成为创始人里弗斯毕生的工作之一。

从某种程度上说，此方法的工作可以从本书的插图中显示出来。达马拉弓（The Damara bow）虽然不再被作为武器携带，但保留了口乐器和弦乐器的功能；其他部落通过加固空心的木葫芦或类似的谐振器提高声音，改善了这种原始的弦乐器，并且从某个阶段开始，人们通过将弓和谐振器制成整体并且将一系列琴弦拉过琴弓，创造出了非洲竖琴——一种代表世界范围内原始竖琴和琵琶的乐器形式。事实上，这种进步并不是唯一的规律，因为退化也随处可见，就像低级文化导致对某种已知文化类型的低劣适应一样。人们一直认为，加蓬人（Fans of the Gaboon）制作的原始木制弩（卷 i，页 86）代表武器发展的早期阶段，但恰恰相反，16 世纪强悍的葡萄牙人随身携带的劲弩是对此的低劣仿制，因而这种仿制弩被有趣地当作退步的象征。

在一部其价值很大程度上取决于插图的作品中，装饰艺术必须引人注目。这确实如此，也理当如此，我们多半要用不完备的原理知识处理这个重要的问题。即使在现实生活中，文明世界也并不独享装饰艺术的秘密。在我们的商店里有许多昂贵的东西，它们被制造和销售，目的无非是美观，但对有教养的人来说，这些东西仍然不能令人满意。另一方面，野蛮人或原始人虽然被视为智力低下，但人们却必须承认其生产的物件自身独具艺术品味。读者将在巴布亚和波利尼西亚的雕刻和席子的照片中找到足够的证据（页 241、244、247、249、262）。

那么，是什么使这些线条变得美丽，甚至异彩纷呈？答案是，轮廓之美取决于大胆、坚定和明显的绘画意图，这无疑[viii]仅是部分正确，但一些线条僵硬且丑陋，一些流畅且优雅，还有一些生硬的装饰品也还是令人钦佩的，流畅图案的笔触反而会显得笨拙。我们尊重霍加斯（William Hogarth），他试图解决美的线条问题，因为有了更丰富的知识，现代人就可以在他失败的地方重获成功。我们所知的变化万千的高雅装饰艺术的种类越多，越接近对装饰本身的理解。考虑到最近在解决装饰美方面取得的进展，与其说是解决装饰美的直接问题，不如说是解决装饰的起源和意义的居间问题，这让人欢欣鼓舞。

里弗斯将军的研究从人类形象逐渐转为装饰性设计，他从绳索和编织物的真实表现形式中衍伸出文化艺术的线圈、波浪和阶梯图案的研究，鼓舞了博物馆不断攻破这项以他名字命名的有趣的研究，并在他名字后加上一连串后缀，比如图恩（Everard im Thurn）先生的挂钩或者是英国圭亚（Guiana）土著制作的篮子，上面编织有鸟类和猴子的优美的图案，除非你了解它们的由来，不然这些装饰画毫无意义。所有投身这一颇具吸引力的研究领域的学者应该都知道里弗斯博物馆策展人巴尔弗（Henry Balfour）先生的《装饰艺术的演变》（*The Evolution of Decorative Art*）。拉采尔博士对装饰设计的感觉非常有把握，他再现了很多有启发意义的东西，其中我们只需提到来自桑威奇岛（Sandwich Island）装在网兜里的葫芦瓢，它和另外两个没有网兜的葫芦瓢放在一起，但根据岛上的习惯，这些图案被适当地装饰成不带网兜的传统图片（卷i，页 243）。

这样的证据远不足以废除旧时代的观念，即独具匠心的艺术家出于内在意识设计了那些年代引以为乐的图案。虽然将其视作最初源自实物的东西，我们也可以看到它们如何发展分化，尽管有统一的原则，每个部落或地区仍然趋向于逐渐形成自己的图案，进而这种图案成为典型，并被爱国式地尊为本地标志。因此，每一个拉美尼西亚人和玻利尼西亚人都能够分辨出垫子或雕刻品来自哪个岛屿，就像瑞士的边远村庄仍然以其特殊的刺绣而闻名一样。这些民族，野蛮也好，文明也罢，当他们自身的特质被国家统一的风格同化或毁灭时，他们的地方特色就消失了，其自身的样本也随之消失。自然，如果他们先消失而后突然出现时，就会是一个惊喜。这使我回想起这本书的一段——"来自帛琉群岛（Pelew Islands）的鸟型船只"（卷 i，页 256）。

大约在 1880 年，我偶然去了德文郡的霍尔库姆教区，下午访问牧师威尔斯（Mr. Wills）先生。谈到壁炉上的一件石器，我的一句话引出了一个意外的说法，即楼上存有来自帛琉群岛的物件。我此前抗议说，威尔逊上尉把李博王子（Prince Lee Boo）从国外带来了，还有一首老诗讲述了他的悲惨故事，从那以后任何东西都没有来到英格兰。[ix] 当时有人回答说，已故的威尔斯夫人是威尔逊上尉的家人，她也对威尔逊上尉的遗产感到好奇。在此之前，两代孩子曾与他们一起玩耍，但在阁楼里仍然有一个巨大的鸟笼和镶嵌的木剑，以及酋长们珍贵的装饰品鲁帕克（the rupak）或骨制手镯，还有凯特书（Keate's book）里发现的类似物品。我认为该将这些遗产列为国家收藏，不久之后，威尔斯先生临终时要求把这些藏品送到我的手中。它们在大英博物馆民族志部门获得了应有地位，毫无疑问，它们在博物馆将比在和蔼可亲但近乎绝望地衰败的岛民手中更加永存——库巴利（Kubary）以极其写实的笔法描绘了其衰微之景。

在理解全人类文化的相似性时，艺术和习俗的一小部分可以由任何人创造或者为自身改编，而一大部分则是可以适应其自身环境的舶来品，最大的困难在于如何将这两部分区分开来。文化的原初的创造和变动必须在某个地方进行，但要将其放在地理学和年代学下加以研究会让人摸不着头脑,以至于人类学家更想要回归,特别是回归到更简单和原始的发展阶段,他们认为艺术与习俗分别出现在某一个中心或多个中心,继而在全世界传播。

例如,谁敢说,到处都有的棍棒和长矛,以及几乎随处可见的弓是哪里、是谁最先开始使用的呢?随着这些简单武器的样式分化以及不断细化且复杂的器具的出现,问题变得更加易于处理。虽然迄今为止还没有明确的规则用以查明各自开花的类似发明,即从某个地方的发明流传到另一个地方,但无论如何,经验和历史指引我们判断出,艺术或建构越是复杂、精细、与众不同,我们越应该考虑到,它诞生时一枝独秀,后来传播出去,开枝散叶。历史帮助我们追寻文化在世界范围传播的移动轨迹。

从另一方面来看,追溯世界各地艺术的传播轨迹是了解早期历史最重要的辅助手段之一。因此,就布须曼人已经提到的情况而言,仅仅观察就可以证明,他们通过贸易商获得的玻璃珠可以追溯到从腓尼基到埃及的艺术史;而达卡烟斗(dakka-pipe)不仅记录着非洲本土发明,也记录着吸食大麻这一恶习从中亚分别向东西传播的路径。书本将提供很多机会,努力将所有人的生活、当地的产物同外国引进的物件分开,对于研究者来说,养成这样一种习惯大有助益。因此,在苏族(the Sioux)的战争舞蹈中,枪和铁头战斧都是从白人商人那里拿来交换的,旁边是货真价实的鼓和石头槌;通过非洲国家的剑和匕首,我们一目了然地看到了亚洲在伊斯兰宗教范围内外扩散的影响。

[x]对于早期阶段的社会生活,甚至道德和宗教的研究,由于它们与现代生活的实际问题有着广泛的联系,那最有用的准备工作就是熟悉材料艺术的模式和表现,及其发展和传播。人类有相同的本能,高低有别的才能同样稳定,生活对外部环境的需要同样易变(这是环境必须屈服于人类需求的文化状态的先例),同样用自然灵感改造人为工具,同样在整个部落里复制个人创造的器物、

然后再从一个部落复制到另一个部落——这些行为在整个人类中进行更广泛的传播,而我们从微小事物中学到的原则可能会有助于指导我们研究人。尽管范围有限,但不断求助于实际对象的习惯对于我们研究更抽象的观点具有无法估量的作用。

然而,我们不得不简单地依靠口头描述来了解遥远且奇异民族的习惯及其社会状况、是非标准、政府模式、宗教观点以及这些制度赖以产生的物质层面,这些东西的出现使人们对事物有了真实和敏锐的体察,从而大大丰富了词汇的意义。火地岛上的土著所住的简陋棚屋里没有几件家具。这些简陋棚屋将这个民族展示在我们眼前,而我们则像其间的旅行者一样,对这个与世隔绝的野蛮家庭的生活、道德和宗教方面的看法不断改变。因此,马来人或高等美洲印第安人大村舍的模型或图片能使观众进一步了解父权制或母权制家族联合体的社会状况,这样的联合体自然而然地涵盖了兄弟情仇、集体农业和部落战争。

因此,从各个方面来说,生活中的家具用品在最大意义上为我们理解制度提供了线索,正如工具能为理解艺术提供线索。美洲印第安人在出生、结婚和死亡时的用具,婴儿兜的背带,启动仪式的鞭子,新娘的珠子和妆容,为了祭奠死者的灵魂而奉上的武器和装饰品,都展示了这个部落野蛮生活的轮廓。这个伟大的图腾体系将野蛮世界的部落联系在一起,其物质表现是在加拿大英属哥伦比亚的垫子和屋顶上绘制或雕刻动物,以纪念神圣的祖先神话。在全世界一半的国家中,原始人像或偶像最能体现灵魂和神性的概念(页301)。要了解崇拜者对偶像作出的言行,以及偶像内植的精神对于崇拜者来说意味着什么,就要更积极地认识当地的神学,而不是试图从野蛮的祭司那无聊的只言片语中提取学术定义的片段。

[xi]由于本书属于流行的插图书籍,有必要指出这不会损害其教育意义。恰恰相反,本书为人类学研究奠定了坚实的基础。

探讨理论知识、反驳或捍卫拉采尔教授关于人类物种在全球的传播、按民族和语言对人类进行分类以及文明地理学的观点,都不是本绪论的目的。尽管荐书人只是推荐一本外国图书,但他仍有责任找出错误,并指出相宜的读者类型、该书的写作目的和其可能的用处。同时他应该清楚地认识到,尽管人类学在过去的半个世纪里一直在发展,但正如同其他现代科学形式和地位上的主题一样,证据的收集尚未完成,这一理论也尚未变成教条主义。

在下一世纪,从现在的进步来判断,它将在很大程度上触及实在法(positive law)领域;在用途上来说,它不仅将被用来解释人类过去的历史,也将用来描述并影响未来的意见和制度,这有助于人类生活的系统化和科学原则的合理安排。确实,这样的结果可能随着对某种科学初现时的开拓兴趣的减退而缩水;另外要承认的是,也许下个世纪的人类学家(拥有丰富的、凝结成法律和规则的各种理论和实践知识)会重温我们辛勤追寻证据和为新成果而欣慰的时光,这时光中也伴随着一些遗憾,缘于殖民地居民对定居生活开始侵吞猎人野外生活的那段时日的回想。

英译者前言

[xiii]佩恩(James Payn)先生最近将译者的功能与打字机的功能进行了比较,这种比较在许多方面都有用。这两种情况都值得期望,就像在托儿所里守规矩的小男孩一样,"只见其人不闻其声";也就是说,期望每个人都以自己为媒介复制摆在他面前的内容,而对此不予评论。然而,现在这位译者,带着些许胆怯,渴望前往摒弃这一规则的时刻。作为一个微不足道的门外汉,一步错则步步错,但他曾几次在翻译过程中冒险附加一个从他自己的阅读或经验中得出的例证,试图通过这种方式或以其他方式证明拉采尔教授的观点和言论;即使只是为了免受如今回首往事遭受的责难,他几乎不得不再次让自己被"闻其声",因为现在看来,本书过去似乎无礼入侵了其他民族的领地。现在似乎有许多人认为,除非他对任何其他事物一无所知,否则一个人关于某个主题总会了解一二;而所谓"专家"也许偏偏不能接受荷马的《马尔吉特斯》(Margites)。①

---

① [中译按]《马尔吉特斯》是荷马的一部作品,其中马尔吉特斯这个名字源自古希腊语,有"疯狂、贪婪、好色"的意思。"他见识很广,但知晓的均是鸡鸣狗盗之事。"在这里的语境应该指的是所学杂而不精。

另一方面，必须提到的一个词是*辩解*（apologia）。根据蛮族自己的体系学习拼写蛮族名字的方式在德国成为一种时尚，但就这部作品而言，这种倾向主要用于英语中。在这个问题上，必须做出区分。从一种语言中"音译"而来的名字有着与我们的符号不同的古老文字符号，从语言学的角度来看，可能有必要采用传统的字母转写系统，其风险在于会使英语读者读出一种完全不像原始单词的发音，而且这也可能让旧传统支离破碎。例如，拼一位知名板球运动员的名字，好立即能让普通的报纸读者用同韵字 man 来念他名字的第一个音节，并试图掩盖他名字"旁遮普雄狮"（the Lion of the Punjab）的意蕴。这样似乎还好，但是欧洲人对于那些没有听说过的名字不可能拼出来。当然在流行的作品中，最好是尽可能在没有违反习俗的情况下，用最接近英语的形式来传达最接近英语的声音。比如写下 Otaheite 和 Owhyhec 时确实会令人愉快，像是自带文字印记。但在这里我们已经屈服于法文了，回归旧的书写形式是没有希望的。

然而，在有些情况下，[xiv]我们仍然可以自在地考虑自己的同胞。比如说，90％的英国人只认其同韵词 Funguses，那为什么要写 Tunguses？当跟随着祖先书写文字时，我们至少会给出详尽的发音。再者，为什么要因为戈登（Gordon）把 Shillhooks 喊错就把这个名字写成 Shilluks 呢？其他国家的人遇到这些问题时不会犹豫。德国人会写 Schilluk，法国人无疑会听成 Chilouques，意大利人会听成 Scilucchi，西班牙人——如果必须要提到——会听成 Xiluques。在这个问题上为什么只有英国人不能保持自己的"势力范围"呢？像 tapu 和 tatu 这样的名称出现在科学期刊上时可能不会有什么问题，但 taboo 和 tattoo 都是英文词汇，应当用在英文书籍上。

最后，译者非常感谢两位专家，感谢他们帮助译者修改了佐证材料。巴尔弗先生在前两三部分的翻译中作出了巨大贡献，当他因病而不能坚持工作后,罗特(H. Ling Roth)先生及时伸出援手。多亏他细致的审阅,文章中可能出现的问题大大减少了。文中若出现拼写错误或者摘录描述出入的问题,均因译者失误所致,在索引中一并有所纠正。

人文地理学的基本定律

[德]拉采尔 著
方旭、梁西圣 译

一　民族志的研究任务

在处理我们的问题时必须考虑到地理概念和历史因素

[3]我们在这项工作中的任务是传授我们今天在全球发现的人类(mankind)的知识。由于长期以来的实践行为，没有哪个民族能够保存最先进、最高度的文明，几乎一直到我们借此形成人类的概念，并认识到人类的行为会构成世界的历史，民族志的职责就变成了更加忠实地投身于被忽视的低级人(humanity)。除此之外，民族志不仅仅是从表面上着眼人的概念，还要着眼各民族如何在占主导地位的文明人的阴影下成长，实际上，正是对这些低级人的追溯使得今天更高级的发展成为可能。民族志要让我们知道的不仅是人是什么，还有他之所以成为今天的"他"的方式——只要其方式留下了各种内在活动的蛛丝马迹。只有这样我们才能牢牢把握人类的统一性和完整性。关于我们的调查必须遵循的过程，特别要记住，文明的差异将人类分为两类，这可能与其禀赋的差异没有任何关系。这是我们要考虑的最后一个差异，而首先要考虑的则是发展和环境的差异。因此，我们将全面考查各民族的外部环境，并以相同步调(pari passu)努力追寻我们今天所处环境的历史演进。因此，其周围环境的地理概念以及对其发展的历史考虑

将协同并进。只有将这两者结合才能形成公正的评判。

我们所谓的文明进步则是我们在智力和文化方面的增长,最好是将其比作植物向上生长的势头而不是鸟类的自由翱翔;我们永远与地球联系在一起,而树枝只能生长在树干上。人性可能会面朝纯净的天空得以升华,但它的根必须停留在地面上,尘归于尘。因此,地理意义上的视角非常必要。至于历史方面的考虑,我们可以指出,几千年来保存下来的民族即使改变了他们的位置、言论、体貌,但他们的生活方式根本没有改变,[4]而其宗教和知识只是略改皮毛。

希罗多德(Herodotus)给我们讲了一个穴居人(Troglodytes)民族,他们居住在加拉曼特人(Garamantes)附近,也就是现代费赞(Fezzan,利比亚西南部旧地区名)的居民。他们活跃而敏捷,并且讲一种几乎不为外人道的语言。此处我们以纳齐提加的忒巴斯(Tebus 或 Tedas)为例,他们直到今天都居住在岩石的天然洞穴中,因其活跃性和飞毛腿而广为人知,他们的语言几乎没有传播到他们的堡垒石墙之外。因此,至少在过去的 2000 年里,他们一直保持这样的生活方式,这比我们现在所知道的时间更久远。他们今天没有比过去几千年更贫穷、更富裕、更聪明、更愚昧。他们所拥有的始终如一。

每一代人都重复前辈的历史,并且代代相传;正如我们所说,他们没有任何进步。他们一直都拥有某些天赋——强壮、有活力,有自己的美德和缺点。他们站在那里,就是逝去时代的碎片。在同一时空,我们从森林的黑暗中走向历史舞台;我们的名字,无论是在和平还是战争中,都受到各国的尊重和敬畏。但是,我们作为个体经历过如此巨变吗?我们在身体上或是在智力上,在美德或是在能力上,我们世世代代的祖先难道比他们忒巴斯人的祖先更先进吗?这个问题存疑。主要区别在于,我们已经劳动得更多、获得更多、生活更便捷,最重要的是,我们学有所得。我们拥有更多的遗产,新生儿更多;因此,国家立场的比较使我们在人类中拥有更高的地位,还表明我们如何以及为何成为我们现在的样子,以及我们必须走什么样的道路才能进步。

人类是一个整体

在所有国家的判断中,我们清楚地发现一个基本事实,个人的自尊感使我们优先考虑对邻国不利的观点。我们至少应该努力做到公平;研究人类可能会有助于实现公正,令我们印象深刻的是,人类的研究确实遵循了一个重要原则,即在形成判断之前,我们应该与所有人和国家打交道,考虑到其所有的思想、感受和行为的本质性分级特征。在某个阶段,任何事情都可能发生,而人类不由差距划分,而是按发展阶段来划分。因此,民族志的任务不是首先表明差异,而是表明变革的节点及其间存在的紧密联系;尽管文化非常多样,但人类始终是一个整体。可以说国家由个体组成,而这些个体是其所有活动中的基本要素,因为这些个体之间的性情如此一致,以至于如果能够成功地接触到别人,个人产生的想法肯定会在彼此身上找到共鸣,就像同样的种子肯定会在类似的土壤中结出果实。

但上述追溯过程非常重要。基本思想具有不可抗拒的扩张能力,从事情本质上看,没有理由解释为什么基本思想要停滞在卡菲尔人(Kaffir)的小棚屋或菩托库多人(Botocudo)的壁炉前。但妨碍或拖延思想行进的障碍无穷无尽;而且因为思想与生活相伴相生,它们也像所有的生活一样可变。这是造成民族差异和民族问题的主要原因。甚至可以说,了解原始人类历史的关键是人类的地域分布、他们获得文化的方式,以及从制造火种发展到历史民族之最高观念的文化手段。

民族志的任务是展示人类的凝聚力

[5]我们可以设想文明的普遍历史,这一普遍历史应该采取一

种统领整个地球的观点,考察全人类文明扩展的历史意义;它将深入到通常被称为民族志的领域,即对民族的研究。对史前人类和史外人类的探究越深入,越会在每个领域和每个文明层次上遇到本质上的单一形式。这一形式在很久以前,在演化出许多独立的文明中心的条件存在之前,就在地球上由一个民族传播给另一个民族;这与今天的人类密切相关,这些民族所有的伟大的新创造都在这个共同基础之上,而在其中蕴含的许多碎片仍未被改变。在不久的将来,要是不涉及迄今为止还没有被视为拥有历史的人的民族,就没有人能写出一部世界历史,因为他们没有留下任何记载或刻写的痕迹。历史包括行动;除此之外,写或不写的问题显得并不重要,在创造的事实之外,描述创造的词汇完全无关紧要。在这里,民族志也将展示如何推理概念。

二　人类的处境、形态及数量

有人居住的世界

人类栖息在地球温带和热带的大陆和岛屿上；有些栖息地位于北半球的寒带。人类的居住地形成了一个宽广的区域，纵跨北纬80°至南纬55°。关于两大海洋，太平洋的北岸（亚洲和美洲相距五十英里以内）构成了居住区的一部分，这儿也是一个居间的宽阔地带，以丰富的宜居岛屿著称。另一方面，大西洋一直到法罗群岛的斯堪的纳维亚殖民地和冰岛，在人类居住地带上形成了广泛缺口。因此，我们可以把有人居住的世界区分出来，这个世界的表层去掉海的范围，它们可能占据大约一千四百万平方英里，其南北边界是极地地区的不适宜居住的冰漠（ice-desert），东西边界中间则是大西洋。居住在这些范围内的民族举目空旷，四面都没有邻居，但是当他们的定居点向外扩展时，会发现自己遗世独立；因此他们本身对民族志研究缺乏兴趣。另一方面，一些族群处于中间位置、占据重要优势。我们在太平洋地区就遇到这样一些民族，[6]特别是在北部边界中美洲与地中海接壤的地区。从可居世界的位置和形式来看，北半球显然比南部的人数多；北半球提供了更广泛的开放地区、更多的接触面，以及更多样的禀赋和更大的可能性;简而言之,就位置、形式和维度而言,北半球早就具备了就人类发展而言的一切优势。

北半球人类与动植物的分布相互依存;南半球则呈现分离态势。如果我们把全人类看作一个整体,我们可以看到北半球的成员有广泛的联动;南半球则较为离散。如果我们从民族来看,就会发现黑人属于南,而蒙古人和白人属于北。文明在赤道以北地区达到了最高的发展阶段。我们在民族志中会发现类似的对比,例如,无弓的民族属于南方群体,而在北方,我们发现弓箭不仅分布广泛,而且其在拉普兰、东格陵兰和墨西哥的样式基本上完全相同。

旧世界和新世界

大西洋在居住区上的巨大缺口产生了"边缘"陆地。南北之间交往密切,背后都有人口密集的地区和更宜人的气候,这使得这些地区在民族志方面远没有往两极去的地区那样贫瘠,尽管如此,我们仍然发现,非洲发展得最好的是东海岸,美洲则是西部,即大西洋的内侧或离大西洋最远的地区。非洲人无疑与亚洲人亲缘关系密切,而与美洲没有任何联系。但是这种联系延伸得更远,超越了亚洲大陆的边界,到达大亚细亚群岛;这一联系形成了北部和南部边界之间一个伟大的文明带,可以把这看作是从太平洋横跨进美洲东部地区的西部对等区域。这两个地区的区别在于是否使用铁器。事实上,地球北部的西部地区正在侵蚀东部;但是南北方之间的对比却不断增加,尤其是东西方交界的地方始终如此。我们发现前者主要按人类学的分类,而后者按民族学的分类,在它们的交汇点,两者在古代表现出了很大的差异。在民族的后期发展中,铁器毫无疑问发挥了重要作用。使用和不使用铁器的国家间的边界对应着民族志分布的重要区域边界。没有铁器的地方,主要产出牛、水牛、绵羊、山羊、马、骆驼和大象,其畜牧业也不为人所知;猪和家禽在没有铁器的地方也很少繁殖。政治和社会关系的区别要大得多。[7]美洲、大洋洲和澳大利亚：群体婚姻、异族通婚、母系权利、氏族分裂发展得更早；欧洲、非洲和亚洲，则是家庭的父权制、一夫一妻制和现代意义上的国家。因此，对人类而言，东西方也相互对立。美洲是人类发展的最东部，因此我们可能期望发现比非洲和欧洲这些最西端地区更古老的发展阶段。

北部和南部民族的相互影响

民族的分布情况远没有这么简单。实际上黑人本质是南方人，其北部界限是在沙漠形成的非洲，巍峨的群山将其与亚洲相接；印度河一角是其越过北回归线唯一重要的延伸部分，并向赤道南侧撒到了大洋洲。因此，我们有一个主要属于东半球的南部地区，其中最大的领土紧凑地聚集在热带地区和南半球温带地区之间。除了南部的情况外，黑种人的分布还受到这里普遍分布的轮廓和表面特征的影响。世界各地当然存在南北之间的地理对立；但是地理差异作为民族志或人类学差异的一个因素，只涉及所谓的旧世界和邻近的部分，事实是，正如我们此处发现所表明的，地理差异共同塑造了人类在外观和形式方面的差别，涵盖了从最高到最低的各个发展阶段。相反，在美洲，我们发现无论是北方还是南方的民族，都没有非洲、亚洲或澳大利亚的南北部表现出的截然不同的民族差异。美洲从人类学的角度来看全部都属于北部，从民族志的角度来看则大部分地方属于北部。

另一方面，在非洲和亚洲，最重要的问题是北方与南方之间的关系。北方边界的不同性质此处有鲜明的区分。黑人的居住地和北非之间隔着沙漠，这是一个巨大的天然屏障。南亚各地仅仅松散地维系，而没有同北部和中部地区截然分开。最重要的是，印度受到的影响与非洲不同；我们早先在非洲发现的习俗和身体特征都没怎么改变，其发展条件与印度同源。最后，马来西亚与马达加斯加和印度一样，共同抵抗住了北方民族的入侵。

从非洲的西北端到斐济，无论有色民族还是白种人都有交往，民族交汇已经在其间发生。这种混血程度最高的民族居住在苏丹、撒哈拉、南非和中东非洲、阿拉伯南部、马达加斯加、印度南部孟加拉湾两侧以及澳大利亚。在南欧和波利尼西亚的最南端，我们发现了黑人混血的少量痕迹。幸好其地理位置偏僻，只有一种能拎清楚的民族充分地自我发展了。我们提到的澳大利亚人，他们的黑皮肤、刚硬或卷曲的头发以及长（头颅长）脑袋似乎是从巴布亚人与马来-波利尼西亚人祖先杂交而来。巴布亚类型的特征（我们不知道其来源）在这里也很明显；除了文化水平低下和贫穷生活的痕迹，我们发现他们还有退化的倾向。

土地的岛屿特性

地表的水光是海洋就占据了几乎四分之三的面积，[8]因此所有的大陆都是海洋中的一个岛屿，其面积几乎只有海洋的三分之一。即使在历史上人类活动的过程中，人类最分散也一定会扩展到海上；在发明航海之前，一定有一段时间，海洋将人类限制在那些曾经是民族摇篮（cradle of the race）的地区。最早的迹象早已消失——因为在地球的所有地方我们发现艺术的发展高度与无知并存——这是第一种人类几乎可以在所有居住地进行传播的东西。在地球上最具多样性的地方，我们在发展的高阶能发现造船和航海的艺术。这在太平洋地区最显而易见，至少在大西洋地区如此。

这种不规则的分布是艺术容易被遗忘的标志；所以我们绝不能从它缺席的地方，甚至缺少任何记忆的情况下推断海洋是持续活动还是完全静止。即使我们没有在夏威夷和其他地方看到以前有更大更好的造船传统，也可推知高级社会和政治组织与航海熟练程度之间的紧密联系。北方人向冰岛、格陵兰岛和美洲航行，他们可能不像波利尼西亚人那么会用船；之后他们失去目的地，并忘记了通向它的道路。当今有人居住的世界范围，包括所有适宜居住的土地，[9]少数几个偏远之地和小岛屿除外，这本身就是人类古老的证据。

地球表面的水资源

广阔的水域为人类提供了丰富的食物来源，因此造成了海洋地区稠密的人口；水域也方便了遥远的国家之间的交往，而在敌对民族居住的土地上，这也许不可能，因此较高的文明从海岸传播到内陆。出于这个原因，它一直对人类的思想产生着显著的影响，所有描绘的图像中可见的海洋或湖面部分都如此。大多数图像里陆地被描绘成一片广阔的大海中的岛屿，而未来的世界则远离海洋。无论是溪流环绕的陆地还是晚霞中的岛屿，无论是湖中还是河中，或者是喷涌而出的泉水，再或是面庞光洁的少年把水抬回原地，最后水路只会停在海洋，陆地不是无水的土地。灵魂必须穿过水面；因此经常出现船形棺材甚至墓石、船葬，或者季亚克人(Dyaks)作为坟墓纪念碑的小木舟。

因此，无论人类居住在地球上哪个地方，我们都会找到同一民族的人。人类的统一性就像地球的杰作一样，被印刻在造物的最高阶段。只存在一种人类；即便(呈现出)很多变化，但不会有根本性的变化。从广义上讲，人类是地球上的居民。即使是地球上人类无法到达的地方，亦是如此。人类几乎了解整个地球。在地面上的所有生物中，人类是机动性最强的生物之一。个体运动联系在一起，一种以全人类为基础的伟大运动随着时间的流逝而发展。由于这种联系必要且持久，因此它将个体运动提升到更重要的位置。最终的结果不仅是更广泛的分布，而且还包括在居住范围内的聚居地越来越广泛的渗透，直到达到生存的基本条件。这影响整体；其独特性取决于地方环境。因此，我们有权在科学意义上谈论人类的统一性——如果这个"统一"是我们理解的"群体性"而不是"一致性",是各个领域的证据所显示的、不同民族在数千年的历史中的共同体生活,正如大自然赋予的共同基础所预设的那样。如果在后来的历史时期,文化发展如此迅速,某些群体似乎已经远远超过了其他人,但仍然可以在最高和最低的群体间发现共同遗传。如果问起这种共同继承的起源是什么,我们可以再次指出,永恒运动是人类的印记。与人类运动的强度和时长相比,陆地的变化很小;我们祖先上千代人,自从用于跨越河流和海洋的船舶被发明的那一刻起,无论自愿与否,都可以在陆地周围徘徊。

但那一刻早已是往事。自发现美洲以来的四个世纪里,欧洲人已经在这片大陆上广泛传播他们的家养动植物、他们的武器和用具,最重要的是他们的宗教信仰——只有鼠目寸光的自负者才会认为这是世界历史上前所未有的现象。除了诺曼人以外,[10]其他人在哥伦布之前就已在美洲被发现了。在白色的面孔从东方来之前的许多时间里,我们自视为最新的和最终的发现者,"新"风格的世界必定是从西方发现的。如果马来人跨越了分割马达加斯加和复活节岛的 20°①经线,正如语言和别处所示,这段时间尚不足数百年;如果自欧洲发现美洲以来,美洲大陆上的各个部落已经移动了 2000 多英里的地理位置;如果在纵跨 40 度纬度带的大半个非洲,其所用语言的方言差异只相当于高地德语(high German)和低地德语(low German)之间的差异,那么我们必须承认欧洲文明不是第一个环绕陆地的文明。唯一且重要的区别是,在过去是一时冲动的结果而在今天却是有意为之,就像在历史上发生在亚历山大和哥伦布身上的事情,在史前时期也曾发生于他们成千上万的前辈身上。

---

① [译者注]作者在原著中使用的是 200°,应该属于作者笔误,译者在此加以更正。

二 人类的处境、形态及数量

人类的统一

如果我们把人类看作一个运动中的实体，我们就不能像以前一样，将其高看成彼此严格分离的物种、亚物种、群体、民族、部落的结合。只要一部分人类已经学会在远离海洋的地方耕种，就为不断进步的融合奠定了基础。如果我们和当今大多数人类学家一样，假定人类只有一个起源，那么按照"运动"的方式而分化开来，各部分又重新结合，这一结合就必须被视为人类这些运动的无意识的最终目的。这在可居住的世界的有限空间中必定导致渗透，并因此导致混合、交叉、平衡。但是，随着类似的组织结构在人类中的传播，移居到最初居所远方的可能性又增加了；在整个世界上没被越过的边界所剩无几。在运用"民族的流动"这一泛指术语时，人们容易忽视个体，我们必须明确承认，个体的行动同样重要。

人口数量严重依赖于其领土，因为这对他们的内部发展、分布以及关系产生了很大的影响。现在人口总数量约估为 15 亿，这无疑是前所未有的发展结果。人们通常认为发展的体量与地球资源的增加有关，但现代条件下的发展超过了这一限制。欧洲和亚洲文明范围之外的民族组织不允许任何人口密度的存在。小集体耕种着他们的小块土地，彼此之间被宽阔的空地隔开，这些空地要么用作狩猎场，要么闲置着。这限制了交往的可能性，让人的固定聚集变得不可能。以狩猎为主的民族，其农业要么不存在要么趋于消失，他们住得太稀疏，通常每 24 平方英里的范围内只有 1 人。在许多印第安部落中，巴布亚的季亚克人有一些农业活动，我们在同一地区发现每 24 平方英里则有 10 到 40 人，人口规模进一步发展，例如在中部非洲或马来群岛，我们发现同范围的人口有 100 到 300 不等。在美洲的西北部，住在海岸上以捕鱼为生的民族每 20 平方英里内达到 100 人，而养牛的游牧民族也大约如此。在大洋洲兼事渔业和农业的地方,我们发现人口密度高达500人。西亚草原上半定居、半游牧的人口也达到了同等规模。[11]在这里,我们跨越了另一种文明形式的门槛。在贸易和工业结合起来的地方,每24平方英里的范围内有10000人(如印度和东亚)或15000人(如欧洲)。

这些数字显示梯队底层的人口多属于不同区域和国家。所有处于自然状态的民族都住得相当稀疏;而文化水平较高的民族分布得都很密集。相对于后者来说,前者更依赖于土地;相似地区的人口分布与其统摄性的分布比例一致。我们在精心栽培的、人烟稀少的玉米种植区和水草丰茂的耕种地区之间所看到的差异就是文明的结果。

人口密度不仅是稳定和有力增长的保障,也是促进文明的直接手段。人与人之间的联系越密切,相互之间的交流就越多,文明成果就越不会被浪费,竞争就越能提高人们力量的活跃性。人口的增长和维系与文化发展程度紧密相关。地域广阔但是人口稀疏的地方意味着低等的文化;相反,我们在古老文明地或者是新兴文明出现的地方发现,人口都分布得紧凑稠密。中国和印度的居民人数为6亿,但中亚地区的游牧民族、蒙古、中国西藏、突厥斯坦等地的中间地带面积广阔,可人口尚不及他们的六十分之一。地球人口的七分之六都在古老的文明国家。

民族的迁徙

尽管过去几个世纪以来欧洲国家的历史表明,我们即使在古代也观察到同样的增长趋势,但是尚未开化的民族提供了人口缩减的例子,而其他地方就算有人口缩减,也只持续了很短的时间,再就是战争和瘟疫等伤亡的结果。人口非常稀少是他们衰败的原因;人口稀少的民族更容易至于萎缩或消失的地步。生命力的迅速增长是所有处于文明较低阶段的民族的特征。他们的经济基础狭窄且不完整,贫困的窘境往往走向绝路,饥荒也是家常便饭,并且我们生活必需的所有科学卫生预防措施也极度匮乏。在与强大的自然力量的斗争中,例如在北极地区或南半球的草原区,在人居世界的范围内,他们经常屈服,直到完全消失,直到整个民族消亡。正如通常所说,蛮族的灭绝仅仅是因为与优秀文明接触而致,这个观点是一个错误。但进一步考虑,我们能够认识到自我毁灭是一种不经常发生的情况。

内外因素通常相互作用;如果没有另一方的作用,它们也不会如此迅速地结束。人口健康增长的基础是性别的大致平衡;这些化外之民普遍感到不安,他们儿童的数量很少。战争、谋杀和绑架都会导致人口减少。人类的生命价值并不大,牲人祭司和吃人行为足以表明这一点。最后,处于自然状态的人远未拥有无数人梦寐以求的理想健康。非洲的黑人可以被单独描述为一个强大的民族。另一方面,澳大利亚人、波利尼西亚人、美洲人比所谓"文明人"更容易患上疾病,并且难以适应新气候。

在欧洲人出现之前,[12]这些民族在许多地区因疾病而慢慢消亡。但毫无疑问,文明的到来彻底扰乱了原来的社会。文明压缩了可用空间,从而改变了其中某种条件,正如我们将在下文中看到的那样,自然状态下民族的特殊社会和政治安排是在这种条件下形成的。文明带来的欲望和享受与这些人通常的生活方式或劳动能力不协调。文明给他们带来以前未知的疾病,在新的土壤上发生可怕的劫掠,以及不可避免的争吵和战斗。

在北美、澳大利亚、新西兰等较大的地区,文明的进步导致土著民族被挤入最不利的地区,因此他们的人数减少了。在较小的岛屿上(如古巴和海地),土著人几乎已经灭绝,在某些情况下则被较强大的民族吸收,但不管怎么说他们就是已经消失了。弱势群体体格更好或自然条件更有利则延缓了这一进程,就像在非洲的任何一个地区、在北美和墨西哥一样,这一进程正在进行中,但这种混合最终将以废除作为个体和独立民族的原住民而告终。有些重大的转变已经发生，有些则正在进行，在广大的地区，由于这些被动的运动，也就不可能想象人们处于稳定状态。远至西经95°，北美洲只能显示出印第安部落的遗址；[①]在维多利亚州和新南威尔士州，几乎只剩下不到1000名土著居民。而北亚、北美、澳大利亚和大洋洲被欧洲化只是时间问题。

成千上万的例子表明，在所有这些变化和运动中，民族不可能保持不变，即使是人口最多、数以亿计的民族，也无法在他们周围汹涌的骚动中站稳脚跟。不同血缘杂交正在地球的各个角落飞速进行。来自北非和东非的阿拉伯人和柏柏尔人正在压迫黑人，其中非洲大陆南端最偏远的部落在其闪米特特征中表明了这些影响存在已久。在霍屯督人的地盘我们发现了拥有欧洲血统的巴斯塔尔德人（Bastaards）。在加拿大，几乎所有的法国人定居点都显示出印第安血统痕迹；在中南美洲，梅斯蒂索人（Mestizos）和白黑混血（Mulattos）已经比纯种印第安人更强大；在大洋洲，马来人和玻利尼西亚人与太平洋的黑人混血；在整个中亚地区，蒙古人、中国人和欧洲人的血脉混杂在一起，深入欧洲方向，影响到占全球四分之一的北部和东部。

在所有征服性的技艺中，文明程度更高的民族呈现出更庞大的主体、更快的增长和优越性，他们在任何气候不利的地方都能在征服过程中占据优势，值得一提的是，即使是在高级民族当今不占主流的地方，高级民族也会同化低级民族。如果有什么能慰藉当地民族的普遍消亡的话，那就是这一事实——大部分原住民的人口在相互融合的过程中会慢慢增长。毫无疑问，人们喜欢重复一种自称基于旧经验的说法，即父母双方的恶习在混血儿中占主导

[①] 有人怀疑北美印第安人的实际数量是否大大减少。相反，种族的自然繁殖已经反复核查。

地位，但纵观当今的国家生活就足以表明，白黑混血儿、梅斯蒂索人（欧裔与印第安人混血）、[13]黑人和阿拉伯混血儿在美洲和非洲是印第安人和黑人的主要身份。一旦民族的混合继续进行，高级民族的新鲜血液就会注入其中，这种升级趋于缩小民族间的差距。我们只需要考虑墨西哥和秘鲁的印第安人已经多么接近欧洲人后裔的水平，他们在刚被征服时，似乎被一条深不可测的鸿沟所隔离。

民族差异

如果世界历史显示，文明在全球范围内的传播即使偶有中断但仍不断进步，那么文化民族之间存在的自然数量优势是其中的一个重要因素。增长更快的民族将过剩的人口倾泻在其他民族身上，而文化的影响本身就是快速增殖的原因或条件，因此更高级的文化自然占上风。文明的传播似乎是文化民族世界一种自我加速的产物，文明的传播一直致力于更加彻底地实现人类的统一，这种统一立即形成了其目标和任务，其欲望和希望。

总之，如果试图追溯人类最重要的一部分人所走过的道路，我们会发现起点是几个相邻的变种，或者如布卢门巴赫（Blumenbach）所说，是人类物种的退化形式。这些变种最初只有几点汇合；但是，随着交往的增加，他们接触也就越来越多，最后彼此渗透和融合，以至于原来的各种变种都不再以曾经特有的形式存在了。然而，剩下来的是——今天的民族中仍然存在的两种截然不同的民族：北半球的白人和蒙古人，南半球的黑人。这些民族包含了大陆挤压和海洋断裂的进一步对比；[14]包含了北极地区深处交错的世界和受极地影响而被海洋隔绝的世界。黑人民族，无论是在非洲、亚洲还是太平洋地区，可能曾经比现在居住的区域更偏北；但无论如何，他们冲动地来到了现在的居住区，总是处于更偏南的位置。

三 人类自然民族的地位

自然人或野蛮人民族的概念

[14]首先,我们将经常使用"自然"民族一词。他们是那些比我们所谓的"文化人"或"文明人"更多地受缚于自然或依赖于自然的民族。"自然"民族这个名称所表达的是生活方式、心智才能和历史地位的区分;它在这些方向上没有任何假设和偏见,因此对我们的目的双倍适用。因为,读者习惯于把这个概念附在"野人"一词上,我们也许必须使这个中立的名称包含一个在许多方面都与此截然不同的概念。我们谈论自然民族,并不是因为他们与自然(Nature)关系最密切,而是因为他们受缚于自然。自然民族和开化民族之间的区别并不在于地位,而是与自然之间的联系。文化是脱离自然的自由,不是完全解放的意义上,而是一种更加多样和更广泛的联系。把谷物储藏在谷仓里的农民也依赖于自己田地里的土壤,根本上和在沼泽地里不劳而获就能收割水稻的印第安人一样;前者对土地的依赖性较小,因为他们有利用智慧存储食物的条件,他们的食物链更长,因此压力也相应更小;而后者的生活则是雨打浮萍。我们不能通过更彻底地利用和探索自然而变得更自由;我们只是通过增加接触点来减少对自然存在或进程中偶发事

件的依赖。正是由于我们的文明,实际上我们今天比以前的任何一代更依赖自然。

进步和倒退

我们不应该把自然和文明对立,不应该只注意到他们之间似乎存在难以逾越的巨大差距就心满意足了;我们的职责是提出这样一个问题:自然民族在人类中的地位是什么?几个世纪以来,这个问题一直被搁置,一旦人们对事实、叙述和描述的渴望得到满足,就会觉得没有必要进一步建立"野蛮人"与其他人类的关系。这些黑人和棕色民族非常陌生,令人好奇;听他们的趣事就足够了。我们嘲笑这种态度会不合时宜;我们自己对旅行描述的喜悦与此类似。这个国家越缺乏文明,故事听起来就越迷人。[15]但是库克(Cook)、福斯特(Forster)、巴罗(Barrow)和利希斯坦(Lichtcnstein)等人在对自然生活有更深入的了解和更清晰的看法之后,他们的研究做出了一些努力,这对同时代人来说包含着浪漫的兴趣,并为哲学家提供了一些课题。上个世纪末旅行作品的数量不断增多、作品的质量出色、广受欢迎,只有这唤起了更深刻的情感,卢梭将自然尊崇为最理想的存在,此后,在这种深刻的情感里,对自然极乐状态的信念就动摇了,即美妙的精神只能在原始森林的孤独中或幸运岛的海岸上实现,人们寻找这种状态,但从未找到。《印度的棚屋》(*The Indian Wigwam*)或乔治·福斯特(George Forster)描述的天堂般的幻境,真是令人拥有无尽的向往。

身体差异

对野蛮民族的考察慢慢地从情感领域走向了智力领域;与此同时,对这些民族的估计也降低了很多,相应地,我们是在智力上领先他们,而不是在和善的性情和表情上领先于他们——迄今为止人们还有这种偏见。然后到了进化论观念的时代,民族划分成了不同的阶层;必须指出的是,把未开化的民族归并为种异质的基础,与其说是基于经过深思熟虑的事实,不如说是基于普遍的情感。可以理解,在现实世界中,人们可以感觉到有一种几乎强烈的激情需要,在现实世界里给进化论的大胆构想提供支持。

如果我们不能在各方面有这种感觉,那就不得不承认,进化论在研究民族生活方面和在研究所有生活方面一样,发起了一场运动,这场运动正在揭示卓有成效的真理。在所有领域中,最困难的研究是对起源的研究;但正是这个曾经被忽视但却最深刻的问题,进化论者令人钦佩地统一了目标,在民族志和其他领域对其进行了研究。他们的结果无论是好是坏,都值得我们感激。对他们来说,这是因为他们把大量的事实置于科学的处置之下,从他们掌握它的那一天起,我们就必须一探到底,这种研究被过于仓促地称为人类原始状况。

文化民族

虽然我们非常感谢这些开创性的成就,但我们无法同意他们的结论。他们到处寻找起源和"发展"。在科学领域,我们难道没有资格对这样一种事先就很清楚会发现什么的研究产生某种怀疑吗?经验告诉我们,此时过早设论的危险是多么近在咫尺。头脑中充满一种可能性的人会轻视他人。如果探索者沉浸在进化论的思想中,发现一个民族在某些方面甚至许多方面落后于周围的人,那么落后(behind)就不由自主地转化为低下(below);它被当作是人类从原始状态进入文明高度这一阶梯的底端。这是一个片面的、不可能的、夸张的观点,即人类进入世界就是一个文明的存在,但退化使他成为我们今天在"自然"民族中所发现的东西。正如进化论在物理学者那里发现了其主要支持者一样,由于我们可以轻易推测原因,这种倒退的概念吸引了宗教和语言的学者。

与此同时，在我们看来，退化的观念目前已被远远抛在了后面。与最坚决地反对它的意见相比，[16]探究并不那么可怕，它最基本、最抽象的概念如此："在人类中，只存在向上的努力、进步、发展；没有退缩、没有衰退、没有灭亡。"这不是一种片面看待事物的方式吗？确实只有极端主义者会走向这个方向。达尔文作为一种伟大观念的创造者，对自己的观点有着最充分的把握，他承认许多国家的文明无疑倒退，有的甚至陷入了极端的野蛮状态；虽然他谨慎地补充说，他没有找到后一种情况的证据。即使是达尔文，他在《人类的起源》(Descent of Man)中也禁不住去想象人类本身更大的多样性，以至于人类的最低层成员更达至野兽世界，而非冷静思考所可能达到的境界。

自然民族

在这里，我们看到了两种极端的自然民族(Naturvölker)概念。我们可以明白，考虑其存在的各个方面与估计其过去和未来的最终模式根本不同。因为有一种观念把低级人类定位在远远低于我们的位置，其间所有的空间酿成了一条漫长而艰难的道路，横贯在他们和我们之间。他们还不具备走完这漫长道路才能完善的能力；[17]另一种看法认为他们与我们处于同一水平线上，处于相同或相似的进化阶段，但由于运气不好，他们的文化大部分被剥夺，因而贫穷、悲惨、落后。有什么能比这两种观念的区别更大呢？但愿我们能被允许直接检验事实，并且比这些假定所赋更接近事实所在。

首先出现的问题是与生俱来的生理差异，因为这些必须使我们能够就人类应该观察到的普遍差异的性质和程度形成最值得信赖的结论。但那是解剖学和生理学的问题，因此涉及人类学家而不是我们。对于单独的事实和该领域的所有更广泛的涉猎，读者必须参考有关这个主题的书籍。从我们民族志的观点来看，人类文明的伟大区别及其重要结果，将会得到最明确的承认，我们首先希望的是，就人类而言，文化民族（Kulturvölker）的观点可以比之前得到某种更彻底的检验。可以保险地预测，由于开化民族文明的事实，首先会发现他们的身体结构中出现了各种优良素质；另一方面，自然民族的身体具有某些特征，清楚地表明了一种我们习惯于称之为文化缺失的生活模式的运行。

对自然状态中的自然民族进行研究的解剖学家弗里奇（Gustav Fritsch）认为，只有在文明的影响下，人体才有可能发展得线条优美；他对霍屯督人、布须曼人甚至卡菲尔人[①]的描述使读者信服，像雕刻家所说的美丽身体，在他们当中比在我们这些"大不如前"的文明之子当中更为罕见。他在一篇文章中清楚地指出，健康的、正常发育的德国人，无论是比例还是力量和形式的完整性，都远超班图人的平均水平。[②] 我们可能会补充说，班图人是他在这里所说的卡菲尔人的分支，是最顽强和最有力的非洲民族之一。近来我们经常听到类似的判断；一位美国民族志学者曾说，印第安人是阿波罗丽城（the Apollo Belvedere）的最佳典范，即使是华丽的辞藻也无法描述。

更深入的调查显示，在一种情况下，骨架的差异与开化的影响有关，而另一种情况则与不开化生活的影响有关。魏尔啸清楚地指出拉普人（the Lapps）和布须曼人是"病态"的民族，也就是因饥饿和匮乏而导致贫穷和退化。但是，解决民族差异价值的最重要的实验——这一实验可用的科学资源太少，仅存在世界历史之中——现在开始首次启动。将所谓的低级民族引入更高文明的圈子，并把曾经高度反对这种引入的障碍给推翻，不仅是人性的辉煌

---

① [译注] the Kaffirs，对非洲黑人的一种蔑称。
② 人们可能会好奇地看到，正常发展的德国人和普通的祖鲁人或马塔贝勒斯人组成了平等力量之间的战斗，枪械因此被禁止了。每个种族将以不同的方式回答相对的美的问题。

壮举，同时也是科学兴趣最深的大事件。数百万被认为是最低级民族的人——黑人——首次拥有所有优势，最高文明的所有权利和义务向他们敞开；没有什么能够阻止他们采用一切必然转型的自我形成的手段，而这一过程的人类学意义就在于此。[18]在过去的30年中，美洲有1200万黑人奴隶的后代获得自由，而享受着自由、获得最现代文化的黑人数量将会增加至1亿，如果我们今天可以大致确定说这一进程带来了什么，那么我们就可以肯定地回答文化对民族差别的影响这个问题。但事实上，我们只能满足于一些暗示和猜测。

人的残酷

可以有把握地断言，近年来比较民族学的研究倾向于削弱传统上公认的人类学家"民族区分"这一观点的分量，而且无论如何，民族区分这一观点在所谓的低等人类民族身上看到了从野兽到人的过渡阶段，人类学家无力支持这种观点。实际上，人与人在身体结构上与野蛮人的一般相似性不容置疑；我们反对的假设是，人类的某一些个体部分更像野兽。不论我们研究什么民族的人，我们都会遇到可能被称为兽性的特征；但这只是意料之中的结果。由于人类在身体结构上保留了与类人猿非常相似的特征，以至于即使是最晚近的分类法也只重视这一点，并且可能按照灵长目动物的顺序，重新回到古老的林奈式类人猿属分类法，而不必担心因不合逻辑而受到谴责。正因为如此，人类本性中灵性仁慈的减少足以让物质基础的兽性部分以一种相当耀眼的形式显现出来。

唉！我们熟知每个人都隐藏着兽性的想法，"野蛮"、"野蛮化"之类的术语都太熟悉了，都证明了相应的图像何其频繁地呼号着我们的幻想。腐肉一直都是澳大利亚原住民的天然财产，当一家饥肠辘辘的澳大利亚原住民从秃鹫中抢回一块腐肉，然后像一群贪婪的豺狼捕猎一样扑到肉上，狼吞虎咽后直到吃饱了才睡着，这证明他们生活方式中的残忍抑制了灵魂的所有活动。当非洲旅行者能够把一群被陌生人吓到的布须曼人与一群四散的黑猩猩或猩猩相比较时,我们也不会感到惊讶。这些布须曼人把所有陌生人都不分肤色地看成敌人。然而,我们不能让我们所有的打击都落在这些可怜的"自然"民族身上,他们在整体上并不比我们自己生而就更倾向于野兽。

有的欧洲人道德水平退化得比澳大利亚人的还低。不幸的是,所有人都具有这种像野兽一样存在或变成野兽的可悲官能,有的人多一点,有的人少一点。这种官能是否或多或少频繁、明晰地显现,仅仅取决于获得了多少伪装,这通常与文明程度相对应。但是,只有文明才能在我们和"自然"民族之间划出界限。我们可以以最坚定的方式宣布,"自然"民族的概念不涉及人类学或生理学,而纯粹是民族学和文明的概念。[19]自然民族是文化落后的国家。可能有的民族里什么民族的人都有,每个民族生而就有高低,他们要么还没有进入文明,要么其文明已经退化。古日耳曼人和高卢人的不文明程度之于罗马,丝毫不逊于卡菲尔人或波利尼西亚人之于我们;许多今天被认为是文明俄国一分子的民族,在彼得大帝时代仍处于自然状态。

在文明的其他要素中,差异只有程度上的不同

文明的差异在两种人类群体之间造成的鸿沟,无论在深度上还是广度上,实际上都与他们的精神禀赋的差异无关。我们只需要观察,在决定一个民族所达到的文明阶段的高度或其文明的总和的所有因素中,有多少突变(accidents)在起作用,就可以极其小心地防止我们对他们的身体、智力或灵魂的配备作出草率的结论。具有高度天赋的民族可能缺乏文明所需的一切装备,因此可能会给人一种在人类中地位较低的印象。[20]中国人和蒙古人属于同一血统,但他们的文明差异极大。最新的研究表明,日本北部岛屿

三　人类自然民族的地位

的许多阿伊努人(the Ainu)土著可能比高加索人更接近蒙古血统。

然而,即使在蒙古裔日本人的眼中,阿伊努人也是一种"自然"民族。民族本身与拥有文明无关。在我们这个时代,最高文明掌握在高加索人或白人民族手中,否定这一点很愚蠢。但另一方面,同样重要的事实是,在所有文明几千年的运动中,有一种占主导地位的趋势,即把所有民族提升到其负担和责任的水平,并以此来真正认真地对待人类的伟大观念——这一观念被认为是现代世界的特殊特征,但是其中许多人仍然不相信其现实性。我们傲慢地将简短而狭隘的事件进程称为世界历史,但让我们的目光穿越这一进程吧,我们将不得不承认,每个民族的成员都在其背后的历史,即原始和前历史时期的历史中各司其职。

四　文化的本质、增长和传播

自然民族和文化民族

[20]那么,自然民族和文化民族的本质区别是什么呢？在这个问题上,进化论者对我们欣然宣称,这个问题很久以前就解决了;谁能怀疑自然或野蛮的民族是现存人类最古老的阶层？他们是未开化时代的幸存者,在为生存而斗争的过程中,其他人类被迫获得更高的天赋,并获得了更丰富的文化财富,早已摆脱了那个时代。这个假设使我们遇到了这样一个问题:这种文化财富在哪里构成？难道理性——这一切的基础,不,一切的源泉——不就是人类的共同财产吗？语言和宗教在某种程度上是最崇高的表达形式,我们必须将其作为重中之重,并把它们与理性紧密地联系起来。哈曼(Hamann)说得好:

> 如果没有言辞,我们就没有理性,没有理性就没有宗教,如果没有我们天性中的这三个基本组成部分,就没有智慧,也没有社会的纽带。

可以肯定的是,语言对人类精神的教化已经产生了超出我们

视野的影响力。正如赫尔德(Herder)所说:

> 我们必须将言辞的架构看作是我们理性的舵,谈论中产生的火花则可以激发我们的感官和思想。

同样可以肯定的是,开化程度更低的民族宗教本身包含着一切胚胎,这些胚胎将来会在开化民族之间生发出精神生活高贵的繁花森林。[21]这种宗教既是艺术,也是科学、神学和哲学,无论从多远的地方努力达到理想,都包含着理想所接受的东西。在这些民族的祭司之中,这句话在最真实的意义上有益——他们是神圣奥秘的守护者。但随后在人们中间传播这些神秘的东西,从最大程度上推广它们,是对文化进步最明确、最深刻的表现。现在,虽然没有人怀疑他每一民族、每一层次的同胞普遍拥有的理性,虽然语言同等的普遍存在是一个事实,它也并不像以前所认为的那样,较低的民族语言结构较简单,最高的民族语言最丰富;野蛮人民族是否存在宗教经常受到怀疑。接下来的篇章里,我们的任务之一就是根据许多事实来证明这个假设毫无根据。就目前而言,目前,我们要大胆地假定至少在某种程度上宗教具有普遍性。

在与政治和经济制度相关的事务中,我们注意到自然民族在其文明总量方面存在很大差异。因此,我们不仅要看文明的起源,而且要看其发展演变的那一大部分,并且同样可以肯定的是,这些差异不是指天赋的差异,而是指发展条件的巨大差异。交流也发挥了作用,在事实的呈现中,对事实的认同往往比分歧更能打动无偏见的观察者。查普曼(Chapman)在考察达达马拉人的习俗时感叹道:

> 这令人惊讶,全世界人类大家庭的举止和做法真是太相似了!即使在这里,两个不同等级的达马拉人也会和新西兰

人一样举行仪式,比如切掉门牙和小指。

如果真像旅行者查普曼所言的那样,他们与贝专纳人(the Bechuanas)的认同更进一步,就不那么令人惊讶了。既然文明的本质首先在于积累经验,那么针对保留这些经验的稳定性、最后是能够进一步推进或增加经验的能力,我们的第一个问题必须是:如何才能实现文明的首要基本条件,[22]即以便利、知识、权力、资本的形式积累文化的储备? 长期的共识是,第一步是从完全依赖大自然免费的供养转换到有意识的开发,用人类自己的劳动,特别是在农业或畜牧方面去开发对人类最重要的自然成果。这种转变一举穷尽了大自然的可能性,但与此同时,我们必须记住,从迈出第一步走到现在的高度,是一段很长的路。

有历史和没有历史的民族

介于天赋及外部环境影响上的不同,人的智力和整个民族的智力表现出很大的差异,特别是内在连贯性的程度不同,智力储备的稳固性或持久性随之有差异。连贯性的匮乏、智力储备的解体是低阶文明的特征,正如智力的连贯性、不可剥夺及其成长的力量是高阶文明的特征。我们发现,在低阶文明里,积贫既不能让这些民族在任何可观时期内保持对其早期财富的意识,也不能通过购入个人杰出的思想或采用和培养任何激励措施来巩固和增加其智力储备。如果我们没有完全弄错,那么这就是民族之间最深层差异的基础。历史性和非历史性民族的对立似乎与之密切相关。

但是,当历史的记忆没有以书面形式保存时,历史事实是否会迷失在历史中? 历史的本质在于最终发生的事实,而不是回忆和记录已发生的事情。我们应该更倾向于将这种区别带回原子形态的国家生活和组织形态的国家生活之间的对立,因为最深刻的区别似乎表现在历史事实领域内部的连贯性,因而主要表现在智力领域。人类的思想史不亚于社会史和政治史,是从个人到统一行动这一进程里的第一位。事实上,人的智力首先是在外在自然的基础上进行自我教育,因为人努力使自己以一种承认的态度对待它,其最终目的是在自己的内心建立一种大自然的有序的表现,即艺术、诗歌和科学的创造。

这些"自然"民族表现出民族亲缘的各种可能,不能说它们在解剖学或人类学意义上形成了一个确定的群体。因为在语言和宗教问题上,他们分享文化所能提供的最高利益,我们不能在人类家谱的起源上给"自然"民族派一个位置,也不能将他们的状况视为原始民族或童年的状况。孩子的迅速成熟和在许多方面停止发育的成年人的有限成熟不一样。我们所谓的"自然"民族更像后者而不是前者。我们称之为缺乏文明的民族,因为内部和外部条件阻碍了他们在文化领域实现这种永久性发展,形成真正的文化民族和进步保障的标志。然而,我们不应该冒险称任何一个"自然"民族没文化,只要它们中任何一个都可以通过这些手段——语言、宗教、火、武器、工具——来升级到更高阶段;[23]而充分保有这样那样的手段,如饲养家畜和栽培植物,则证明"自然"民族与那些完全文明的民族有着多种多样的交往。

很多民族处于落后状态的原因

他们不利用这些天赋的原因有很多种,较低的智力禀赋通常被视为首要原因。这是一个方便但不太公平的解释。在今天的野蛮人民族中,我们发现禀赋差异很大。无需争议的是,在发展过程中,[24]就算是禀赋略高一点的民族也有越来越多的文化手段,并为其进步获得稳定和安全,而禀赋不足的人仍然落后。但是,可以更清楚地认识和估计外部条件,即它们的促进或阻碍作用;先对此命名更公平也更合乎逻辑。我们可以设想为什么野蛮民族的居住地主要分布在人居世界的最边缘地带,即寒冷和炎热的地区、偏远的岛屿、僻静的山区、沙漠。我们了解它们在地球上部分地区的落后状况,这些地区能供给的农业和畜牧设施很少,如澳大利亚、北极地区或美洲最北端和最南端。在资源未完全开发的无保障情况下,我们可以看到挂在野蛮民族脚上的沉重锁链,这把他们的活动限制在一个狭窄的空间内。因此,他们的人数很少,并且由此又导致其没有多少智力和体力的成就,缺乏杰出人才。周围群体没有对个人活动和筹谋施加有益的压力,这种压力作用于社会的阶级分化,促进健康的劳动分工。资源无保障的部分后果是自然民族的不稳定。

游牧的压力贯穿了他们所有人,使他们更容易感到他们不稳定的政治和经济体制全然的不完整,即使惰性的农业似乎把他们束缚在土地上。因此,经常会出现这样的情况:尽管有充沛且精心的文化手段,但他们的生活依然杂乱无章、浪费精力、毫无成果。这种生活没有内在的一致性,没有安稳的增长;这不是在我们所谓的历史开端经常发现的生活,不是首先生发了文明萌芽的生活。野蛮民族的生活充满了文明的堕落,以及文明领域的朦胧记忆,而在许多情况下,这种记忆早在我们拥有历史开端之前就肯定存在了。总之,如果我们简述我们如何设想这些民族与我们所属民族相比的地位,我们应该说,从文明的角度来看,这些民族形成了我们之下的一个阶层,而就目前所见,在自然界中,他们在某些方面与我们处于同一水平,在其他方面并不落后太多。

但是,这种阶层的概念不能理解为形成下一个更低的、我们必须穿越的发展阶段,而应该理解为那些持续存在的因素,与那些被排挤或被抛弃的因素混合在一起并建立起来的阶层。因此,在"自然"民族中存在积极属性的强大内核;这就是研究它们的价值和优势。只看到他们与我们相比所缺乏的东西就是鼠目寸光的低估。

四 文化的本质、增长和传播　　　　　　　　　　　51

所谓的半文明

我们所说的"文明"或"文化",通常是指人类智力在一定时期内全部造诣的总和。当我们谈到更高和更低、半文明、文明和"自然"民族的阶段时,是在把我们自己所达到的程度作为标准用在地球上的各种文明上。文明意味着我们的文明。假设一下,我们所设想的该术语的最丰富和最崇高的表现存在于我们自己中间,并且它必须显示出对理解事物本身的最高重要性,以将这朵花的盛开追溯到萌芽。当我们理解从一开始就形成的推动力时,我们只能达到洞察文明的本质和实体的目的。

[25]每个人都具有智慧的天赋,并在日常生活中发展天赋。每个人都可以要求一定数量的知识和权力,这代表其文明。但是不同的"获得智力的总量"之间的区别不仅在于它们的数量,而且在于它们增长的力量。用一个比喻来说,一个文明的民族就像一棵巨大的树,经过几个世纪的生长,在体量和恒久性上远超文明匮乏的民族所处的卑微和无常的环境。有些植物每年都会枯萎,其他植物却从小草长成参天大树。区别在于保留、堆积和确保每年的收成。因此,如果这种保存和巩固的冲动在其中起作用的话,即使是野蛮民族的这种无常的增长——实际上已被称为人类的灌木丛——也会产生某种永久的东西,把每一代的人引向更高的光明,并在前辈的成就中提供更坚实的支持。但这不够;所有这些注定要长得更好的植物都留在地上并在苦难中消亡,为了头顶上他们本可能充分享受的空气和光照而挣扎。文明是许多代人的产物。

这种在空间和时间上的限制,将茅屋、村庄、民族一代又一代隔离开来,这是对文化的否定;在其相反的情况下,同时代人的交往以及古往今来的相互依存则存在着发展的可能性。同时代人的结合确保了文化的维系,让世世代代开枝散叶。文明的发展是一个积累的过程。只要一种留存的力量监视着人们时,他们自己的文化就会积累。在人类创造和行动的所有领域,我们将看到交往的所有更高发展的基础。只有通过合作和互助,无论是在同代人之间,还是不同世代之间,人类才能成功地攀登到其最高成员现在所处的文明阶段。这种成长有赖于交往的性质和程度。因此,在由家庭成员组成的众多同等重要的小群体里,个人没有自由,比现代世界较大的社区和国家更不利于促进个人竞争。

我们注意到,人们内部间以及与后世同胞间相互依赖性最强、最亲密,这是文化最高发展的基本特征;其结果是取得了最多的成就和收获。在另一相反的极端与此之间,有我们称之为"半文明"的一切中间阶段。这种毛坯房(half-way house)的概念值得一提。我们看到在最高文明中,不仅那些维系的力量在积极地发挥作用,与扩展和重塑有关的力量也是如此;但在半文明中,基本上是前者在大多数活动中起作用,而后者则未能发挥作用,从而导致事物的低劣状态。"半文明"的片面性和不完整性在于智识的进步,而在物质方面的发展则更快。

200年前,在欧洲和北美尚未因使用蒸汽、铁和电力而大步迈进之时,[26]中国和日本通过他们在农业、制造业和贸易方面的成就,甚至他们的运河和道路——虽然现在已经走向破败——让欧洲旅行者大为震惊。但欧洲人及其在美洲和澳大利亚的后裔在过去的两百年里不仅快步赶上,而且还远拔头筹。在这里,呈现在中国文明身上的谜题可以从其达到的高度和其静止性的角度,或说从所有"半文明"的角度来解开。除了自由智力创造的光芒之外,是什么让西方到目前为止还远远超过东方?伏尔泰一针见血地指出,大自然赐给中国人的感官用以发现一切对他们有用的事物,而不是用以让他们走得更远。他们在实际生活的技艺中更有用;我们承蒙中国人照拂,因为他们没人能更深入地透视现象间的联系和原因,因为没有一种专门的理论。

长期文明中的物质和精神元素

　　这是因为中国人的禀赋不足，还是因为他们的社会和政治组织僵化？难道僵化的社会政治组织支持平庸、压制天才？由于中国通过组织的所有变化而得以维持，我们必须对其禀赋的缺陷做出决定，这也是其社会制度僵化的唯一原因。毫无疑问，只有未来才能给出一个决定性的答案，因为首先必须证明这些民族是否以及在多大程度上将在欧洲和北美竞相向他们指出的文明道路上取得进展；因为长期以来他们无疑会或必然涉足于此。

　　但是，如果我们从完全文明的角度来看待这个问题，我们就找不到解决办法，因为在中国和日本的不完全文明中，我们看到了整个生命处在彻底的较低阶段的迹象，同时，我们也频频看到他们试图飞跃而毫无希望的迹象。如果他们自己只具备半文明的能力，那么对进步的需要将使他们的头脑中产生更强有力的（政府）机构，并逐渐通过来自欧洲和北美的移民来修正人口主体。这个过程可能首先引起了今天许多文化民族的发展；可参俄罗斯人和匈牙利人，以及数百万德国人和其他移民在很多方面刺激了这些在欧洲的"半蒙古人"的进步。

　　每一个阶段、每一个民族所获得的文明的总和由物质财富和智力财富构成。由于物质财富和智力财富对于整个文明的内在价值，尤其是发展职责有非常不同的意义，因此将二者分开很重要。物质财富和智力财富不是用同样的手段获得的，二者费力不同，时间上也不同步。物质基于智力的基础之上。在满足身体需求后，智力创造成为奢侈品。因此，关于文明起源的每一个问题都解决了这个问题：什么有利于文明物质基础的发展？

　　现在，我们首先必须宣称，致力于人的目标的自然手段一旦开辟了发展之路，那必须充分评估的就不是大自然在物质上的财富，而是力量——或者更确切地说是刺激的力量。对人来说，自然最有价值的恩赐可以让他潜在的力量之源向着永久的活动敞开。显然,这至少可以通过财富或所谓的自然恩赐来实现,这使他[27]免于某些其他情况下必要的劳动。热带地区的温暖使得住房和穿衣的任务比温带地区要轻得多。如果我们将自然所能提供的可能性与人类精神中的那些可能性进行比较,区别将非常明显,并且主要集中在以下方向。

从长远来看,大自然的恩赐在种类和数量上不可改变,但必要的供给每年有所不同,不可忽视。自然的供给与某些外部环境密切相关,局限于某些区域、特定海拔、各种土壤。人类战胜它们的力量最初受限于狭窄的障碍,他可以增强自己的力量,但这些障碍不会因人智力和意志的力量长进而分解。相反,他自己的力量完全属于他自己。他不仅可以处理力量的应用,而且可以在没有任何限制的情况下增加和强化力量,至少到目前为止是这样。在利用自然的方式取决于人的意志方面,给人留下最深印象的就是在地球所有地方、所有气候下、所有海拔地区的所有蛮族生活条件的相似性。

发展所需的自然条件

"文化"一词也指土地的耕作,这并非偶然。这是它的词源所在;这也是我们所理解的事物最广泛意义的根源。① 以劳动的方式在一块土地上储存一定力量的方法,是不依赖自然的最好的和最有希望的开始,它的标志是凭靠智力对自然的支配。因此,在发展的链条上,最容易把一个环节加在另一个环节上,因为在同一块土地上,年复一年的劳作集中了创造性的力量,传统得到保障;这就是文明诞生的基本条件。

---

① 当然,用它来表示思想和举止的修养或文雅(虽然在古典拉丁语中是这样,但在英语中是最近才出现的)只是一种比喻,并没有提到这一段所讲的事实。

因此,自然条件无疑是文明发展的最重要因素,它准许拜土壤肥力和劳动所赐的财富积累。但是,同意巴克尔(Buckle)的说法也不稳妥,他说找不出历史上的例子,有哪个国家仅凭自己的努力,而没有拥有某一优越自然条件就文明起来。对于人类的最初存在,温暖潮湿的地区农产丰富,这无疑是最令人向往的条件,也最容易将原始人设想成热带地区的居民。但是,另一方面,如果我们将文明视为人类力量借助自然并超越自然的发展,这只能通过强行设置一些对人不利的环境来实现,在这种环境中,他必须比在热带的柔软摇篮中更小心地照顾自己。这就指向了温带地区,在这里我们可以肯定地看到和热带地区一样的文明摇篮。

墨西哥和秘鲁上游高原地区的土地不如周围的低地有肥力,因此这些高原地区在全美洲发展程度最高。即使是现在,随着种植面积的增加,与低地或不远的梯田上许多繁茂的自然美景相比,高原看起来像草原一样干燥和贫瘠。在热带和亚热带国家,土壤的肥力在高海拔地区通常会削弱,[28]而在任何气候条件下,高原都不会像低地、丘陵国家和山坡那样高产。现在墨西哥和秘鲁的文明都位于高原上;其中墨西哥的中心和首都特诺奇提特兰——墨西哥现代城市——高度为7560英尺,而秘鲁的库斯科则不低于11500英尺。在这两个地区,温度和降雨量都远低于中美洲和南美洲的大部分地区。

这使我们认识到以下事实:尽管文明的最初发展与土壤的耕种有着密切的联系,但随着文明的发展,两者之间并没有必然的联系。随着一个国家的发展,其文明将自己从土壤中解放出来,并且在发展过程中,文明会为自己创造新鲜的构造,这些构造可以用于其他目的而不是帮文明生根。有人可能会说,农业存在着天生的弱点,不仅可以说对武器不熟悉,还可以解释为对占有和安定的生活的渴望削弱了勇气和进取心。相反,我们发现狩猎民族和游牧民族中政治力量的最高表现在很多方面都是农耕民族的天然反面——特别是游牧民族,他们团结一致地运用群体的机动性以及有力的纪律性。这些阻碍农耕民族实力发展的根本的架构可以转向有利的解释——缺乏稳定的居住地、流动性、力量和勇气的运用、使用武器的技能。而且,当俯瞰地球时,我们发现实际上所谓的半文化民族中最顽强的组织来自这些元素的混合。

以农业为主要依靠的中国人首先被蒙古人统治,然后被满族人统治;波斯人的统治者是土耳其斯坦的君主;埃及人先后由希克索斯或牧人国王、阿拉伯人和土耳其人统治——这些都是游牧民族。在中非,游牧的瓦胡马人(the Wahuma)建立并维持了乌干达和乌尼奥罗人的稳定状态,而在苏丹周边,每个国家都是由来自沙漠的入侵者建立的。在墨西哥,较为原始的阿兹台克人征服了更为开化的农耕民族托尔特克人。在草原与耕地之间的边界地区的历史中,有一系列确立这一规则的例子,这可以被视为历史规律。因此,土壤不太肥沃的高原和邻近地区之所以对高级文明的发展和文明国家的形成如此有利,并不是因为它们提供了较凉爽的气候,从而对农业产生了吸引力,而是因为它们使游牧民族的侵略性和团结力量与农民的勤劳结合起来,后者挤在绿洲中耕作,却无法形成国家。在秘鲁的喀喀湖、墨西哥的特斯科科湖和查尔科的泻湖、非洲内陆的乌克勒韦湖和乍得的例子中,湖泊在这些国家的形成中扮演了中心角色,这是一个有趣但不太重要的现象。

除了气候特征在支持或反映文明方面的历史沿袭之外,气候差异最有效的干扰就是产生普遍条件类似的大区域环境——文明区域被布置成环绕地球的带状。这些可称为文明区。根据人类从古至今能掌握的所有经验来看,真正的文明区域是温带。不止一组事实证实了这一点。这一区域的历史发展最重要,[29]联系最系统,因为这种联系而来的进步最稳定,外部最活跃。地中海区域被古代历史的核心击败并非偶然,即使历史圈已经扩展到欧洲之外,甚至在欧洲文化移植到美洲、非洲和澳大利亚出现的新世界之后,我们可以从温带地区最高效的历史发展的持续性中吸取教训。毫无疑问，无数的丝线编织成这张巨大的网；但是，由于民族的成就最终取决于个人的作为，所以民族取得最丰硕成果的途径无疑是：在温带地区聚集尽可能多的最有能力的人，接下来将各个文明区整合成一个文明带，那里的条件最有利于交往、交换、文化的增长和巩固；换句话说，文化的维护和发展可以在最广大的地理基础上展示其活跃性。

文明政治发展中的农业和牧场

我们在热带国家见到的古老的半文明，属于这样一个时期：文明并没有对个人的劳动提出如此强烈的要求，正是由于这个原因，这种文明的绚丽绽放很快枯萎。一项对新旧文明地理延伸的研究似乎表明，随着文明品位的增长，文明带缩小到温带气候与盛产成就的共容区。这一观察对于原始人类的历史及其延续，以及对热带国家文明遗迹的解释都很重要。文明灭亡的另一种方式是低级文明吸收高级文明，低级文明的优势在于更适应艰苦条件。被鄙视的斯克莱林斯人已经融入了格陵兰岛北部的人当中。难道不是每一批在北极冻土荒原上生活的欧洲人，都不得不习惯爱斯基摩人的生活习惯，学习北极人的技艺，以便在北极地区成功地与大自然的力量抗争吗？但在热带和极地上的许多殖民活动也因降低到当地人的需求水平而告终。非洲的葡萄牙殖民者，亚洲的俄罗斯殖民者就端赖于他们比竞争对手更能做到这一点的能力。

然而，一种自成一体的、完整的文明，即使其途径并不完美，相比于在向上努力和成长的过程中腐烂的文明，在道德上和美学上也都是一种更高级的现象。因此，较高文明与较低文明接触的最初结果令人不快，前者以世界上的渣滓为代表，[30]后者则来自人们在狭小空间里的竞争与固步自封。想一想在拥有丰富技艺和传统的国家（例如新西兰和夏威夷）中的捕鲸者和跑路水手最初的定居点,以及那里的第一家白兰地店和妓院所产生的影响。以北美为例,斯库克拉夫特(Schoolcraft)首先指出,由于白人带来了更合适的工具、器皿、衣服等,所有本地工业活动迅速衰减。欧洲贸易很容易提供迄今为止必须通过长期的重复劳动生产的所有东西;[①]本土活动不仅在其取得重要成果的领域萎缩,也看到了自身被削弱,自然失去了必要性和自立感,因此技艺本身随着时间的流逝而消失。众所周知,波利尼西亚、非洲以及最贫穷的爱斯基摩人也是如此。在非洲,有一个公认的规则是,在沿海地区,您会拥有一块腐烂的土地,在这块土地背后是更高的文明,其中最好的在遥不可及的内陆。即使是日本这种独立的技艺,在一瞥艺术上低劣的欧洲模式后也会腐化。

[①] 参阅 Lang, *Myth, Ritual, and Religion*, vol. i. p. 187:"温尼巴哥人"对一位白人询问者说:"他创造了白人,来为可怜的印第安人制造工具。"

五　语　言

语言是现代人类的普遍官能

赫尔德如是说：

> 人类是如此天赋异禀，如此依赖环境，这就是人类的历史，言语(speech)无处不在，无一例外都是他的财产。而言语是所有人的财产，也是人的特权；只有人拥有言语。

可以补充说，人类在物质上无差别地拥有语言。每个民族都可以学习彼此的语言。我们常常看到完全掌握外语的例子，其中文明的民族对野蛮人没有绝对的优越性。在乌干达，大多数高层的人讲斯瓦希里语，另外一些人讲阿拉伯语；许多尼扬维奇人(Nyamwesi)都学过相同的语言。在西非海岸的贸易中心，有不少黑人懂两三种语言；在加拿大的印第安人学校里，没有什么比年轻的印第安人轻松地学会法语和英语更令传教士们惊讶的了。

语言的媒介，声音和相应的手势，在世界各地都非常相似；语言的内部结构并没有太大的差异。可以说，人类语言是一种植根于人类精神的语言；但它已分化成了许多不同的支脉。无数语言在不同程度上彼此分化,人类的家园满是不同语调的方言、姊妹语言及子语言、独立语族。一些民族之间仍然可以很好地相互理解;在一些语言中,即便距离隔得更远,甚至一个肤浅的观察者即可发现彼此的相似之处;[31]而另一些语言则深藏不露,只有通过科学才能发现。最后,很多语言看起来都非常不同——不仅体现在单词中,而且在结构上、表达关系上及语音分布中都可发现,但这些区别与说话者的心理差异毫无关系。不同禀赋的个体使用相同的语言可以相互理解,而拥有同样禀赋和用同样方式工作的人却不能彼此理解。语言也没有地理上的区别,通常不具有民族差异。中国人和密克罗尼西亚人虽然在语言上相距甚远,但英国人和说英语的黑人之间的差距要比他们大很多!

不能用基于言语亲缘的民族亲缘当证据,必须在别的地方探求语言对民族志的重要性。语言必须始终作为人类一切文明工作的先决条件出现。它可以被称为人类头等重要也是最独特的工具。但是,像所有其他工具一样,它可能会发生变化。在几个世纪的过程中,一个词可以表示各种各样的含义,也可以完全消失,可以被一些明确发明的词或外来词取代。就像工具,语言可以被束之高阁,也可重新使用。个人可以失去自己的母语,就像佩莱蒂埃(Narcisse Pelletier)一样,他在澳大利亚丛林中度过了十二年后,变成了一个野蛮人,或者像在孩童时期被带到意大利的阿卡米亚尼人(the Akka Mianis)一样,在几年内完全忘记了他们的母语;不仅个人如此,整个民族也会放弃一种语言,转而使用另一种语言,就像换衣服一样。

一些文明的获得要比语言持久,如畜牧学就是这样。如果比较宗教学研究告诉我们事物保留而名称易变,那么我们可以在这里找到很好的证据,即与其他民族志特质相比,语言表现出更高程度的易变性。如果不是因为语言分类仍然容易与人类学和民族志混在一起,我们就认为,对于这样一个稍微了解点民族生活的人都十分明显的问题,没什么必要纠缠不清。即使是雷普休斯(Lepsius)这样如此伟大的语言学权威也认为,对于民族和语言在起源和亲缘关系上一致的这一观点,必须提出抗议,因为这种观点在很大程度上只是假设。

民族的扩散和混合顺其自然:语言虽然经常受到另一种语言的影响,但它本身却非常不同。语言是民族最具个性的创造,通常是他们思想中最直接的表达;但语言却经常逃离他们的创造者,扩散至外来民族和种族,要么就消亡;而那些以前使用过它们的人却依旧继续操其他语言交流。

很明显,鉴于这种更深层次的考虑,像印度日耳曼语系、闪族语系、班图语系之类的概念不仅毫无价值,而且还应当完全拒绝这种误导;语言作为人类精神发展的中流砥柱,其价值和影响可能不可估量,但作为人类内部区别的标志,语言就不怎么重要。虽然像布须曼人这样的狩猎野蛮人讲的是一种结构精细、内容丰富的语言,但按照进化论的观点,我们发现亚洲最发达、最高级的文化民族用的是一种最简单的语言,即拥有450个词根却无屈折变化(uninflected)的汉语,汉语字词可以像拼图中的碎片一样合在一起再拆开,却一直保持不变。这种情况下毫无疑问可能形成一种语言谱系,[32]但是当我们发现一个最高级的民族所说的语言组织混乱,而一个最低民族所说的语言组织严密时,我们就不能指望人类血统能在语言上得出什么东西。新的文献学在语言谱系方面似乎确实不如以前那么有前途。单音节语音曾经是语言之树的根基,现在人们却认为它贫乏且僵化,与其说是因为其停滞不前,不如说是因其倒退,而南非人的倒吸气音(click),曾经可以与鸟类和其他动物的啁啾相比,现在被当成是语言懒惰和衰败的典型表现,而不是野蛮的残余。在语言领域我们不再听到原始言语的残留,只能看到发展和倒退。

自然民族学习语言的能力

人类的所有部分都存在了足够长的时间来培养他们的言语能力,以使我们可以应用"语言"一词,语言的普遍性是这一事实的简单结果。不仅海克尔(Ernst Haeckel)提出的没有语言的原始人(Alali)①早已被遗忘,他所有继任者的不完美或幼稚言论也不在了。但语言的普遍性在此进一步扩大;现代语言的组织方式非常相似。这样说来语言就像某些普遍的技艺或工具,在野蛮人和文明人中都一样好。宗教观念、艺术冲动、简单器具的普遍传播难道不也是这样吗?在言语的基础上存在着传授知识的欲望;因此,言语不是单个个体的产物,而是社会和历史中的人类的产物。为了传授知识,也正是通过传授知识,我们获得了我们最早的知识:它发展和丰富了语言;它通过对澹不可收的辩证变化进行限制来创造语言的统一性。我们说话是为了被理解;我们倾听和学习,是为了理解他人;像其他人一样,我们像其他人那样说话才可被理解,而不能自己想怎么说就怎么说。到目前为止,语言是社会生活在限制个人主义方面起重要作用的最亲密和最普遍的标志。

现存的所有语言本身都是古老的,或者是古老语系的后代,都承载着历史发展的痕迹;所有这些都与它们的起源相去甚远,语言学现在早已不再使用摹声说(the bow-wow theory)来对语言加以解释了。语言本身从活着的人嘴中说出来,并且与心灵紧密相连,是生活表达的起点,语言承载着生命的印记,不断变化。语言即使能够在几代人间留存下来,但它与人类共存并经历变化,最终消失。古埃及语甚至在埃及文明之前就已经不复存在;古希腊语在

---

① [译注]Alali——没有语言的原始人。见海克尔,《自然创造史》,商务印书馆,1936。

希腊民族的独立存在中没有长存;拉丁语与罗马帝国一起衰落。[①](这三种语言并非无后而终,它们分别留下了科普特语、现代希腊语和罗曼语。很少有语言如哥特语那样无后而终。然而,就算真无后而终,语言仍然通过代表了其语系的相近语言保存下来。巴斯克语独立存在,[33]与任何现代语言没有任何亲缘关系,它将会消亡,并且随之而来的原始语族也将会消亡。正是语言的易变性使我们无法从语言中看到古老联系的独特标志,也看不到神话和物质客体间那种一致性的证据。然而,我们冒昧地预测,总有一天,确定言语的要素在世界范围内分布的努力将取得成功。

语言的变化

与此同时,每种语言的生命都以各种形式逐渐消亡和更新。语词(words)变得过时,不再被使用,或仅在宗教和诗歌中存活。有人指出,自1611年开始,英语中388个单词已经过时。除了发音、拼写和字意之外,还有无数的变化。古老的言语形式仍在使用,但早就变得难以理解,自然民族那种不经思想的生活经常出现这种情况。因此,斐济人在战斗中挑战他的对手,呐喊"杀啊!杀啊!庙宇接收(魂灵)"(Sai Tava! Sai Tava! Ka yau mat ka yavia a dure)。尽管这是非常古老的语言,但没有人知道这些词是什么意思。铁路和蒸汽船的时代已经表明如何引入新事物、新词语和

---

① 似乎需要对这句话加以限定。米耶勒(Miille)和唐纳森(Donaldson)列举了公元前146年之后的古希腊作家的几页名字,包括米列阿格(Meleager)、迪奥尼修斯(Dionysius)、斯特拉博(Strabo)、菲罗·犹第乌斯(Philo Judaeus)、爱比克泰德(Epictetus)、普鲁塔克(Plutarch)、阿庇安(Appian)、盖伦(Galen)、卢西安(Lucian)、克莱门特(Clement)、优西比乌斯(Eusebius)、克里索斯托姆(Chrysostom)、隆古斯(Longus)、安娜·科米纳(Anna Comnena)、狄米特里乌斯·查尔蒂利斯(Demetrius Chalcondyles)。至于拉丁语,如果我们知道"罗马灭亡"的时间,我们就能更好地检验这一例证的准确性。当然,在罗马皇帝的宫廷搬到拜占庭之后,这门语言继续繁荣了近1000年。但是说一种语言消亡是一种误导性的隐喻。没有一代人能注意到任何实质性的变化。

言语，或者更确切地说是将其自身引入语言；通过这样的方式，所有文化民族的语言都会新增数百个单词。阿桑奇人或尼扬人（Azandch or Nyam-Nyams）声称，他们的祖先用的许多单词目前不再使用。容克（Junker）相信非洲语言会迅速转变；而雷普修斯（Lepsius）则认为他们的语词储备几乎没有价值，甚至认为他们对语法的使用非常不稳定。口传语言的变化自然比书面语言对言语产生的某种固化作用更频繁；如果我们必须承认语言学说法，即一种语言的命脉不是以书面形式而是以方言形式存在，那么我们可以理解，我们必须将语言视为与植物或动物一样多变的有机体。虽然书面语言倾向于以既定形式固定一种语言，但有书面语言的民族交往得越有成效、越广泛的同时，他们也倾向于扩大方言或语言分布的区域。

可以说，没有书面语言的民族只讲方言，只有那些拥有书面语言的民族才拥有语言。但是方言和语言之间的界限在哪里？目前，我们通过语言理解一种方言，这种方言已经通过书写来确定，并通过交往广泛传播。特别是文字语言更像人为而非言语的自然形式。我们认为方言不那么丰富，定义不那么明确，不那么中规中矩，因此更容易受到变化的影响，甚至可以任意变化。但这只是我们将其与书面语言进行比较而得出的。正如普林尼（Pliny）告诉我们的那样，在拥有众多语言的科尔基斯族（Colchis）300 个部落中，为了与罗马人做生意，需要 130 名译员，他们会说哪一种语言和哪种方言呢？

这个时期只说方言，每个部落都有自己的方言；我们不需要对科尔基斯人感到惊讶，因为现代希腊语中有 70 种方言。缅甸、佩古和若开邦等人口稠密的地方商业繁荣，缅甸语广泛传播；伊洛瓦底江上游（the Upper Irawaddy）丘陵山地村庄中语言的范围大受局限，戈登在曼尼普尔（Manipur）附近收集了 12 种方言，在那里经常有三四十个家庭说他们自己的方言，而其他人却听不懂。通过比较以上两种情况,可以看到是什么产生了语言,又是什么保留了方言。在伊洛瓦底江上游地区,我们用这个尺度来衡量"小国语言过多"这种频繁出现的说法。

[34]莫法特(Moffat)认为,布须曼人所说的方言呈现出多样性,甚至仅隔着一段山脉或一条河流的人也能显示出方言差异,这是因为他们的文化程度可以没有共同中心,也没有共同利益,简而言之,既没有也不会产生任何可能有助于确定标准语言的东西。有趣的是,贝专纳布须曼人是贝专纳人中的贱民,其语言巴拉拉语(Balala)是一种经过很大改变的习语,在不同的群体中显示出许多独特之处,而这种语言的使用者贝专纳人则通过公开讨论和频繁的对话、唱歌等纯粹的形式,维持并传播他们的语言——茨瓦纳语(the Sechuana)。

僵化的词汇:方言和语言

然而,我们必须谨防低估习语的影响,这也是一种保守的力量,而且可想而知在语言形式上太容易流动。我们从施魏因富特(Schweinfurth)那里获悉,虽然朱尔人(the Djurs)和贝兰达人(the Bellandas)相距甚远,但是仍然保留了几乎没变的希卢克语(Shillook)。希卢克语被邦戈人(the Bongos)一口气从朱尔人那儿分了出来,又再次与希卢克人分开。同样也考虑一下最偏远的班图方言的细微差别。1833年,当沃特克(S. F. Waldeck)在帕伦克附近写给约马德(Jomard)的信中说,他不会再使用1820年以后才出现的词汇时,我们只能认为他的观察犯了很大的错误。我们有充分的理由知道编撰词典往往多么粗心。即使是英语或美国人用野蛮语言制造的语词里最好的那些,由于随意音译,在法国人或德国人与"当地人"交往时也没用。

然而,一个民族越大,其交往越密切,社会关节就越牢固,其习惯和意见就越一致,其语言也会更加稳定,这在任何情况下都是一种规则。公开讲演、流行歌曲、国家法律、神谕也有一点与书写相当的影响力。它们为语言的自然倾向设置了障碍,使之涌入无数的方言流,并赋予言语形成的永恒性,在没有这些外在影响的情况下,语言只会昙花一现。

这些事实清楚地表明,我们必须寻找语言发展程度的真实、本质的区别。语言的永久发展提高了语言的价值,就像其提高了文明的价值一样。一种能够表达任何事物而不因冗余而变得模糊的语言,无论是抽象的还是具体的,都提供最完整、最易理解和最简短的方法来表达思想的语言,将达到发展的最高阶段。因此,在语言发展与文化发展之间存在彻底的平行主义规则,因为最高文化需要并创造最丰富的口头表达方式。没什么对语言结构变化的偏见,拥有最高文化的人所讲的语言将无愧为一流的工具。但通过该术语,我们不能仅仅理解哪一种语言最能实现它所致力的目的,因为澳大利亚的语言虽然贫乏,却完全满足了讲这些语言的人的简单需要。我们宁愿将语言视为具有自身发展的特殊有机体。正如在机械工具类中,[35]尽管斧头满足简单的需求,而犁却能满足更高的要求,所以我们应该赋予犁更高的等级;因此,除了班图语中较贫乏的习语之外,我们还必须维护严谨、清晰、丰富的印度-日耳曼语系。

语言和文明程度间的关系

但是,如果民族的语言是衡量其所达到文明阶段的标准,那么我们从一种语言到另一种语言得出结论时必须谨慎;语言只是表达方式中的一种,并且有自己的生命。至少应该将处理特定概念的模式作为一种衡量标准。统计(counting)和推算(reckoning)无疑是非常重要的事情,一个民族的心智发展以及由此产生的文化,都取决于统计和推算的完善程度。但是,鉴于许多野蛮民族无法思考比3或5更高的数字,因此我们必须注意这样一个事实,即工具的低效率并不总是意味着拿工具的手也相应地无能。总有人说由于这些民族的语言中不包含 3 以上的数字,人们也不能计超过 3 的数字,布勒克(Bleek)对此的回应非常恰当,这个结论与下述结论一样合理:法国人说 17(dix-sept,表示 10 加 7)和 80(quatre-vingts,表示 4 个 20)这些数字的时候,他们使用的数字都没超过 10 或 20。希腊语中有一个单词用来表示一万;印度斯坦语用 lac 表示数字十万,用 crore 表示千万,而在我们的语言中却没有类似的词汇。努比亚人用他们自己的语言只能数到 20,只能使用阿拉伯语来表示更大的数字,同时用他们自己的语言 imil 来表示 100。

对颜色的命名也是如此,人们把许多野蛮民族和许多古代民族的缺陷毫不犹豫地归因于相应的感知缺陷。在这里,他们从未经证实的假设开始,即表达完全对应于感知——在这种情况下,颜色项的数量对应于通过视网膜在意识中再现的不同色相的颜色项。尽管这种假设错误,但许多未开化的民族有异常丰富的颜色词汇列表,这一观察对认识语言的真正本质同样具有启发性。丰富和匮乏都源于不成熟。

我们经常会发现相同的名词用于表示不同颜色,就像最不同的名称应用于相同的颜色一样。这仅仅是一种混乱的丰富性,而不是高度发展的象征。在对昆士兰本地人进行测试后,基尔霍夫(Alfred Kirchhoff)写道:

> 据说霍屯督人有 32 个词来表达颜色;如果是这样的话,这些澳大利亚昆士兰州人使用的词汇是他们的两倍,其颜色列表中的名词多达 70 个。

作为非洲黑人中规模最大的畜牧民族,赫雷罗人(the Hereros)、丁卡人(the Dinkas)及其血缘相近的民族都热衷于这一项事业,他们对各种颜色(棕色、浅褐色、白色、斑纹等)都拥有可以想象得到的最好的词汇选择，由此，过于丰富的术语产生的方式可见一斑。赫雷罗人毫无顾忌地使用同一个词来表示草地和天空的颜色；但是如果任何人用一个词表达不同母牛的不同层次的棕色，他就被人当成有严重的精神紊乱。所以萨莫耶德人（the Samoyedes）中有 11 个或 12 个指定词来描述驯鹿的各种灰色和棕色。马来人和波利尼西亚人的航海词汇表现出类似的发展；但不远处我们发现了极度贫瘠的情况，[36]这是懒散的结果。也不仅仅是自然民族满足于一个词的不同颜色；同样是语言形成方面缺乏再生能力，语言的较高阶段则保持着良好的状态。德国中部的农民经常将紫色视为一种棕色，而日本人通常将蓝色和绿色无差别地视为 ao。

贫瘠和丰富的语言

需求决定了语言的丰富性。对于现代欧洲国家中最文明的民族而言，该规则似乎认为，达到平均教育水平的人实际上只使用其语言所包含单词中很小的一部分。英语声称拥有 10 万单词，但英国的田间劳动者的词汇量通常约有 300 个。在较高文明的民族与较低的文明接触时，后者的语言很容易陷入贫乏，因为它从前者那里借用了很多词汇。但是，它的贫乏无法得出文明程度的结论，而只能被视为该语言生命中的历史事实。阿拉伯语随意地补充了努比亚语就是一个很好的例子。努比亚人对太阳、月亮和星星都有他们自己的特殊词汇；但时间、年、月、日、小时的表达，他们是从阿拉伯语中借来的。essi 用于表达水、海、河，而尼罗河被称为 Tossi。所有本土或野生动物都有自己的名字，建筑和航向有关的词汇都来自阿拉伯语。精神、上帝、奴隶、关系的观念、身体的各个部分、武器、大地的果实以及与面包制作有关的一切都由努比亚人自己命名；另一方面，仆人、朋友、敌人、寺庙、祈祷、信仰、阅读都是阿拉伯语。除了铁之外，所有金属都用阿拉伯语命名，"它们在柏柏尔语中的表达很丰富,而阿拉伯语中此类词汇很贫乏"。

欧洲诸语言尤其是英语可以显现出,各种语言的混合对丰富一种语言起到了多大的作用,尤其是使其适应其目的。英语中包含的日耳曼语词源和罗马语词源的数量几乎一样多。许多被忽视的外来词确实不可或缺。我们只需要考虑在非洲、波利尼西亚和美洲语言的花园中所进行的必要的种植和嫁接,这是为了使传教士能够解释构成基督教基础的圣经书写传统里最简单的事实。在每一项使命中,对"上帝"的渲染是一段尤为充满困难和错误的历史。

表达数字和颜色的模式

看着那些天生没有说话的人所背负的沉重负担,我们只会想起有趣的事实:在卡曾贝人的王国里,利文斯顿(Livingstone)遇到了一个聋哑人,他使用的手势与没受过教育的欧洲人一样。显而易见,由于语言本身是有缺陷的和简单的,[37]而且它所能表达的思想不够多样、抽象,所以手势和表情语言就更有吸引力。频繁使用可以不形成概念而使这种语言达到完美状态,即我们总是掌握着数以千计的单词的状态。缺乏文化的民族在最简单的眨眼和手势上比我们习惯做的要多得多。利文斯顿告诉我们,当非洲人向人招手时都手掌朝下,仿佛结合了要把手放在人身上和把人拉过来的意思。如果要招呼的人很近,他们就会伸出右手,与对方的胸口成一条直线,并拢手指往自己这儿招呼,做一个想抓住对方的动作;如果离得更远,他们则尽可能将手抬高然后向下,并在地面上摩擦加以强调。但是肢体语言尚未发展成为非洲人之间的真实信号系统,为此他们使用鼓语交流(也可以说是信号鼓,信号鼓从喀麦隆传到中非的新几内亚,再从那里传给南美洲的希瓦洛人)。富有创造力同时也沉默寡言的北美印第安人似乎具有信号鼓的最高造诣。

马勒里(Mallery)在其有关印第安人的标志和肢体语言的伟大著作中给出了一系列规范性标志,这些标志组合起来可以形成最多样化的句子。此处也包含火和烟的信号;戈梅拉岛(Gomera)用一种吹口哨的语言,牧人借此远距离地对话、谈事,等等。利希滕斯坦(Lichtenstein)通过符号的形式出色地给出了表达数字概念的例证。他说,一位霍屯督人与他的荷兰主人争论他已经服侍了多久时,设法向治安法官解释了他们各自观点的不同。"我的长官,"他说,"我服侍的时间有这么长——"在这里,他伸出左手臂,将右手的小指放在他小臂的中间,"不过我要说,我也就服侍这么长时间了——"然后他把手指移到了手腕上。美洲印第安人经常在一只手臂上纹上一个完整的尺度,上面有各种细分的图案,这就让我们想到写作的雏形。

手势—言语—写作

在地球上的所有民族中,我们都找到了组织概念的简单方法,即关联创意,要么用象形文字呈现概念,要么用符号文字呈现概念。然而,到了后期所有民族的年轻人都熟悉这两种情况。我们的孩子会在不受欢迎的同学家门口画一个驴头,这是用了一种象形文字。但是,没有较高书写形式的成年人能够通过一排连续图像表达比孤立概念更多的东西。一旦彼此同意,这些协定刻上了约定俗成的符号,使大家都能看懂,他们就达到了象形文字的阶段。符号只能起到双方协议同意的作用,例如,所有权标记只是表示这样一个事实,即它们被绘制或切割时所依据的物品有这样或那样一个特定的人作为其所有者。

许多难以理解的标志通常有装饰性特征,这往往使它们更接近艺术,而且可能起源于这类所有权标记,或是为了更清楚地指明一个概念,例如当脚或手指向某个方向时是在指路。但之后他们已相继临界,转而进入更高的发展阶段。[38]在我们的彩色印版上标题为《印第安人的象形文字》里的"印第安人瓦比诺之歌"(Wabino song of the Ojibbevvay Indians)展示了一种既可以表现单一的观念又可以表现一系列陈述的表达方式,简单的手段就能用于特定的含义;所有高级文字都源于象形文字。

这种承袭(descent)可以在墨西哥和埃及的象形文字中识别出,而汉语中却消失了,但仍有迹可循;即使在楔形文字中,我们也可以找到发源于象形文字的遥相呼应的痕迹。在埃及的象形文字中,牛或星星代表了其事物本身,但除此之外,甚至在能追溯到公元前3000年的最古老的铭文中,牛或星星也表示某些特定的声音。在墨西哥的象形文字中,事物和声音的符号同样混在一起。汉语这样的单音节语言以同一个音节表示不同的单词,它利用现在很难识别的事物的符号来定义音节的语音符号。另一方面,日本语是多音节语言,为了其语言目的,日本语更适合音标文字,他们把汉字的字母编成了音标。腓尼基人以一种更加果断的方式也如此为之:他们放弃埃及人用来表示事物的多余符号,并且只采用了写下声音所必需的象形文字。腓尼基人命名的这些字母传入了希腊,进了所有西方的"字母表"。

因此,书写技艺用最灵活的文字,显然有各种起源,只在地球上的一处成长起来,是人类思想的绝佳利器之一。书写技艺适应于所有语言,并发展为电报和速记的形式,可以最大程度地压缩思想的表达。与此同时,人类在其发展进程中取得了非常重要的一步,在确定和保护传统、组织书写和保存文明自身上,我们发现其本质上的世代联系基于有机的传统,可以称之为令人鼓舞的核心所在。

六 宗 教

主体的难度

对宗教生活和自然民族思想的探究很难。他们只是勉强或是出于欺骗目的而零碎地提供关于超越存在（Superme Being）概念的信息。很多时候，由于他们对这个问题没有明确的想法，所以他们提供这些信息可能并不容易。梅伦斯基（Merensky）问一些巴苏陀人（Basutos）基督徒，当他们还是异教徒时对上帝有什么想法，后者说："我们根本没有想到上帝，我们只是在做梦。"在野蛮人中不可能找到一神论这样简单明了的宗教思想。这些人的整个思想生活不仅在梦幻不定的画面中闪回，[39]在许多情况下也没有顺序或联系；他们缺乏一代又一代思想的稳定进步和发展，而这种进步和发展让前代思想朝着当前有机成长。这种宗教观念一如既往只为少数虔诚守护他们的长老所知。即使不是这种情况，由于不愿意泄露宗教秘密，他们最多也只吐露只言片语。

有"自然"民族宗教吗？

因此，我们必须警惕臆测和想象"自然"民族的宗教的狭隘观念。在某一个方面他们无所不包。一切与生活当下实践目标无关

六　宗　教

的精神激励和奋斗都能找到踪影。宗教同时也是哲学、科学、历史传统、诗歌。克兰兹(Cranz)在谈到格陵兰的安格库克人(ange-koks)时说道："可以称他们为格陵兰人的物理科学老师、哲学家、医生、道德家以及预言家!"宗教在任何情况下都有很大的猜想和探究空间。但我们不能从这样的观点开始,即所思须为所现。这种偏见产生了最不公平的判断,充满了内在矛盾。在北极民族中,人人都按自己的喜好去信仰,把克莱姆(Klemm)的观点放在这儿有多肤浅啊!"不存在共同的宗教!"克莱姆完全误解了克兰兹的一个观点。廷德尔(Tindall)是一位熟知纳马族霍屯督人(Namaqua Hottentots)的传教士,他曾说过:"在宗教方面,看起来他们的思想几乎是白板。"毫无疑问,这种理解意味着他们对宗教甚至算不上略知一二。

当然,在纳马族人的灵魂中,没有任何可读的文字能够清楚地宣告任何宗教信息;但是,在许多被遗忘的地方,可读文字的传人并不少。因此,廷德尔现在确实对他自己的说法进行了限定,他说,他们的语言中包含了对上帝、灵魂、邪恶者的称呼,这似乎表明他们并非完全不了解这些事情;即使他们在语言、礼仪和迷信方面只有对精神世界的粗略概念,除此之外再不能证明其他。他认为,当地人只把迷信故事当作是寓言而已,仅是为了娱乐,或者可以用来洞悉他们野兽般的习惯和特点,但旅行者从他们那里汲取过来并称其为宗教回忆。[40]这表达了对宗教观念的过于狭隘的理解;如果这些习俗和故事不是宗教,至少随着文明的发展而建立起了纯洁信仰,而这些故事就是信仰结晶的元素。

我们在描述过程中遇到这样一个问题:在习惯、观点和传说中是否可以发现宗教?我们将提出一个反问:是否把宗教仅仅理解成老生常谈的概念,还是更真实、更公平地看待宗教,认为宗教的要素应在人类思想和感觉的各个方面得到承认,宗教的思想和感觉可以超越日常事务以及这种物质存在,进入不可知原因的领域?

毫无疑问，在"自然"民族中，我们遇到狭义宗教的可能性不大；但是，另一方面，当我们分析一个民族的精神方面时，也会暴露出宗教感情的起源和根源。不，我们将认识到，宗教问题就是一个民族在精神方面最大的表达。先不论布须曼人的物质匮乏，他们的神话中不就暗含宝藏吗？从科学的信念来看，我们必须毫不犹豫地赞同施特劳斯（V. von Strauss）的裁断，他反对这种堕落倾向的宗教感情：

> 宗教的彻底缺席，真正的无神论，可能是对文化的一种破坏，使灵魂退化；而这从不是蛮族造成的。宗教感情退化得再厉害也总是保留着对宗教的渴望，还拥有相应的宗教架构，无论其架构多么不完美、多么混乱。

民族志知道民族都有宗教，差异只在于宗教思想的发展程度。一些民族的宗教太不起眼，像在胚胎或者更确切地说像在虫茧之中；而有些民族已经扩展了丰富的神话和传说。但是，我们不能总是希望看到原始环境的缺陷。我们得记住，在阿比西尼亚的基督教、蒙古佛教、苏丹的修真蒙引（Mahommedanism）里，伟大的宗教思想如何逐渐消失得无法辨认。宗教思想的传播力很强，但是当宗教思想被扔进物欲横流的野蛮生活的荒野中，割裂了与伟大的现存神话或属灵的教诲体系的任何有机联系时，其衰弱的必然性与传播力度一样强。我们已经在印度和波利尼西亚、马来和非洲的神话中发现了基督教或穆苏尔曼思想的残篇；如果我们对其引入的历史一无所知，这些残篇就会成为一神论潜在起源的证据。无论如何，"自然"民族的诗歌再次引起了人们的怀疑，即欧洲故事与寓言树上的一些枝条落入土壤中，凭借这些神奇创造物所特有的繁殖能力，立刻把这些衍生出的诗歌带到异国的土地。

穆勒（Max Müller）注意到卡拉维（Henry Callaway）的《祖鲁

人的童谣》(*Nursery Tales of the Zulus*, 1866),他认为这与我们的民间传说故事之类的深层思想有关,至少就处理鬼魂、仙女和巨人来说,这都指向一种遥远的文明,或至少指向一个长期的成长过程。

就像语言的反常现象一样,他们通过独特的品质表明有这样一个时代,现在缺乏规则或意义的事物在此用确定的对象合理地形成自身。

我们甚至可以冒险预测,在最偏远的非洲和澳大利亚人的宗教中,就像他们所拥有的其他文化一样,[41]将会发现印度或埃及传统的种子或幸存者。马来宗教中的印度元素现在属于既证事实的领域,甚至可能达到夏威夷及其他地区,甚至远及美洲。

思想的深刻性不能通过表达的不完美来衡量。考虑像波利尼西亚人这种神话时,不能忽视的是,这种纷繁而下的传奇故事往往不像清晰的言语,而更像小孩的闲扯,更像是人应该做什么,而不是人怎么做。通常声音的相似之处,如回声,足以满足这些人的幻想,附加在某种远不可及的线索上。还是从超越感性的关系来看,羊皮纸上的希腊诗人抄本比波利尼西亚或非洲祭司或巫师的口头传统看起来更令人印象深刻。但是如果我们试图在野蛮人的闲扯中抽出更容易理解的句子,我们得到的画面本质上不会比更诗歌的言饰差很多。

可比较夏威夷底层社会的传说与其在希腊神话中的相似之处。有个酋长因为失去了妻子而伤心欲绝,他的祈祷得到了回应,他的祭司找来了酋长的神,这神与之相伴,将他带入米卢王国(the kingdom of Milu)。他们走到世界的尽头,在那里他们发现了一棵劈开的树;从这儿他们滑落到了一块低地上。神把自己藏在一块石头后面,用奇臭无比的油给酋长抹脸,送他向前。在到达米卢的宫殿时，他发现那儿挤满了一群鬼魂（Akud），他们全神贯注地玩游戏，以至于国王加入他们而没被察觉。这群鬼魂确实注意到这个新来的鬼魂时，他们嘲笑他是发臭的幽灵，在腐尸里呆了太久。他们玩了各种各样的游戏之后，不得不想另一种游戏，酋长建议他们都应该把眼睛抠出来再扔成一堆。话音刚落这些鬼魂就开始了；但是酋长留心观察着米卢眼睛的方向。他在空中抓住了米卢的眼睛，并把它们藏在他的椰壳杯子里。由于鬼魂现在都是瞎子，酋长成功地逃到了米卢的主人不会涉足的瓦基亚王国（the kingdom of Wakea）。经过与酋长的漫长谈判，现在在瓦基亚的保护下，米卢赎回了他们的眼睛，条件是把酋长妻子的灵魂放回了尘世，并重新与其肉身团聚。

所有宗教的起源都在于探寻原因

宗教在任何地方都与人类对因果关系的渴望有关，这种渴望永远是在寻找一切事物发生的原因或机缘。因此，它最深刻的根源与科学相关，并深刻地与自然的奥义交织在一起。阿伽提亚斯（Agathias）告诉我们，阿勒曼尼人（Alemanni）崇敬树木、溪流、山谷和丘陵；我们可以大胆地假设，普遍的"生命力"对所有人来说都是这种崇拜的基础。使所有高级自然现象变得生动甚至将其拟人化的倾向可以很好地满足这种渴望，即赋予这些现象一种灵魂，这一灵魂首先指导现象自身的运动和变化，后来又指引其与远近环境的关系。迪亚克人（Dyaks）认为植物的灵魂不亚于人：如果水稻腐烂，它的灵魂会一尘不染地离去；但是当它散落在人身上时，它可以跟随人类的灵魂到达另一个世界，并且再次作为食物回归。对因果法则的错误应用引出了这种灵魂与人的灵魂有关的假设，这种关系最终围绕人的灵魂编织了一个紧密的因果关系网络。

[42]科萨（Kosa）酋长的故事广为传颂。他把抛到岸上的锚弄断一块，不久后他就死了。从那时起，该锚就受到敬拜。于是上

千条线就这样缠在一起,无一遗忘;在这个传统的网络中,大自然的淳朴之子像蜘蛛网中的一只苍蝇一样颤动,每次尝试寻找合适的线索时都会被缠得更紧。灵魂真的被抓住了。用几个活扣绑着灵魂的细线藏在叶子间。如果它想捕捉的人看到了它,他以为自己的灵魂也被它缠住了,就会烦恼得要死。在那里,你有一种可以将人送至世界各地的方法,这种方法在班克斯(Banks)群岛已经通过了经验的检验。

灵魂归于所有物体

因此,由于自身的想象力而导致的幻象恐怖是野蛮人的独有特征之一,并且对人的行为超出了其应有的影响。科德灵顿(Codrington)说,当问美拉尼西亚人是谁时,他们会回答"人",以便让人们知道他们不是鬼魂或幽灵。野蛮人比教养不良的孩子更加害怕黑夜。来自尼罗河上游的费尔金(Felkin)写道,由于害怕月亮的邪恶影响和野兽,当地人永远不会在晚上远行。与此同时,整整半年他们在白天感到很不舒服,并且至少在某种程度上试图让自己始终感受到一种无形力量的威胁,并荒谬地将这样的倒霉日子扩展到全人类。在这些地方,周一、周四和周六是旅行的好日子;星期三既不特别好也不坏;但周日,周二和周五都不是幸运日。在爪哇岛,在爪哇,就连小偷不也有他们的银表盘,像一只手表,按照日历的样式显示行窃或抢劫的最佳时间,[43]以帮助他们选择幸运日吗?

像所有新的和不寻常的事物一样,白人几乎不可避免地与这些迷信混为一谈。在探索黑暗大陆的历史上,许多悲剧故事都是由这种联系来解释,这在黑人幽灵般的大脑中是自然而然的。利文斯顿在他的《传教旅行》(*Missionary Travels*)一书中,生动地描绘了他作为第一个在黑人群体中现身的白人而激起的恐怖;他是所有白人中最友善的人:

女人们从墙后窥视，直到我走近，然后飞奔回屋里。当一个没有危险意识的小孩子在街上遇见我时，他尖叫起来。

白人拥有或使用的东西也会立即被提升到奇迹般的领域，即物神崇拜。写着字的纸对西非人来说尤其是一种物神，他们认为这纯粹是巫术。

布赫霍尔茨（Buchholz）给人包扎严重的伤口时，一不小心，一张纸片从他口袋里掉了下来。当他第二次去看他的病人时，他发现病人搬家了，因为他认为房子被施了魔法。病人严肃地将这张纸还给了布赫霍尔茨。在一名巴克维里妇女的葬礼上，黑人派出了一位使节专门诚恳地请求布赫霍尔茨，不要在散步时乱扔纸条，否则他们将不得不避开那些道路和地点。当查普曼参观恩卡密湖上的莱赫普里贝镇时，发现发烧的死亡率非常高。对于"四处漫游的死亡"，酋长非常震惊和兴奋。他几乎不出门，经常让他的妻子和孩子们沐浴，不停地在门槛上撒些草药煎剂，让医生们不停地工作。死者的亲属在获准重回集体之前，要经过冗长繁琐的净化程序。

[44]因此，生命的气息不仅吹拂大自然，还吹拂所有的东西；所有的东西，即使是人的装饰和物的装饰，也有超出我们想象的精神价值和目的。因此，多神教一词适用于所有低级的宗教。多重概念的趋势贯穿始终；随着时间的推移，对于迷乱的精神所造成的这一切，造神的过程变得轻松愉快。在那里，酋长们被敬畏地奉为半神或众神；在那里，灵魂不仅得以生存，而且与这个世界保持着密切的联系；在那里，每个家庭都拥有自己的兽形或其他形状的守护神，诸神和偶像必然萌发和繁盛，错杂丛生的假想之物缠绕着整个人的心灵。我们不希望在此只看到恐怖造物。如在更高层次上诗歌和哲学所追求的一样，具有生命的行动是某种意义上的美。

数以百万计的鬼魂和幽灵不断出现的源头在哪里呢？人本身

或他最亲密的伙伴发生的最显著的变化是由疾病、睡眠和死亡引起的。迷信的最初基础不是对自然的恐惧，而是对死亡和死人的恐惧。萨满、巫医、巫婆以及其他巫师的首要任务便是寻找死亡和疾病的原因，然后与死者的灵魂交流；这些人常带来恐惧和痛苦，很不讨亲属的喜欢。

物神（fetishes）

由此直接产生了拜物教（fetishism），无数灵魂部落和所有可能栖居着灵魂的物品之间的关系用各种复杂的方式建立起来。在此我们可以清楚地看到，原始宗教体系的基本路线并没有提供一条从自然外物到人的灵魂的直路，因为要想在教义与衡量拜物教体系的范围和活跃度的手段间寻找联系只能是徒劳。相反，原始宗教体系只提供了以异想天开的方式胆怯地四处寻找的幻想，这种方式易于表现惊恐的情绪。因为任何触手可及的支持所依附的对象往往自身却最不足为信。但是可以说，关于超自然力量的实验中断了。原始宗教不仅会研究新的精神，就像在树上铺设奇形怪状的石头试图改善其承重力那样；它还会检验熟人，[45]比如给他们吃变质或腐烂的肉。为什么所有的非洲黑人都如此偏爱牛角，把大把的牛角挂在他们的巫师身上，而那些身为国王的大祭司却把致命毒药藏在角里呢？从迪亚克人和阿福人（the Alfurs）[①]那里看到的近乎喜剧的陶器崇拜是从哪里来的呢？

黑人魔术师的脖子和腰部挂的稀奇古怪的东西样样都引人注目；事实上，正是在这样一个人的脖子上挂着的皮革小袋里，才极其偶然地发现了开普敦第一批钻石。石物崇拜（stone-worship）广泛传播，但通常与大的直立岩石相关；但在非洲任何一块石头都可能变成物神，并且在上边缠各种颜色的布条。对于穆斯古人

---

① ［译注］阿福人，印度尼西亚东部的土著。

(the Musgus)来说,长条石是崇拜物;阿赞德人(the Azandeh)更喜欢用砸了钉子的不成形的石块,而喀麦隆人则使用玄武岩的柱子。很难找到不敬物神的非洲人,由于许多愿望、行动等都有其特殊的物神,许多人都带着这些护身的东西。也有在你喝酒之前先试毒的护身符,因为邪恶的精灵都偏爱这种闪烁、起泡、不断变化的液体。爱斯基摩人的武器用布条绑着一个小小的守护神。这只是所谓偶像的一个阶段,即用木刻、金属铸造或黏土脱模制成死者的形象,竖在坟墓周围。两者都栩栩如生;只有祖先的灵魂是一个特定的塑像,他曾经拥有众所周知的躯体,现在却变成了这个小人像,并且经常在未来几年放在惯常的位置上;就像戈尔迪(Goldi)的萨满一样,他站在死者旧居,直到完成了追悼的职责。

随着这些可见的灵魂形象的出现,还有一些特别的地方建立起来以表达对灵魂的崇敬,比如非洲的物神小屋、马来人和波利尼西亚人的禁忌之地,乃至寺庙,等等。这些地方经常与下葬的地方,也就是已逝的灵魂的居所毗连,所以它们看起来很像我们的教堂庭院,①它们散布在教堂周围,却没有意识到照顾死者灵魂和敬拜上帝之间存在着密切的联系。唯一的区别是,原始的寺庙更多地来自墓地,而不是附属于墓地。北亚的萨满围绕着自己的一系列木制偶像,他召唤它们,与之交谈并从中得到建议。[46]动物的形象——特别是熊——开始出现,这是他灵魂的家园。物神小屋里没有图像或其他形象,所以其是否有一个更高的阶段必然无法确定。在非洲,我们发现物神小屋就是真正的小屋,而在大洋洲却是小神龛。

丧葬习俗

丧葬仪式是所有民族中的宗教的职能。其背后的思想是灵魂

---

① [校注]教堂的庭院一般用作墓地。

不会立即离开肉体,或者至少会与肉体保持某种关系。波利尼西亚人清楚地表明,死后的灵魂在坟墓附近徘徊了一段时间,直到它最终降落在米卢或瓦基亚王国。在马来人和东北美洲以及印第安人中,这一行为同样明显,在东亚的民族中,我们也看到了这一点。由于这个原因,尸体经常被放置一段时间不埋葬——在奇里基(Chiriqui)整整放置一年。用礼物下葬和把尸体处理成木乃伊形态的习俗广为适用;坟墓的标记在邦戈鼓上呈现出纪念性的体系;酋长们常规陵墓的建立和维持表明无生命的躯体是微末之物。许多民族有让魂魄暂时返回其腐朽肉身的规定,[47]为此,要在墓穴上留下开口,不时将肉和饮料放在尸体旁或倒入坟墓。游荡的灵魂可能会游走到任何人身边,蛊惑他们,毁灭他们,或使他们获得意想不到的荣誉。

在乌干达,每个巫师体内都寄宿着一个国王的灵魂;但平凡的灵魂——穆斯木(Musimu)——可以进入任何人身上。当灵魂到达坟墓时,它不会停下来,坟包上竖立的小船证实了这一点。在北方,会用雪橇把尸体拖到其最后之家,也是这样的道理。北部日耳曼人所用石板的形状就是从这艘船衍生而来的。人们认为,用巫术把灵魂强行召回到尸体里的可能性,不亚于用巫术把灵魂从活人身上提取出来,转移到某种野兽身上;非洲巫师非常擅长此道。但是,假设有种普遍的生机,尽管野兽首先自然地出现,也不会妨碍部分灵魂迁移的想象。

在虔诚对待尸体的基础上,恐惧被认为是一个强大的动机。急匆匆地裹衣服,撑杆子,避开门,在离茅屋较远的地方仓促埋葬,这些行动即使不是出于恐惧的驱使,也至少充满恐惧。在这方面奇怪的是,最强烈的矛盾出现了;因为非洲黑人经常只是将自己人的尸体拖入森林并将其留给鬣狗,却把其他人埋葬在石头墓或自己的场所。在喀麦隆,一名男子被埋在他的小屋里,一名女子被埋在路边。如果死者的小屋被遗弃或被摧毁,他的家具被拆散,那他的奴隶和羊群经常会被杀掉,他的名字也会被遗忘,对幽灵的恐惧是如此有效。

野蛮民族短暂而零碎的思想容许深刻的信仰的可能,它以我们所见过的各种形式,以人体的生命力表现出来。在所有情况下,我们都没有意识到,肯定有必要解释灵魂所居住的位置。毫无疑问,这种信念仍然使他们更接近未来国家的观念;如果这表明古代欧洲人、波利尼西亚人和美洲印第安人之间存在显著的相似性,那么我们可能会将此看作是一个地理分布的事实,与其说是与民族的心理相关,还不如说是与人类的地理相关。关于夏威夷酋长勇夺灵魂的神话已经清楚地表明了其相似之处。在血统的基本特征之中,许多民族都一致地对冥主施行诡计,对生者的灵魂产生嫉妒。观念作为现实的直接反映,包含特定的必然性的因素,它们彼此之间的关系与仅在第二阶段或较远的程度上同与之相关的观念不同。对于后者,就其产生于更高更遥远的思想领域而言,必须特别加以彻底检验。

所谓的崇拜物最初只不过是对死者的纪念——一个祖先的雕像。更罕见的是,灵魂被体现在一种象征中,就像在戈尔德人的悼念仪式上,一只承载着灵魂的木鸟在萨满的头上摇摆一样。通常情况下,塑像是完全按照逝者原来的样貌雕刻而成的,往往高度合仪。这些形象与通常所说的偶像崇拜之间的联系自然取决于对死者赋予的情感,这种联系不过是宗教的一部分而已。这就解释了在其他情况下在封闭部落中普遍存在的莫名其妙的多样性,[48]例如在新几内亚,努弗人(the Nufurese)有许多的偶像,而阿尔法克人(the Arfaks)则没有。现在我们也可以理解头骨和偶像崇拜之间的亲密联系,因为头骨是死者留下的纪念。记忆衰退的时间越久,其形象的感情就越淡薄。在塔希提岛,个人家庭的偶像 lii 与民族偶像 tu 有区别,主要是后者被包装得失去原型了。偷盗偶像经常引起部落间的战争。

六　宗　教

　　除了死亡,我们还发现了生命,其代代相传和诞生的过程更加神秘和重要,其交织在与超自然的关系中。人们偏爱将代际时刻表现在雕刻和图像上,出生时刻通常也如此。在这种情况下,"脚"的呈现表示了与神话的特殊关系。新生命包含着对毁灭力量的否定。各个民族中都用阴茎图像作为抵御邪恶势力的象征;因此,我们认为,对于施梅尔茨(Schmeltz)来说,在麦克拉尼西亚人这一点尤其显著的基础上,没有必要把毛利人阴茎象征的出现与民族构成的模糊问题联系起来。无论如何,在大多数不同的民族中,出生、(尤其是)成年和结婚都围绕着各种仪式,目的是使这些事件以一种可见的形式显示重要。来世生活的观念现在已经发展到了更高阶段,形成了更为先进、更高级的来世奖惩报应学说。

　　然而,其中许多民族没有任何痕迹。毫无疑问,"自然"民族想象来世生活会有差异,但这是在社会层面,而非道德层面。因此,波利尼西亚人区分米卢王国和瓦基亚王国:前者是下层社会的鬼魂居住的喧闹之地,他们用游戏和叫喊自娱自乐;相反,在瓦基亚王国里,安静和尊严占上风,适合酋长的魂魄居住。瓦尔哈拉(Walhalla)只适用于战斗中的勇士;因此,印第安战士也有他所选择的天堂。必须指出的是,道德并不一定构成宗教的原始成分,而最早是宗教更高阶段的混合物。

　　两类自然现象对与生俱来的不安全感产生了最深远的影响;人类必须了解自己面对自然的立场。在强大的自然力量面前,他将自己与自然的力量、权威作比较,从而意识到自己的卑微。方方面面都有无数的障碍阻挠他的意志。他的精神在无限与深不可测之物面前颤抖着,[49]几乎不再为那崇高的宏伟所包含的细节而烦恼。传说一定围绕着平原上的一座山;黑暗的森林里藏着幽灵;风暴、地震、火山喷发,其猝不及防的爆发让人大为震撼。非洲黑人在森林和田野所拥有的神奇偶像实际上经常是雷击之类的事件的纪念物。繁星点点的天空给人留下了最深刻的印象,因为其运行肃静而规则。这些远离尘世的奇形怪状的事物的存在，它们的光辉，它们的数量之多，自然也会对原始人的思想产生影响。所有人，甚至布须曼人和澳大利亚土著都有为星座命名。

太阳的温暖力量肯定让人心存感激，也许在较冷的地区比在热带地区更有关于这一点的亲身感受。对那些害怕鬼魂的野蛮民族来说，月亮和星星照亮了黑暗，更是备受欢迎。他们费尽心机驱除月食中幽暗的精灵，其证据是，在所有民族的宗教思想和传说中，月亮都有极高的地位。作为光的赐予者，太阳已经被所有国家尊崇为神圣的存在和普遍的造福者——虽然这么说可能太过了，但是太阳崇拜广为存在，特别是在思想更加发达的农耕民族中。即使在拉普兰萨满的魔法鼓上也能画着灿烂的太阳。与太阳相对于地球的不同位置以及季节变化相关的传说很普遍。和地球母亲一样，乐善好施的太阳创造了所有生物，也创造了星辰。逝去的英雄灵魂走向夕阳。

与太阳相关的是对火的崇拜，这种火焰不能熄灭，在誓言的束缚下点燃。日本人择日在寺庙里钻木取火，并在新年时庄严地把这簇火带进家里。即使是坦波夫地区的俄罗斯人，也会尽力把旧炉膛里的所有灰烬和一些石头搬进新房子以带来好运，因为这种灰烬本身就是火的残余。

气象因其直接影响以及对经济繁荣的影响程度令人印象深刻。因此，气象在人类的信仰或迷信中所扮演的角色很容易理解，即晴雨交替的创造者，也就是供给收成的创造者。某种超越性的东西支配着一些从来没有或很少与人有直接关系的现象，因此它们只能强行引起人的注意。即使是最被小看且视野最狭窄的野蛮人，也能从彩虹这"通向天空的桥"中，从大海的咆哮中，从树林的沙沙声中以及泉水的汩汩声中有这种印象。这些现象被归于迷信，而这些迷信概念又由更直接的原因引起。阿伊努人是否将灵魂形象放在水流湍急的海岬上，以祈求出海顺利或满载而归？野蛮人知道陨石是如何坠落的，并且在他们的传统中保留了他们的经验；他们称在泥土中发现的石斧为雷电。载着尸体的船在浪涛中颠簸，黑暗的森林笼罩着禁忌；每一条小溪都有精灵的形象。这里的诗歌与宗教交织在一起；要问这些民族是否有"自然意识"似乎非常多余。

[50]但社会习俗也与此交织在一起。我们知道野兽扮演的角色是社会群体的象征，就如图腾。萨满像对待同伴一样对待野兽，戴着一对人造鹿角，从空心的兽像里饮狗血，有一只空心木鸟在他身上摇摆，用鱼形的贝壳祭祀河神。吉尔雅克人（The Giljaks）使用熊、刺猬和乌龟来施展法术，尤其用来治疗疾病。每年他们都会用自己的木盘子举办庄严的肥熊节。关于野兽和植物的传说不能说是典型，但构成了原始民族文献的主要内容。野兽在部落和酋长家谱的基础上找到了一席之地。无论印第安人的思想世界在哪里传播，对灵魂轮回的信念都会延续，特别是灵魂从猿类的过渡；甚至日本曾经也有过神圣猿猴。

除此之外，野兽通过其损益行为而令人印象深刻。吃人的野蛮人觉得自己与吃人的野兽相似。马来人和塞内冈比亚的约洛夫人（the Joloffs）有保护这些动物的习俗，鳄鱼被养在神圣的池塘中——或许可以有另一种解释，比如当马塔贝莱国王洛本古拉（Lobengula）将杀死鳄鱼定为死罪，因为死鳄鱼可以拿来练习黑魔法。然而即便如此，野兽宗教也可能会有某种间接形式。

宗教的道德

简单来说对一、天堂之主、大能——即神的探究，并不是大量宗教思想所产生的最初结果之一。只能以偶然地瞥见他（Him）为始，而且只有通过一大堆偶像的缝隙才能窥见他。我们所获得关于他存在的概念不如从映射出他的各种来源的事实那么清楚。毫无疑问，祖先崇拜促使人们逐渐提高了一些显赫人物的地位，使他们凌驾于群像之上，甚至升入天堂。这样的神化论，在非洲和大洋洲都可以找到。在印加人那里，有些人甚至在还活着的时候便已然被神化了。通过晋升神格，被晋升者便能为其统治施加更为深刻的影响。无数的亡灵需要领袖，为达此目的，那些此世的人间领袖也必然最适合在彼世充任领导者。

此外，为了完成那些不假于物或不受地点束缚、由一点生发出多种结果、本质上应属于神力范畴的事务，[51]人也必须要晋升为神。记忆力的衰退似乎使他看起来像是忘了自己在尘世中的根，翱翔于天际。因此，众多鬼魂成为精灵；他们的形象变成了物神；少数人成为部落的神，也许，通过传播，这些神可能又由部落神变成了遥远的神。耶和华被视为尘世之神。创造物至少需要出现第一个人，并且在他之外需要一个能够创造他的上帝。通常天空或太阳获此尊荣；神圣的原始祖先栖居在那儿，他们现在与造物的上帝结合。最后，对自然的考量需要伟大的统治精灵（ruling spirit）来处理大事，而无数的小统治精灵来处理小事。天上的某一位神灵同时也是造物主，当然会成为一（the First）。

因此，不同的角度都追求一个至高无上的存在，即上帝；我们在任何地方都能听到一个无上的称谓，但只是有些微弱和模糊不清。他经常被认为是最年长的，部落的精神领主、逝者灵魂的主宰和造物主。对我们的传教士来说，将这些神的名字赋予他们的和我们的上帝有危险，否则祖先崇拜的信徒会将神话形式赋予主宰者，即整个民族的祖先领主身上。乌库鲁库鲁（Unkulunkulu）是原初的祖先，他本身就是人类的创造者，是一个神秘人物，但其神秘却仅仅是因为非洲黑人无论在实际中还是在幻想中都没有弄清他的形象。因此，乌库鲁库鲁类似于大多数黑人宗教中至高无上的天神，不受尘世行为的影响，因而被忽视；贝专纳人、巴苏陀人也有相应的莫里莫（Molimo），在其他地方则对应尼扬维奇（Nyambi）或尼扬（Nyame）。

所有人的起源可能都是一样的；但重要的是要注意，记忆是否变得如此模糊，以至于第一位先祖的形象已被精神化，或者这个形象仍然如此切近，以至于我们对上帝的概念因使用他的名而降格了。赫雷罗人的传教士们把穆库鲁和卡伦加（他们最初认为是"财富"）表示为"神"，尼扬维奇直到后来才被采用。

在前基督时代，赫雷罗人实际上生活在纯粹的祖先崇拜之中。在黄金海岸和东非部分地区，我们将看到更明显的一神教发展倾向；基督教与这些联系起来无需太多顾忌。在某些情况下，恶魔的名字（它们以毁灭者和创造重生者的身份出现）被用来表示"神"。在新赫布里底群岛，苏克（Suque）这个秘密社团的名称已被用于此目的；而在托雷斯群岛，奥古西（Auguci）意为"图腾"。耳熟的北美印第安人的曼尼图（Manitu）不是"伟大的精神"，而是一般而言的"灵魂"甚至是邪灵。传教士用于"神"的波利尼西亚语的阿图阿（Atua）也可能源于类似想法；但就幽灵、灵魂或呼吸的意义而言，它是如此普遍，以至于异教徒所信奉的思想都不能与之密切接触。

事实上，与祖先崇拜有关，在一个民族中，不同的灵魂被分配到不同的群体，在秘密社群中加以崇拜，并经常将这种保密用于暴行的目的，这自然阻碍了一神教思想的发展，因为他们中没有谁占多数。尊崇等级秩序并非是确定的引导，因为受人尊敬的无上之神的名字在不同的国家之间有所不同。在社会群岛的小区域，我们发现以下众神处于至高无上的地位：Tahiti 的 Rua、Raiatea 的 Eimeo、Huaheine 的 Tane、Bolabola 的 Tao、Maurua 的 Tu、Tabueamanu 的 Tangaroa 或 Taaroa、Tahaa 的 Oro。[52]在新西兰，兰奇（Rangi）在所有神中地位最高。在夏威夷，Tane 像 Kane 一样排在最前头；同样还有瓦基亚和毛伊（Maui），他们只在神话中或是作为战神时才显得非常重要。但正如我们将要看到的，所有这些超越的存在几乎都会失去其所有的崇拜，仅仅是因为支持当地的祖先神。没有任何东西可以促成这种宗派团体一般的组织，他们努力将自己的神或精神严格地保留在自己身上。随着他们变得强大起来，他们让自己更弱的兄弟去侍奉神。

另一方面，至于希卢克人，我们获悉尼卡姆人（Niekam）在每个村庄都有一座寺庙或一所房子，通常是整个村庄都住着一个享有特权和备受尊敬的种姓——一种精神上的贵族。他们要求分得所有掳掠而来的战利品；没有人敢碰他们的牛，更不用说挤奶。酋长的财富藏在尼卡姆人的领土内。在阿贝库塔（Abbeokuta），一捆捆稻草是雷神尚戈（Shango）的财产；这是不可侵犯的，无论何时将手放在上面，都会引起尚戈祭司的报复。确实，尚戈是一种有所教益的现象。有些人认为他是在生活中非常残忍的国王。另一些人说他是神的晚近后代，最近才承认其不朽；有时候他是雷神的祖先，有时候是他的同伴，然后才是雷霆自己。所有的一切都指向一个最近升入奥林匹斯山的酋长的灵魂。

尤其是在没有文字的民族间，由于重复出现相同的神祇和神圣的功能，名称的变换甚至在神话的基本线索中也总是造成混淆。因此，只有牢牢抓住潜在的现实，搁置所有等级问题，才能将它们分开。如果把人类始祖的存世这类孤立的事实看作美洲版洪水神话一种特殊的、高级的特征，这不过是未能普遍地认识到神话本就千变万化。经过拣选和拔擢后，一种努力深入人心，正如我们在基督教和伊斯兰教的传播中看到的那样，只有在广袤的土地上迅速扩张，并远离所有分解的影响，才能使神的观念超越当地的局限和不确定性。但是也有必要获取权力，即与世俗势力联盟。

人类朝向单个的超越性存在的观念，即人类的个人关系事务的最高处置者的概念，并没有以纯粹的形式发展，而总是碎片化的、不充分和充满误解的。宗教在其发展过程中也没有独自存在，而是同人类思想的其他努力联系得越来越紧密，尤其是随着其良知的骚动和渴望。因此,宗教获得了它最重要的附属物——道德因素,从而对整个文明产生了更大的影响。在宗教发展的原始阶段,人几乎完全是需求方,他们会用许愿,甚至是命令或牺牲献祭的方式来接近神、物神或其他类似的存在;在这一时期,精神性的一面掌握了权力,并用奖惩来统治人类,不仅引导,还有约束。这种对宗教中道德因素更突出的区别可以通过许多阶段来实现,同时也要清除大量与宗教的道德因素相联系的因素,而这些因素没有任何更深的内在联系。

例如,在宗教发展的低级阶段,宗教不仅要服务于超越人类之上的精神,[53]还要照顾人的灵魂,正如在一切科学、艺术和诗歌的开端中,涉及巫师、祭司之类的事情一样。因此,我们就有了一个观点,好比是一些模糊蜿蜒的轨道汇集而成了清晰笔直的通路。宗教与民法的结合虽然会导致某种程度上的蒙羞,但最终会产生一种提升的效果,同时也会让宗教摆脱与所有独立发展的思想活动走得越来越近的情况,这些活动意在独立地发展艺术与科学。这种分离在一些掌握祭司职能的人之间进行分配,比如巫者、治疗师、造雨者、图像雕刻师、宫廷吟游诗人,等等;但只有在艺术和科学时代来临时才能完成。当我们来到古希腊时,历史首先向我们展示了诗歌、艺术和科学的独立活动;在埃及,这些活动都依附于祭司阶层。

在当今人类的各个阶段都可以找到现世权力和精神力量的结合。若酋长没有巫术——要么他自己操练要么和祭司紧密结合,其权力就不完整。只有作战的酋长可能例外。即使在这里,吟游诗人也必须依附于国君。求雨失败可能完全破坏对国君的尊重;由于巫术施法失败,非洲出现了许多毁灭和谋杀事件。另一方面,很难想象有比祖先崇拜更有力的方式来支持统治者家族的传统,比如让每个库斯科印加人(the Cuzco Incas)都成为圣人。大洋洲有很多例子表明,国君或军功英雄位列诸神首位,从而大大加强权力的继承。

在这方面,我们回顾一下梅里美(Mérimée)的观点,即罗马人对伊特鲁里亚人的偏爱超过了其他意大利民族,其部分原因可能是他们了解最古老的宗教传统,理解那种把伊特鲁里亚贵族区分出来的预兆。上帝喜欢对社会和国家有益的事情;与家庭、社会、国家的福利有关的精灵必须仁慈。随着神圣要求的不变性和道德的易变要求,社会中那些深刻的、一定程度上也是高尚的要求下令尊重年龄,保护婚姻、子女和财产,这存在于极其自私的"禁忌"之法中,它满足于结合前述不变和可变的要求。这使现世利益和精神利益融为一体。启蒙教育让世人看清,狡猾的祭司在国君的掩护下让人民保持愚蠢,尤其是在这个阶段,这一切并非虚构。世俗律法和精神法则融合在一起。如果酋长是个圣人,那么任何违背他治下的秩序的反抗都有罪;现在宗教更容易驯服煽动者和颠覆者。

在任何情况下,善与恶的区别肯定都以另一种方式早早自发地发展起来,摩西故事的深邃情感在道成肉身这一过程之初就体现了善恶之别。在大自然中,我们发现了利害,并且在普世形象中,这对敌手从自然中进入了精神世界。对善的感恩之情不断被重新唤起。人类需要它,也必须向它祈祷。如果所有的善都归于祖先的灵魂,我们就会有善的神话象征。但在这一点上,善长期以来仍然是个体的施善者,而不是整个社会的施善者。新不列颠就有这种观念,[54]所有美好事物的创造,无论是土地、制度,还是捕鱼的鱼饵,都归于一个人——Kabinana(智者);而恶的东西都归于Kovuvuru(可能意为愚笨的人)。

但是民族内肩负着这些造物主之名的两类人没有显示出等级的差别,那些被称为智者的人与愚笨的人处于相同水平,他们看起来似乎反差很小。天堂居民的人性弱点证明了一个非道德的宗教和一个充满道德的宗教之间的深深的鸿沟。为什么众神的神话人物从道德的角度看经常寡廉鲜耻——甚至比崇拜他们的人更糟？对力量和权力的错误观念，使他们不得不把自己提高到普通大众之上，这就产生了伟大神性的虚假理想。我们虚构故事的元素，该元素在神话中很好地发挥自己的作用，并在全世界传播了另一个狡猾神性的虚假理想，在爱情、战争甚至商业冒险中都智胜他人。

祭司是必须与精神世界交往的化身，他既禁止和驱逐精神世界，同时将驱逐普通人的灵魂并引入新的灵魂作为其职责；祭司在精神上与正常人不同，最能适应精神错乱、癫痫、幻觉和生动梦境的倾向。拜物教祭司的传统是将教导传授给合适的年轻人。训练是从普通人转化到有法力的精灵控制者，呈现出神奇的特征，甚至是一种轮回形式。那些被拜物教的祭司相中的人将被带入灌木丛，[55]长时间关在物神所里。当他再次醒来时，他就像以前一样开始吃喝，但他的既往知识已经消失，拜物教的神职人员必须指导他，并像教小孩一样一点点教他。起初，这只能通过打击来完成，但他的感官逐渐恢复后，就可以与他交谈，在完成对他的教化后，祭司将他带回其父母身边。通常父母已无法认出他，他自己也不记得过去发生的事情。

他技艺的核心在于与逝者精灵的交流，但作为巫师，他是所有知识、所有记忆和所有预感的接收者。许多欧洲人已经很欣赏他的药草和根茎药物治疗术。巫师的位置是段位更高的医生；某些医生比他人更了解特定的疾病——例如蠕虫，他的病人是巫师送来的。布勒克断言，在纳塔尔的非洲黑人中，他们的医生通常会解剖野兽，但在战争时期，有些人偷偷地解剖人类；这只是片面之词。在任何情况下，他们也不过和其病人一样满足于动植物的自然疗法，但他们认为，通过超自然力量的干预，他们的疗效最深最可靠，借此，爱、仇恨、嫉妒之类的其他惹麻烦的东西可能也会找到对的治疗方法。祭司们对幻觉很熟悉。他们开始产生幻觉时，就是在给信仰创造新的支持。

早在科学之前，他们就掌握了暗示、催眠术等秘密。人们自己知道很多，但巫师总是最能保守秘密。想想仅仅存在于传统事实中的力量。事实上，这些民族所拥有的唯一历史知识往往是祭司间秘密传承的重要事件，并且是通过超自然知识的方式告知那些寻求忠告的人。当然，这种知识也可以用于服务主权和政治。传统的神圣性也是使其保险的对象，从这个意义上说，我们可以说它取代了文字。

文字和印刷破坏了祭司的神圣地位。传统技艺也得到了特别的孕育；它属于更高阶段的传统符号和图画的知识，即读写技艺，如果可能的话，这就和埃及神父的特殊抄本中有读写技艺一样。特殊的祭司语言在地球上不同的民族中重现；萨满教的基本思想伴随着各种相似细节或甚至在最细微的观点上达成一致，在某些方面，这些观点无论在哪里都无法被理解。阿穆尔河下游以及非洲、美洲和大洋洲的巫师备有一种箭，他们先念咒，把恶魔放到箭上再射。

宗教的分类和传播

[56]在宗教仪式中使用面具在所有多神教形式宗教的国家间广泛传播。野兽面具和人类面具、怪物和复杂的头饰都可以用于宗教表演。这些东西在中国、西藏、印度、锡兰，在古墨西哥人和秘鲁人以及爱斯基摩人、美拉尼西亚人和非洲黑人中不断出现。阿留申人给尸体戴上面具放在坟墓中，让死者看起来滑稽不堪。人们多半会把这东西当作跳舞时的面具，用在世俗场合，现在却与生命和死后重生的严肃主题联系在一起。

预言本身就涉及一门完整的科学。预言的数量如此之多，无处不在，并从各方面影响着人的生活。仅举几个非洲黑人的例子：在雷雨下喝奶会招来闪电。如果你在一个奇怪的地方喝奶，你会在那里犯罪。你不能在冰雹后的第二天做野外工作，否则还会下冰雹。杀死鹰的人必须被处死。如果鹰鸟落在栅栏上,这表明业主要倒霉。如果一只公鸡在午夜之前啼叫,它会使人或牲畜死亡。狗或小牛跳上茅屋,兔子出现在栅栏里,都有同样的邪恶意义。任何一个无意食用豹子胡须的人会生病而死,但如果有人就着豹子肉吃掉胡须,他就会变得勇敢,并且在打猎时好运连连。吃鸟喙和爪子的狗会变得强壮和勇敢。踩到荆棘的人必须吃下它,以便下次保护自己不受它的伤害。

人们普遍认为,任何不寻常的致命事故都不可能是自然的,这种可怕的信念催生了大量的法术,而这些法术的前提是人们对其个性和影响有充分的了解。在非洲,通过强力毒药而加剧的严酷考验都伴随着隆重的仪式,与雨、火的重生有关的巫术,以及在田野、牛栏和追逐中最重要的周期性事件也是如此。

文明的精神元素经常最容易速朽。精神元素才是文明前进发展的动力,这一事实本身就解释了停滞不前和必然倒退的大趋势。宗教历史在此特别具有启发性。如果我们要问,在阿比西尼亚人中基督教在哪些方面变化最大,[57]或者在蒙古人中,佛教在哪些方面变化最大,答案一定是在精神层面。所有宗教的创立者都比他们的继承者拥有更高的理想,所有宗教的历史都从纯粹的热情所达到的高度开始衰落,后世的改革者不时努力把自己和教友们提升到这种高度。

在一神论中,我们品尝到了晚年生活中那种伤痛经历的苦涩。谁能想到,年轻而幼稚的民族不以其纯粹的价值来尊重它呢?抽象的东西不适合普通大众,教条的东西也是如此。众多的狂热分子关心的不是教条的纯洁性,而是保有其安然无恙的宗教。在民族的扩张中,在宗教的基础上,截然不同的原则很容易消失在形式背后,这一点最好的体现就是缅甸和锡兰的许多寺庙同时举行的佛教和婆罗门崇拜。柬埔寨宏伟的吴哥窟遗址是这种宗教混杂状态的唯一现存的证明。

从表面上看，衰变表现在形式和本质的分裂之中，这就是最初的裂痕形成之处。然后，外部因素的分解、力量的削弱、贫困、独立性的丧失、人数的减少导致进一步的破坏。技艺天赋跟不上精神性的创造力；可以通过比较波利尼西亚神话中的精神想象与他们在石头或木头上的表现形式看到这一点。

精神逝去，没有留下任何完全对应于自己的力量和宏伟的创造物；但形式仍然存在。这就是为什么在所谓的"自然"民族中，形式甚至是最基本的形式往往比本质地位更高；而这仅仅是退化的一个阶段。在几乎所有宗教中，我们都会遇到更高级的概念的蛛丝马迹，不仅在精神上，而且在纯粹的物质事务中，就像佛教崇拜中使用的经文一样，这些经文已经进入了萨满教的物件之中，更富有的萨满人和中国人之间往来频繁，传入这些物件；或者是在塔基时代，基督教十字架作为物神流传到刚果下层社会中，先于传教士就已经出现了一些孤立无援的基督教观念。当多布里兹霍夫（Dobrizhoffer）试图改变恩帕拉多（Empalado）瓜拉尼人（the Guaranis）的信仰时，一位老酋长对他说：

> 神父，你不需要来；我们不需要神职。圣托马斯很久以前就赐福给我们的土地。

未受过教育的欧洲人早在基督教之前就传播了魔鬼这个最显眼的恶灵的观念，并导致了"恶灵崇拜者"的构想以及善恶精神二元论的出现。另一方面，创世和洪水这些传说往往也同样可疑，它们与《创世记》的一致性也令人感到奇怪。但它们太广泛、太深入，同整个神话纠缠在一起，以致我们不能认为其是这么新近而又这么偶然的起源；至少其中一部分属于世界性的神话，其起源可追溯到前基督教时代。

我们的宗教是孤立发展还是一张一块儿松、一块儿紧的网络？

答案含有任何分类都无法提供的东西；事实上，除非我们搞清楚人类的共同财富是多少，一个民族独有的财富是多少，否则我们无法正确地分类。我们在这一点上所要说的与上述关于人类共同财产的说法有关，是对上述说法的补充。

[58]"万物有灵论"和祖先崇拜为所有人性所共有：巴斯蒂安（Bastian）称之为基本思想。正如我们可以从丧葬习俗中所知，他们的表现甚至经常在细节上也高度一致。从他们那里我们可以重建一个由野蛮人掌控的普遍灵魂学说。来自中国、北美、德国和澳大利亚的碎片完美契合在一起，形成了一个符合其基本特征的统一学说体系。我们已经看到自然界的"普世之灵"如何与此联系起来。毫无疑问，它所激活的对象在格陵兰岛和斐济不同；相似的来源，相似的慷慨之举，迷信的用法也绝对相似。因此，掌控这一切的人在性情和品格上出奇一致。亚洲北部的萨满和非洲的造雨者，美洲的巫医和澳大利亚的巫师在本性、目标和某种变通上都相似。

所有神话都超越了盛极一时的地方势力。我们并不是说在大众心目中对正常自然现象的神话反映中通常没有一点点异常，这种异常远远超出了可观的范围，就像太阳在地平线上变形了一样；我们不要忽视这样一个事实，即在秘鲁，人们对太阳崇拜盛行的程度建立在那片少雨少云的土地之基础上，太阳是那片土地上空最明亮的天体，人总是能看到太阳；我们也不要忘记历史事实的影响，例如在易洛魁人和阿尔贡金人原始居所的传说中，他们不仅看到了自己的家，而且看到了善良的蓄着胡子的白人来到他们的地方。在这里，一个元素可能比另一个元素更重要；主要的事实仍然是他们被相似的基本思想联系在一起，从而构建了我们所谓的世界性神话。

世界性神话的主要特征是天地之间的对立。天堂有时会出现，有时像太阳一样，即太阳是天的眼睛。二者可以互换；因此南美洲人对天堂的信仰明显取代了对太阳的崇拜,在北美人眼中天堂则是灵魂未来的家。在创世的过程中,太阳是天堂的助手。大地总是与二者对立;它的造物是次要的;它总是被视为与天堂结合诞下万物的女性,人类尤其如此。与太阳、闪电(或雷神)、火、火山、地震联系在一起的,还有一个副造物主的理念,他在太阳的旋转中、在闪电中、在火山爆发中接近大地,而天堂仍然远离地球纹丝不动。赫菲斯托斯和普罗米修斯,作为造物者和受惩罚的盗火者、生命的给予者和毁灭者,居于许多宗教体系的中心,而天堂,全能之父的地位则远远落后于他。

全人类都知道,毛伊神话并非为波利尼西亚人所独有。毛伊也可以用洛基的名字来命名,他也是一个名为达拉莫伦的残疾的阴间之神,他是南澳大利亚民族的雷电之神,里德利(Ridley)直接将达拉莫伦翻译为"独腿"或"瘸腿"。又或者,我们还能用霍屯督人的方式将毛伊称为"苏戈布"(意味"膝盖受伤"),我们不能根据(神话)在范围上分布的广度和密度来臆造神话,也不能据此便认为某些神话只与某些特定的民族联系在一起;只要一些不同地域、不同名字的神明具有某种类似的特征,比如毛伊和赫菲斯托斯,他们都是跛脚神,都居住地下(而非天堂),那么我们便足以认为他们都是同一个神明。

如果南非人也信仰一个居住在地下的跛脚神,[59]那么他也和毛伊或赫菲斯托斯乃是同样的神明。他甚至以单腿侏儒的形式示人,他们围着居住在阿劳卡尼亚人(Araucanians)穴居的火神跳舞。带着闪电的云蛇对造物主纳瓦斯而言,就像雷神对塔拉斯科斯人或雷登吉对斐济人一样;他又如蛇,在地的根基上生长。他的行动会引起地震。这条蛇又是中国和日本的神龙,有着无穷无尽的变化。①

---

① 龙也生活在山区国家,特别是在山顶上。

许多民族的观念都有联系,即居住在东方的天神和光是他们的创造者和恩人,因此他们将最初的住所放到东方,就像墨西哥人歌颂光明之地阿兹特兰一样。把亡灵之地放在西天更常见,在那里,福佑岛沐浴在夕阳的金色光芒中。在他们对灵魂必然的旅行、其危险和出逃的描述方式中有许多相似之处,这远远多于传教士用其毕生精力从一个民族带到另一个民族的东西。读者可能还记得夏威夷那个灵魂从冥府回来的故事。①

几乎没有创世的传说里没出现树木——有赫斯帕里得斯树、白蜡树、天堂树。矗立于天地之间,众神降临在树上,灵魂通过树找到通向天堂的道路,或者树变成一道粗糙的横梁,让它们蹒跚而过;简而言之,所有的创造物都从树那里出来。认为人是从树上孕育出来的民族包括赫雷罗人、卡菲尔人和西非人(参见下页);植物起源的类似观念也出现在波利尼西亚人和南美洲人之间。作为一个地理传说,植物起源说保留了作为灵魂之家的植物:加那利群岛中的一个小岛被认为是铁构成的,因此缺水——据说他们通过一棵树来浇水,这棵树"总是被浓密的云层覆盖;树的叶子接住了绵绵雨滴,所以人类和野兽都能喝饱"。正如施雷耶(Schreyer)的《新奥辛迪安主义者》(*Neue Ostinianische Reisebeschreibung*,1680)所示,这被认为是17世纪的事。

今天的人类在许多记载中只是一个次生的、后来创造的民族,与早期被一些大灾难、天堂的陨落或大地的洪水摧毁的民族截然不同。卡梅伦(Cameron)在刚果的迪洛洛湖边听说,有人在湖的深处生活、移动和行动,就像在光天化日之下,因为他们残忍地赶走了一个老乞丐,整个村庄都被淹没了。唯有一个善良人接待了这位乞丐,因此保住了自己和他的房子。从阿拉伯或阿比西尼亚传统来看,这可能是诺亚故事的一个版本。但我们在其他地方也

---

① Supra, p. 41.

发现了这个故事，而且有当地的改编。人们认为水里能住人；尼罗河上的黑奴能告诉我们河神在夜里往牧场赶牛群是多么壮观。

把整个神话拼凑在一起只能一知半解。我们对一个用奇石搭成的古老建筑怀有兴趣，其中现代人的大神和逝者不安分的灵魂以各种方式四处游荡。尽管如此，只有几处呈现出亲密的血缘关系。万物有灵论的基本思想以及围绕它的所有一切，在另一个时间，从宇宙传说、神话传说以及对来世的描摹之外的其他来源流传大地；[60]前者肯定比后者早得多。两者都显示了最偏远地区最惊人的相似之处；但是在每个地区，他们都是两个独立的观念世界，只有几个点密切接触，而即使在这几个点上我们也会介入一种我们称之为"自由发明"或至少是"自由变换"的特性。我们不同意这样的观点，即这些没有传统的民族的每一种风俗习惯都必须深深植根于某种历史联系之中。在体育运动中产生了很多东西；巴卢巴人（the Balubas）对神明尼扬贝（Nyambe）的崇拜并不是唯一心血来潮的情况。除了巨大的相似之处，我们终于找到了较小的区别。这些有助于解释其他幸存、根源或分支的事物。

正如我们在地球的各个地方发现的那样，欧洲人建造房屋并在土壤上耕种，同样的植物从废墟里或种子中冒出来；如此孤立的迷信习俗本身并不重要，萌芽幸存下来，成为普遍而散乱的思想的痕迹。在印度、阿拉伯、北非和欧洲，人们不仅相信邪恶之眼，而且相信手中的马蹄铁能克邪恶之眼。在摩洛哥，妇女在服丧或患病时，会把她们的头发做成的小球挂在某些树上，这是世界各地最为流行的习俗。它只是大量的复杂习惯的一部分，其目的是尊重、隐瞒或提供一切受之父母的东西。割礼也包括在内，一种分布最不规则的习俗。[61]祖鲁人有这种陋习，而贝专纳人则没有；它出现在新喀里多尼亚，但洛亚蒂群岛却没有。它以其特殊的仪式形式再次遍及最广泛、最遥远的国家。

综上所述，我们可以提及一种似乎有点好玩的迷信习惯，也正

六　宗　教

是因为好玩，它才被广泛地传播开来。在安孔和弗洛勒斯岛，由芦苇制成的框架上面缠绕着许多彩线，像旗帜或星星一样，与尸体一起被放入坟墓中。皮马人(the Pimas)赋予了其宗教意义，我们在温哥华和吉大港发现它们，却没有获得更明确的定义。在埃及，它们构成了马的装饰品；在玻利维亚，它们被卡在橡子里。

为了概观各种宗教的扩张，人们习惯上将其分成几大类，如果我们只要求得到大致的数字，通过数据统计就可以得到近似值。如果要以最深层次的差异为基础进行分组，不是为了把人类分裂成随机的碎片，而是根据其宗教发展的真实高度和深度来加以区分，就不能总是考虑到传统的、肤浅的权利，基督教，异教，多神教，一神教。如果我们调查与人类的全面发展有关的宗教，我们就会认识到其伟大里程碑坐落在别处。多神教甚至会提出一神论作为一种自然力量以提供一个最高存在；而一神论的信条遭受侵犯，即把一分成为几个或更多。

在现有人类宗教发展的基础上，我们发现：

1. 在这些宗教中，神性并未被置于人类之上，而且没有任何强烈的道德因素。在任何情况下，这些都依赖于对灵魂或幽灵的信仰；与此相关的还有咒语、药物、求雨魔法和其他迷信。

在一个群体中，我们发现自然现象之间的联系很小，因此盲目崇拜的倾向就很强烈，就像许多黑人民族和北亚人一样；另一方面，波利尼西亚人和美洲人的宇宙论和神话论概念在整个系统中都发展得更好。

2. 这些宗教把神的地位抬高到远超人类的范畴之上，并逐渐不再混入在科学、诗歌等方面所作的任何精神努力，并相应地培养道德因素。对灵魂的信仰以一种净化的形式重新出现在对未来生活的假设中，并给予奖励和惩罚。

a. 多神论，它允许几个当地不同的神拥有主权，但不总是承认他们有任何道德优越感，如婆罗门和佛教徒、前基督教欧洲人、古代美洲人。

b. 不同等级或者发展不一的一神论，根据类似神、圣人等存在的数量和重要性，他们介于上帝与人之间。独一的上帝以最高的道德品格出现，如穆斯林、犹太人、基督徒。

从与非欧洲民族的多方位密切接触开始，基督教很快就放弃了他们的灵魂注定不会被救赎的偏见，[62]从16世纪初开始，传教士就达成了势不可挡的贸易和征服成就，甚至是奴隶贸易。传教士的组织不仅有宗教目的，而且他们通常作为陌生人，对一个自己对其本性知之甚少、但又竭力想深入其中的民族产生影响。从民族志的观点来看，传教士的进入是很重要的。

一神论的宗教不能很好地把自己附在像尼扬贝或曼尼图这样摇摆不定的概念上。在大多数情况下，他们甚至无法使用尼扬贝或曼尼图所拥有的至高无上的名字来表示他们的唯一之神；误解本来就已深刻。但是，"自然"民族的其他宗教思想无疑会形成一种可能的联系，甚至能让那片犁好的土地开花结果。理论上，这不仅仅是为了预测基督教的前景，也是为了理解在"自然"民族备受冷落的宗教状况。逝去灵魂转生的观念也是来世世界的基础，基本上类似于基督教的灵魂和不朽的教义。珍重祖先灵魂的记忆绝不与基督教相矛盾，但它必须在开始神化祖先、偶像崇拜之前停下来。基督教发现自己的创世学说的特征在自然民族的宇宙神话中往往以一致得惊人的方式再现；最后，基督教的上帝作为圣父圣子的教义可能会附属于某种造物主的理念。

传教活动

一旦我们采用了作为基督教教义基本结构的道德法则，这种差距就会出现。尽管亚伯拉罕牺牲了，但传教士们仍然必须坚决反对用人献祭，反对低估人类的生命价值。更困难的是，他们必须将他们对学者道德的影响延伸到全然的世俗领域，而不是异教徒的牧师。他们的基督教必须具有社会性和经济性,并且其影响必须具有革命性。一夫多妻和奴隶制是两块巨大的绊脚石。传教士试图通过改革门徒的经济生活来达到他们的目的,但很容易在这个方向上走得太远。某些慈善家派遣菲茨罗伊上尉(Captain Fitzroy)传教士前往那个遗忘之地——火地岛(Tierra del Fuego),在其指示中写道:

> 在你与火地岛人的交往中,你要记住,你可以沟通的是现世利益。对他们来说,这是他们最容易、最能直接察觉到的。这可能包括获得更好的住房、更好更多的衣食。因此,你会指导他们种马铃薯、卷心菜和其他蔬菜,饲养猪和家禽等,并建造宽敞的居住环境。因此,指导他们种植土豆、卷心菜和其他蔬菜,教他们养殖生猪、家禽,建造一个宽敞的定居点,这些乃是你的主要职责。你可能会发现,指导他们进行这类活动与指导他们从事其他更重要的活动一样意义非凡。你还要在一片土地上围出一个花园,在里面种满有益的蔬菜,并尽快在周围养上大量的猪、羊以及各种禽类。

这是一个美丽的计划;但这一计划所取得的效果却非常有限。这种意图引导人们从一个贫穷但却轻而易举便能实现的生活方式转向一种更好生活方式的尝试,[63]需要人们更多的参与,但这种尝试不啻为一种经济革命,虽能带来福音,也能造就灾祸。而且祸害要比福音来得更快。

在欧洲人看来,火地岛人的生存条件很可怕,而火地岛人自己看来却很惬意。在任何情况下,传教士都必须从这样一种观念开始:更高的文明肯定会对异教的生活条件产生分解效果,并且他应该通过门徒的实际教育来缓和地过渡;但传教士不应该扮演艺匠或商人的角色。这与自然民族的祭司所存在的大量迷信的神秘因素相矛盾。这一点绝不能被低估,但我们必须牢记在非洲经常发生的克己的誓言,这些誓言仪式特别,严格守信;或萨满在抽搐中激活灵魂时所表现的身心自残行为。传教修道会的成功在于自我克制与实践工作的良性结合。德意志传教士在赫雷罗人面前的基本目标是基督教所怀有的那种经济和社会的发展;行动比口头教义更有效,因为行动可以在传教士的举止中表现出来,最重要的是,他在看待和对待世界上的事物时处于一种冷静的安稳中。最后,如果牧师同时能够担任治疗师,那么他只会破坏迷信的混沌。

占主导地位的酋长身份和祭司职位的普遍结合毫无疑问地表明,传教活动的成功取决于对政治条件的正确估计。除非传教士能得到一位有权势的首领的支持,否则他的传教活动通常不可能完成。奥地利传教士带着如此乐观的希望在贡多科罗从事传教活动但失败了,在其献身的事业里没有留下任何值得一提的痕迹(斯毕克有些夸张地说,奥地利人在此从未成功归化任何人皈依),主要是因为传教士采取了完全单干的态度。事实上,没有任何政府能够控制巴里人并能够保护其财产不受自己的侵害,[64]除非他们政治完全衰败,而这只有一个天性上和目的上反对一切传教活动的社会,即奴隶贩子的社会才能做到。

结果完全不同的局面形成了:传教士能够在莫法特从摩西利卡人(Mosilikatse)酋长那里得到宽容的掩护后,或者当他们受到强大酋长的保护时,才能开展自己的传教活动。就像利文斯敦在塞切勒(Sechele)和塞比杜阿内(Sebituane)的保护下,向巴苏托和马科洛洛人(Makololos)传教,或者像乌干达的姆特萨(Mtesa)和姆旺加(Mwanga)统治下不同教派的传教士一样——尽管在这种情况下,他们仍然无法脱离政党的影响。

从这一切可以清楚地看到,只有在彻底研究了"自然"民族的宗教观念和世俗制度之后,传教活动才能有成功的希望。民族志为许多已经意识到这一点的传教士做出了最宝贵的贡献。对语言的研究常常不可回避,语言的研究使得人们对一个民族的生活有了更深的理解。但是,要教会野蛮人基督教最深刻和最基本的东西,传教士自己也必须了解。最不成功的传教士总是那些没有受过教育的人,他们对自己的信仰缺乏正确的概念,如英美派来的大批传教士:他们没有爱,往往是商人或政治代理人,而不是基督教牧师。

总之,可以再次指出,植入新信仰总是意味着文明会同时转变,这需要几代人来努力完成。传教活动不是一蹴而就的,它不能逃避聚沙成塔的麻烦,也不能允许自己被诱惑去抢那些似乎会取得更快进展的机会,因而,这种进展即便只是暂时的,也偏离了它的真正目的。

伊斯兰教是仅次于基督教的大型一神教。在许多方面,它似乎能更好地理解更落后的民族。在非洲和亚洲,伊斯兰教取得了进展。它的扩张可能只流于表面,就像在非洲的黑人国家一样,我们发现富尔人(the Furs)里有穆斯林信徒,充满激情地信仰一个名为毛拉的神,崇拜天空,而在西非,从崇拜穆斯林毛拉到物神祭司的转变潜移默化;但它的根源仍然比基督教更深。它没有任何逻辑上的困难,它的实际命令可以以某种松散的方式实现。

与基督教相比,准许一夫多妻制和奴隶制是其有无可比拟的优势。无论如何,一夫多妻的禁令确实排除在基督教之外,直到深刻的道德革新发生,财产首先意味着较高的社会地位,证明有能力养几个妻子,主要是他们的财富能满足。即使是传教士也不总是敢于对这一制度提出激进的反对,而最近,乌拉尔南部已经有数百名鞑靼人在俄罗斯官员眼皮下放弃基督教,伊斯兰教的影响很大程度上依赖于此。总的结论是,伊斯兰教通常更适合最不发达民族的社会和政体,并且与更接近他们的这类文明结盟,因为他们的发源地在方位和气候上更接近。

[65]世界上只有三分之一的人信奉基督教。据估计,在 5.7

亿一神教的信仰者中，4.4亿人信仰基督教。在地球上剩下的9亿人口中，6亿佛教徒占据了最大的比重，他们最难接受基督教教义。实际上，现在控制着3000名成员的传教团正是从残存的最落后的异教徒群体中赢得他们的皈依者。最引人注目的成功是在大洋洲，大洋洲已经为基督教世界赢下了一串小岛，现在他们正派遣传教士到邻近的岛屿。在非洲，马达加斯加几乎完全受基督教影响。西伯利亚和塞拉利昂人民以及安哥拉的众多部落位于尼日尔下游的黄金海岸，已成为基督教的天下。在亚洲，受洗的印度人口与总人口的比例为1∶400。在中国，信教人口数量还不到6.5万人。另一方面，印度群岛出现了更多的基督教区。美洲几乎所有的格陵兰和拉布拉多的爱斯基摩人、北美的许多印第安人以及他们中的大部分人和西印度群岛的黑人都皈依了基督教。在南美洲和中美洲，无论是教会还是国家，西班牙人自16世纪初以来一直致力于让印第安人皈依，并在所到之地都取得了巨大成功。

很明显，没人能够完全掌握传教士的知识——传教士认为这几个数字代表了他们的成功。我们必须始终把他们与其他文明力量联合起来看待，他们对这些力量起着刺激或制约的作用。作为一种精神力量，它们对本质的影响也是精神性的。正如沃内克（Warneck）所说：

> 福音将新的宗教观点和道德观念逐渐扩散，甚至给民族的异教徒带来了新的精神氛围。无论传教活动在哪里站稳了脚，那里的异教就不再是原来的样子了。始于异教的渐变终于异教的解体和福音的胜利。

除此之外，信仰之光也会返照出温暖的光芒。

七　科学与艺术

科学发展的条件

农业的劳动形式是最基本的劳动形式,除此之外,一切经济活动则都各有其目的,与农业携手并进,这些经济活动以越来越快的速度趋于完美,直到它们在所有方面都达到了勤劳和熟练的双手所能达到的水平——即耐心、奉献,最终是一种良好的品位,这三者的标准很高,以至于我们后代无论使用改良得如何精巧的工具、拥有如何深刻的洞察力,在很多情况下都很难再将此超越。但是,这些发展到完美极致的经济活动也会在工艺和个人的生产方面停滞不前;同时,在社会等级的束缚之下,传统的(生产)方法也会变得僵化。

[66]不久之前,人们才借由发明和机器实现了大规模的生产,这是我们将创造性的冲动注入所有经济活动中才得以实现的;在这个过程中,产生了我们所谓科学的巨大推动力。如果体力劳动提供了文明的基础,那么为了维持和更新我们的精神财富而进行的心智训练则让生活和(文明的)发展获得了动力。在这第二个来源(second source)的开端,有我们隐晦地称为"半文明"到我们欧洲人所谓的19世纪文明的巨大进步的原因。在1847年,巴黎民

族学会(the Paris Ethnological Society)就在一些会议上提出了以下问题：白人和黑人之间真的存在如此深刻的区别吗？在会上，艾希塔尔(Gustav von Eichthal)当时回答道：

> 因为白人会写、会算，等等，因此白人掌握科学，这让他们观察得更为深刻并一劳永逸地掌握科学知识；但黑人及其相对静态的生存环境却使得他们完全缺乏科学的概念。

在算术、几何、天文学以及时间和空间的固定测量方面，他们完全一无所知，因此也没有当时被称为《文明倡议》(*initiative civilisatrice*)的东西。与此同时，我们必须不断向上，才能找到最高意义上的科学。我们声称自己生活在科学时代，尽管科学的发展在未来还有很长的路要走，但我们却比我们的祖先们更多享受了科学成果带来的福利。几个世纪以前，科学依然不过是教会的婢女；我们可以从教会对科学的奴役中追溯科学诞生的全过程，在这一过程中，二者间的冲突无处不在。但只是通过观察人类民族内部得出长期冲突的结论。而"自然"民族则向我们展示了科学在最低级阶段的样貌。这些自然民族并非完全没有科学；但他们的科学是象征性的，诗意的，仍然隐藏在宗教的花苞之中。科学和宗教只有不再并蒂时才能各自开花。

宗教和科学

在较低阶段，宗教囊括了所有科学；形成神话的诗歌便是宗教最强大的工具。这不是为了探求真理，而只是为了获得想象的图景。在"自然"民族中，真理意识很少得到发展。利文斯敦在尤尼亚韦斯(Unyamwesi)的最后一则日记中写道：

> 在这个国家，除了非黑即白的东西，没有什么是可信的；

七 科学与艺术

甚至对于真的是黑白分明之物,也不要给予过多的信任;这个国家所流传的报道往往纯属想象。你在此听到的一半消息都是假的,剩下的一半也未经证实或存疑。

因此,真理意识的发展必然缓慢。最发达的民族最迫切地寻求真理;我们甚至可以根据他们对真理的热爱程度而对他们的文明程度进行评价。随着人类的不断进步,人们对真理的感觉都会增加;而在每一个更文明的民族中,真理的拥趸也会更多。

有一段时期,大自然的普遍有灵形成了一种普遍有效的原则。恐惧或吸引,真实性或实用性将它们之间的所有天性分开。这是主体观念的最高形式。然后是神话解释,用一种故意扭曲的比喻语言来正确地诠释。比如,尼亚萨黑人(the Nyassa)就会因为自己对地震的极度恐惧而对"地震"只字不提——长久以来,人们都因为迷信而对这种滋生神话的自然现象保持沉默,但这些让人恐惧的自然现象,最终催生了科学——并在这种沉默中发展出了对诗歌的热爱。

可以说,人们要先迷信鬼神,[67]然后才会产生神话。在迷信鬼神的时代,自然科学便在人与自然的亲近和交往中扎根,这是"自然"民族所拥有的一大特性。在艺术作品中出现的半人半兽形象不仅仅只是一种外部表象。文明世界广为流传的看法是人和禽兽在精神上存在根本不同,但野蛮人完全缺乏这种认识。在他们看来,鸟兽鸣叫与人类的语言类似,其行为也和人一样受到思想和灵魂的支配。因此,禽兽们在行为上的逻辑性完全不输于人类。这种亲缘观念出现在野蛮民族的创世神话中,也出现在有关这些野兽的传奇故事里。——列举各种信仰和迷信涉及的动物,不管它们的数量有多丰富都是不完整的图案。

在非洲的一些地区,变色龙的形象尤其多,在其他地方则是豺,在美洲西北部是水獭,东部则是河狸。一种被称为纳瓦尔教

(Nahualism)①的教义认为，存在一种动物形象的守护灵，它对人友好，和人同生共死，是连接被守护者与动物世界之间的纽带；图腾主义则是另外一种观念，认为整个部落乃是某种动物之后裔。按照人类这种在意念之中创造神话的规则，神化的对象往往集中在某些被选定的东西上；至于其他的东西，虽然从表面来看也同样可以被赋予神化的灵魂，但却被忽略了。但有点奇怪的是，传统没有明确地支配新生事物，对其施加前述这种限制。

一面让祭司们大展拳脚以束缚智识力量，一面又通过迷信活动中的神秘主义倾向为智识指示方向，这解释了为什么很多民族都处于落后的境况；它阻碍民族的发展，甚至使其陷于僵滞。不止所谓的自然民族，连有些半文化民族也都会受到这种情况的影响。为了理解这种影响，我们必须对祭司、萨满、医生（或者其他类似的，无论被如何称呼的人）的社会地位有一个清晰的认识。在古代墨西哥，这类人员接受特殊的训练，习得如下知识并获得相应的权力：礼赞神祇和祈祷、掌握民族传统、设置宗教教义、掌管医药、驱魔、音乐和舞蹈、调色、绘画、绘制表意符号和语音象形文字。祭司可能会将这种科学和能力在实际工作中与其他人分享，但总的来说，这些科学和能力仍然是他们的阶级特权。

祭司的魔力以及他们与超自然之力的联系让人产生了迷信的恐惧；他们与生俱来或经后天习得的，维持迷狂状态的能力又透过保守贞洁的誓言而强化，这些都使他们在凡人的眼中升华到了无法企及的高度。他们故意将自己的祭祀语言弄得晦涩难懂，并借此将自己区别于普罗大众；但鉴于这些人所有的准备和工作都是为上帝服务，或者最宽泛地说，为各种神灵服务，因此促使文化和科学进步的因素便依旧停留在起步阶段。

对于那些智识生活并不怎么依赖阶级和职业的细致劳动分工

---

① "nahual"是一种魁北克的野兽。

的民族而言，这种宗教发展的迟滞尤其明显。对于他们来说，宗教就是智识生活的全部。这束缚了这些民族在智识领域的进步。一旦科学和宗教的联合关系出现了破裂，那么科学势必将会获得独立发展的空间。虽然卢萨伊人（the Lushais）将他们的巫医称为"伟大的智者"，但我们认为他们更应该被称作"伟大的实践者"，因为他们的知识只获得了实践技能而不是科学。

有的时候，人类的知识能够沿着某一方向呈现无限的线性发展。[68]而有的时候，知识只能围绕着某一个出发点迂回前进，且取得的成果有限。前者属于科学，后者则是宗教关注的对象。因此，科学为人类创造了一个最伟大的时代，而文明国家之间最严重的分歧也都是缺乏或拥有科学所导致的。

整体来说，东方人并不会自觉地重视科学。他们有对真理最起码的兴趣，但并不完美；尽管他们也尊重知识，但在本质上却疏于科学研究。我们在中国传统中发现：君主在发明或规范历法、音乐和度量衡系统的同时，他的妻子也发明了养蚕和织丝的技术，而他的大臣们则通过发布和执行发明文字书写技术的命令而获得了巨大的成功；我们发现中国统治者在高度重视天文观测的同时，也看到两名大臣因疏忽而未能准确计算某次日食而受到惩罚；科学与国家政治如此紧密的联系证明，科学，或者更确切地说，是知识和技能不过是一种纯粹实用性的测算工具。

正是由于这个原因，中国人进行的最现代的科学研究，在我们看来也像是欧洲中世纪的产物；我们认为，中国最伟大的知识分子还在沿着一条老路前进，而我们早在几个世纪以前就和他们分道扬镳了。一个民族需要几个世纪才能摆脱这种错误。中国人已有数千年的历史，但他们的科举考试制度扼杀了他们所有的创造力。良好的观察和错误的结论绝非不可调和。正如中国人的艺术所证明的那样，他们既能很好地观察自然的特征，也能很好地将其描述下来。他们的医学书籍记载了2000—3000个药方，其定义丰富，知识渊博,虽然常显冗长,却仍不乏大量的图例说明。他们的分类学也往往旨在精心制定正确的思想原则。但从这些努力的目标来讲,其并不是纯粹的真理,它更像是一种充斥着先验主义观念的哲学,引导着中国误入歧途。雷慕沙(Rémusat)称之为欺骗性的物理学(Physique Mensongère),其排斥一切超自然的侵扰,并幻想用最简单的方式解释所有现象,这一事实给这些错误增添了双重活力。通过扩展和压缩来解释一切,中国物理学发现很容易讲清每一种现象——这让它得意地迷恋于空洞的文字。

半文明状态下的科学

所有文化民族也都是能够进行文字书写的民族,离开文字书写,便既不会有稳固的传统,进而也不会有坚实的历史基础,只有在历史基础之上,人们才会尝试着继续前进。没有编年史,就没有记载荣誉和重大历史事件的纪念碑来永久性地铭刻历史、刺激人们效仿英勇行为。超越神圣传统之外的东西将会湮灭。人类的记忆是有限的,当人们学了一首诗来歌颂一名新近去世的博学的印加人时,那些歌颂该印加逝者祖先的诗歌势必要被遗忘。在印度婆罗门的学校里,我们了解到死记硬背的重要性以及为了死记硬背而必须付出的代价:每个婆罗门必须以传统的方式掌握 90 万个音节,只有如此,他们才能将吠陀经传唱至今。虽然吠陀经也有书写和印刷的版本,但这些方式永远都不能取代书写。

我们不可能概览自然民族中所有的科学起源。[69]很多起源已经被我们所遗忘,还有更多已经消失或被毁灭,而且不同民族掌握的数量也极不平衡。到目前为止,我们对其数目的预测水平还很低。计时和天文学观测都与人类的需求密切相关,因此也分布得最为广泛,正如它们在我们科学的谱系中也处于遥遥领先的地位一样。对于这一点,我们可以援引布须曼人有关星星的传说,或环太平洋地区的水手的观察,这点我们将在稍后提到。原始占星术在自然民族的宗教中普遍存在。他们试图以各式各样的声音来驱散日食或彗星，这表明他们对这些天空中的异相会感到不安。流星预示着某位伟人死去，而星体的交汇则预示着战争。

所有的"自然"民族不仅能从大地上植物开花结果（以及其他类似）的过程中，更能从星座的位置来发现季节的变化。但是，年的概念对于这些自然民族而言却是抽象而陌生的，即便他们能够产生月份的观念，但月的循环往复却并非完全与年的概念息息相关。当人们产生年的观念并对年进行划分的时候，科学才迈开了从无到有的第一步。包括田间劳作在内的相关人类活动都和特定星座的出现息息相关，因此，人们离不开天文观测。当然，航海民族所进行的天文学观测是最广泛也最敏锐的；比如班克斯岛的岛民就用 masoi 这样一个特殊词汇来为那些会定期出现的星星命名。

"自然"民族的诗歌

文明的民族将诗歌文学看作是他们最伟大的智慧成就，自然民族正是在这方面提升得最快。哈曼称抒情诗是人类的母语。在自然民族中，我们几乎只能找到抒情诗，这些抒情诗被他们用来表达爱、悲伤、仰慕和宗教情感。一旦这些诗歌被自然民族谱写成文，他们往往也能加以吟唱，因此诗歌与音乐便紧密相连。我们发现，有些自然民族的词汇只出现在诗歌当中，而我们自己的诗人也会这么做；此外，为了韵律和对仗，有些词汇还会被加长或缩短。班克斯岛民的舞曲会从邻岛居民那里借用一些已经过时的词汇，并借此形成自己常用的诗性语言。这其中不乏大胆的想象，以及包括反复、渐强、缩写以及有意地晦涩表达等在内的一系列修辞法。抒情诗始终与宗教保持着联系。在圣玛丽亚，人们为了纪念某人的远航而吟唱如下歌曲：

Leale ale！
我是一只雄鹰,我已经翱翔到遥远的天边。
我是一只鹰,我飞过并降落在摩塔。
我带着呼啸的声音驾船绕山航行。
[70]我从西边的一个岛又一个岛下到了天堂的尽头。
我航行过,我看过陆地,我绕着圈子航行。
一股邪恶的风把我吹走了,把我从你们俩身边吹走了。
我怎样才能到你们那儿去呢?
那轰鸣的大海伸展着空虚的肢体,让我远离你。
妈妈,你在为我哭,我怎么能看见你的脸呢?
爸爸,你在为我哭泣。

诸如此类。这首诗的最后一句话是:

你问,你听!是谁写了《马洛斯之歌》?
是那个坐在通往拉科纳的路上的诗人。

正如科德灵顿所示,在这首抒情诗的形式中,我们看到了同音乐的结合。合唱和宗教歌曲往往有音乐伴奏,在早期还伴有庄重的鼓点和号角声。巴西的图卡努人(the Tucanos)使用长笛来向名为尤如帕里(Yurupari)的神灵进行祈祷。女人们不能观看这些演奏,而且必须在笛声响起的时候回避。其余时候这些笛子都被保存在水下。

但诗歌不仅仅限于抒情诗。它还包括那些并非完全虚构的传奇故事。这些传奇故事是整个民族的精神财富,其内容涵盖历史、习俗、律法和宗教;通过这些传奇故事的帮助,人们才得以将知识一代代传承下去。许多传奇故事不过是碎片化的神话故事,并因其碎片化和缺乏要点的特征而在外观上与神话不同。许多神话只不过是对自然事件和人格化的自然力量的形象描述。神话这种描述自然的方式成为通达科学的桥梁,因为在这种描述中,神话便与科学一样,成为了人们为了解释自然现象的方法和技巧。一旦原始对象落入了上述"描述方法"的窠臼,那么其形象便会成为一种独立存在的个体。这些独立个体之间存在的争论和诡计都是为了自己的利益。

借此我们有了寓言故事,尤其是那些广泛存在的、有关怪兽的寓言故事。在这些寓言故事里,自然即时的运作方式被搬上了更广阔的舞台。比如那些尚未形成文学的民族认为神圣的山脉、森林、海洋和山崖会抗议对自然情感的否定,而这些民族的神话和赞美诗也因此深深地打上了自然的烙印。很多小诗和鸟鸣之间的联系很明显。明与暗、日与夜会激起人们的愉悦和不快;白色、红色和绿色,既体现自然之力的仁慈,也体现其邪恶;而黑色则让人联想起恐惧。日升日落、风暴、彩虹和晚霞最易激发人们的诗兴,在这些诗歌中,人们所崇拜的是太阳和火焰。人们通过眼睛来发现明与暗,通过耳朵来辨识声音和死寂。隆隆的雷声、野兽的咆哮与清泉激起的波纹、海浪飞溅的泡沫以及鸟鸣声形成了鲜明的对比。

虽然受到习惯表达的限制,但自然民族(所创作的大量的)诗歌和绘画艺术却在一系列丰富的图景中努力表达这一点。[71]比如巴布亚神秘的牛吼器,即一种用于宗教祭祀的乐器,其一端刻画的飞蛾静止不动,另一端则振翅飞翔:这种图画语言是如此的简单但又令人印象深刻!

尽管图画艺术往往被使用在贸易上,但它同样也和宗教息息相关。雕刻的制作者往往位在圣人之列,他们将神话思想引入所有(艺术创作的)细节当中。如果我们看一下阿穆尔(Amoor)地区或俄勒冈地区的祭司们所使用的乐器,我们就好像直接进入乡村小教堂或佛教寺庙一样,看到了艺术与宗教之间存在一种显而易见的联系。波利尼西亚地区存在着数量惊人的大量雕刻作品,研究它们令人费解的繁杂式样对我们而言就像是在揭开七道封印一样不爽。但我们知道赫维群岛（Hervey Islands）的芒格亚（Mangaia）斧头一度只能用鲨鱼的牙齿雕刻，其开口是一种断崖式的突出部，被称为"鳗鱼洞"。这种斧子的整个装饰都是一团符号。普韦布洛印第安人的黏土碗具有阶梯状边缘，它象征着人类的灵魂能通过这些阶梯步入到这容器当中。在爪哇岛婆罗浮屠的佛像身上，我们可以发现一些像是"555"的符号；这些符号不断地重复，以一种僵化的艺术形式表达着不言自明的宗教精神。

"自然"民族的艺术品更偏好小块的装饰元素，并通过这些小块元素的拼接来创作最庞大的艺术作品。在新西兰或者新喀里多尼亚人的门柱上，大量人物或动物的形象层层叠叠，扭在一起；又或者以美洲西北部印第安人家的门廊柱为例，人们完全无法凭某个单独的细节符号来做到"管中窥豹"。除非将这些装饰看作一个整体，否则它们作为单个的个体完全不具备表达的自由。

因此，在美洲所有伟大的艺术作品中，雕塑从未获得过自由。在这里，传统和西非的物神雕刻师们的粗犷手笔都一样令人沮丧，这些雕刻师们居住在多哥神圣村庄（Beh）附近的一个普通的手工业村庄里。即便是在大洋洲塔帕人（the Tapa）所绘制的图案中，符号也被隐藏了起来。

因此，正如巴斯蒂安所说，所有装饰艺术似乎都是一个由许多符号组成的系统，其创作的初衷便是书写并传达一种明确的意义。艺术在完成表达后便开始了自己的缓慢发展；但是，除非艺术能够从自身的角度忘记这一初衷，否则它便不能完全获得自由。人们通过符号来描绘简单的点阵和线条，[72]然后再对其着色、塑形，并排列成能与我们的美感相呼应的图案。尽管这些装饰主要都是对自然的理想化模仿，但其中的大部分往往还是在模仿人脸或人类的形象。几乎每一张波斯地毯上都可以看到至少一个大大睁开的眼睛，它可以抵御邪恶之眼。

模仿人类面部的装饰物品非常丰富,形式多样,是所有装饰要素中经常反复出现的装饰物。"眼状"图案的出现就检验了上述结论的真实性。在安孔发现的物品中,最奢华的一类装饰莫过于居中并突出的人脸或人类形象。在蒂亚瓦纳科(Tiahuanuco)地区的巨大石门上也有设计得很随性的传统人形装饰,这些人形装饰由较小而类似的小像组合而成。经过细致的比较,我们似乎确实可以从美洲地区几乎所有的装饰物和怪异物品上看到人类的形象。

但令人惊讶的是,这些原始艺术品所描绘的主题却有天壤之别。在澳大利亚和非洲东南部,人物的形象异常罕见。偶像在上尼罗河地区、西非的刚果和几内亚大量存在,但却很少在马科洛洛以北出现,针对这一情形,利文斯敦进行了思考。这些人形的图案也同样被用于世俗目的。那些雕刻着人头装饰的奇奥科手杖(the Kioko clubs)用来插在地里而不是用来手持,这难道不就是最初的偶像吗?有些艺术品在我们看来可能只是人们因其一时兴起而创作,比如中国人会将桦树根上长相奇异的虬节雕刻成人形。但这种看似因一时兴起而制作的艺术品却再次向我们揭示了一个广泛存在的趋势,即人们从自然中发现那些不正常的扭曲之物绝非偶然,它实际上很可能是某种宗教或医学的神秘主义行为。

饰品的起源

在艺术中,我们经常可以看到针对万物有灵论的宗教偏好。所有原始艺术的一个基本要素就是在装饰物中把人与动物紧密相联。它反映了这样一种宗教观念:即敬畏或倒置一切野兽中存在的人类灵魂。

因此,在古代美洲人(他们拥有数量最多的传统雕刻)的艺术中,人脸、人形以及尤其是人眼的形象出现的次数最多,[73]动物的形象,包括羽毛或者条纹则次之;在极少数情况下,还会出现一些植物的形象。瑞斯(W. Reiss)特别关注几年前在马德里展出的一件秘鲁王袍,因为它的装饰与常规相反,用植物的形象加以装饰。羽毛、陆龟、蜥蜴、鳄鱼、青蛙、蛇的形象栩栩如生得令人咋舌。展翅高飞的太阳鸟是从埃及到日本和秘鲁的装饰艺术最吃香的象征和主题;奥科辛哥(Ocosingo)的城门展示了太阳鸟的典型发展,城门上描绘着人与动物的怪诞形象,其扭曲的程度超过了人的一切认知。就算是玛雅人自己在其文字记录中也如此认为,但这些形象却以最精湛的技艺和最大胆的笔触刻画而成。至于人们常提到的乌斯马尔纪念碑上小金人长出的象鼻,则可以解释为这其实是美洲貘的鼻子,或者是对人类形象的一种滑稽式的夸张。骷髅也是一种常见的装饰物;在玛雅古城科潘(Copan)和其他一些地方,人们用成串的石雕骷髅来装饰通往神庙的道路。与之相应,一旦神庙打开了其类似大蛇下颚的门——或者就像是帕伦克地区的一座神庙,其整个前庭都是可怕怪兽的样貌——那么整个蛇口就是神庙的入口,其门楣上还雕刻着成排的毒牙。

如果在这些丰富的艺术形象中几乎没有裸体的人类形象,抑或其重要性微不足道的话,其唯一合理的解释就是宗教束缚了艺术的发展,这一解释的前提是这些没有裸体形象的地区在气候上比希腊更容易让人脱衣服。几乎所有的东西都穿着衣服,面部满是刺青或戴着祭仪面具。尽管这些外部的遮盖或装饰对我们而言无关紧要,但墨西哥和秘鲁的艺术家们却为之倾尽心血。他们制作了精美的羽饰长袍和缎带,他们雕刻、描绘的骷髅和青蛙真实而自然;但与之相反,当他们在描绘人类形象的时候,则显得稚气、粗糙、不成比例。

这种情况很少有例外。我们何时曾在这些艺术品种看到哪怕写实的一只翕动的鼻子或一张说话的嘴呢?埃及艺术是包括希腊艺术在内的,所有忠实再现自然艺术的源头,发展到极致的蛮族艺术与埃及艺术之间的区别就在于,[74]前者并未致力于按照真实的自然样貌来复刻人类的形象,他们描绘人类的能力被包裹人体的外在之物和各种符号扼杀了。当我们考虑到埃及人所设计的僵化的人类形象时,我们会觉得他们正在成为伟大的雕塑家;事实上,在一些作品中,埃及人已经接近伟大的雕塑家了。

然而,墨西哥人、秘鲁人、印第安人却走上了另一条道路,导致他们远离这一理想。虽然雕塑的最高目标是要复刻人体,但他们的雕刻作品却在本质上忽略了人体并不成比例地凸显了某些部位。只有在阿拉伯式的技艺下,人体的重要性才得以强调,但这也将人们引入了一条死胡同,因为它只是一种手艺而不是艺术。

当今还有一种被称为工业艺术的艺术门类,在这种艺术中,艺术家所受的束缚要小很多;在这类艺术中,我们也确实发现了很多完美的作品。比如用红色瓷土制作的秘鲁花瓶、精心抛光且比例完美的几内亚弓、用铜或黄铜镶嵌的卡赛兰(Kassailand)钢斧、卡菲尔人雕刻成长颈鹿形状的汤勺、大洋洲的权杖或羽饰头盔等,这些本身都是非常完美的艺术作品。即便是最高级的西方艺术也无法再对其进行进一步的改良。

在编织品方面,自然民族的手工业在技术和艺术方面都比文化民族表现得更好。因为有刺绣工艺的紧密支持,在整个北非和西非,甚至是北美的一些地方,在皮革或棉织品上贴花的装饰艺术便非常流行。色块尽管规模并不大,却培养了人们良好的色彩感。在西非地区,尤其是那些豪萨人往往在衣着配色方面显得特别有品位。他们不穿颜色太杂的印染棉制品,这是艺术抛弃了机器工业的证据。颜色这一问题经常显示出不同的地域性特征。比如在新不列颠及周边地区,经典颜色是深红、白色和黑色;美洲西北部是色彩最为丰富的地区之一。当我们从阿拉斯加地区经过马格穆特(Magemuts)和库斯科沃姆特(Kuskwogmuts)时,其对比度更加惊人。在这些地区,人们会戴着圆形面具,其顶部装饰着白色、灰色或暗黑色的羽毛。[75]这让人感觉像是从色彩斑斓的春季草场一下子就返回到隆冬。哪怕这些地区的人们戴着绿色的石质唇钉，他们深棕色的木盘上镶嵌着白色的骨头，他们的嘴唇和耳朵周围都缠绕着细细的珍珠串，也不能给这种隆冬景致带来强烈的色彩感。

　　风格变化的方向很多，发展程度也各不相同。在原创性、精细性和丰富性方面，一些环太平洋民族佳作的领先地位难以撼动，特别是西北美洲人和他们远在北方的邻居。还有大洋洲的一些民族，尤其是毛利人；更遑论技艺水平更为高超的秘鲁人了。尽管原材料的来源单一——贝壳、椰子壳以及少量的木料石料，但波利尼西亚人的艺术品类之丰富令人咋舌。波利尼西亚人将这些小部件组装成成品，其耗费的劳动力要远高于非洲，后者的创作背弃的更多是才华而不是劳力。虽然非洲人和马来人能从亚洲获得铁和其他原材料，但他们的成就却远远低于遗世独立的爱斯基摩人。当我们考虑到环太平洋部落民所创作的人像和动物像的数量及精细程度时，就不会对日本人作品的地位感觉那么奇怪了，其价值在于对自然的成功模仿。

　　总的来说，摩尔人的阿拉伯风格贯穿整个非洲，印度风格贯穿马来西亚，北太平洋的所有居民的艺术风格都与日本相似。而澳洲和南美（除了秘鲁）因为远离其他地区，其艺术风格的变化相对较少，但却极富原创性。同样，艺术品原材料的分布和使用也不均衡。非洲人的艺术品常用铁、象牙和皮革制成；澳大利亚的则用木头或石头；极北地区的人们则会使用海象牙。波利尼西亚人用石头和贝壳制作最精美的艺术品；一些美洲部落在陶器工艺上超过其他所有部落。

　　然而，原材料对艺术的影响往往被高估了。古代墨西哥人对最坚硬、最不易加工的石块（如黑曜石）施以耐心之手，将其加工成最精美的艺术品。就自然民族的艺术和手工艺的发展程度而言，原材料的重要性很小。盛产木材的澳大利亚所生产的木质艺术品数量也比只有椰子壳的小岛要少。通常，原材料只是为技术的发展指出方向，但并不是这种发展的决定性因素。同样地，原材料只是给艺术施以淡淡的润色，人们的才能和意愿才是艺术的根本。非洲人在铁艺上所取得的卓尔不群的成就在一定程度上与铜这种材料相关。对于这种材料的特质，他们具有天然的品位和敏锐性。但他们却并不擅长给东西抛光使其完美，也不善于为石锤穿孔。他们所有的产品都缺乏成品的美感，尤其缺乏比例之美。运动也能有效证明一国人民的生活方式和对生活的态度。

[76]许多民族因为其在地理区域上的广泛分布以及与之相随的一些难以觉察到的变化而获得了某些特定的兴趣。对于那些会玩很多游戏的原始民族来说，他们的儿童和成人都能在这些游戏中找到乐趣；此外，鉴于这些民族都是"原始民族"，因此我们也不能认为这些游戏只是人们在不小心消磨时光的时候所发现的一种追忆童年的东西，也不是生活需要的有限调剂。在所罗门群岛和新赫布里底群岛北部，包括班克斯群岛，我们发现了捉迷藏、抓俘房、足球、桩球以及类似猜拳、滚铁环、投标枪和射箭的游戏。这些地方的人们在丰收后会放风筝，各个村子还会在薯蓣收获后迫不及待地展开名为 tika 的比赛。在月光皎洁的夜晚，村民围在一起聊天，或是躲在屏风的后面，让他们的朋友猜他们是谁。

八　发明与发现

发明的本质特征

人类的物质进步依赖于其对自然现象的不断深入的研究。通过研究，人们获取了更多解放自己和改善、点缀自己生活的方式。摩擦取火是人类智力行为的体现，在其自身的程度上，这需要与发明蒸汽机一样的智慧。无论他的同时代人是否这样认为，弓或鱼叉的发明者一定是一个天才。就像现在，任何由于自然启发而获得的智力成果必须先在个人智慧中萌发，以便在时机成熟时引起几个人或多数人的注意。只有那些初级的、不成熟的思考，例如一些相当普遍的思想论调可以在许多民族间像流行病一样同时出现，并且能够为整个民族的精神风貌定下基调。智力游戏是个人的成就，[77]即使是最简单的发现也会成为人类思想史的一部分。

当原始人赤身裸体地来到这个世界之时，自然以两种方式来迎接他。她给了人食物、衣服、武器等物质材料，还有一些合理使用这些东西的建议。正是因为这些建议，人类必须开始关注自己。人类在外部世界和精神世界的所有创建都映射了灵魂的一部分。不可否认，我们已经从自然界获取了很多东西。

我们发现，南非布须曼人用角马或大羚羊的尾巴来驱赶苍蝇，尾巴的作用就像还长在动物身上时一样，还有，科尔布（Peter Kolb）谈到霍屯督人只寻找狒狒和其他动物吃的根和块茎的样子，这时类型和副本似乎非常一致。细想农业的发展，我们会发现许多类似的例子；我们在反思中证明，在文化的初级阶段，人类更接近野兽，更容易从中学习，也分有更大的野蛮本能。其他发现则可以追溯到对因果序列的早期观察，在这个过程中，科学的起源也可以追溯到人类最早的时代。有些自然的事情发生在人身上；他希望看到它再次发生，因此不得不动手介入。这样，他就被引导着去调查事件的细节及原因。

发现和保留

但是，最初只有个人才能发现并从中得益。如果要把这种个体的发现纳入文化的积累，比如考虑将其加入文化史，那么还需要其他的东西，这是因为知识积累的过程是以一种双重的模型展开的。

首先，我们有个别天才全神贯注的创造力，它不断将个人的贡献带入人类的知识宝库；其次，大众传播为它们的保存提供了前提条件。个人的发现至死方休，只有代代传递它才得以继续。因此，发现的活力有多强取决于传统的力量，而传统的力量又取决于人们代际间的有机依存关系。此外，又因为这一联系在那些有闲暇时间或从事智性工作——哪怕是形式最原始的智力活动的社会阶层中最强，因此这种致力于保存智识成果的传统力量的强弱还取决于社会的组织结构。最重要的是，知识财富的积累可以激发创造性的思维，否则人们所有的智识活动都注定只能重新从零起步，所以一个民族中一切能够加强传统力量的因素都将促进这一民族在思想、发现和发明的领域获得长足的进步。

因而，可以说上述这些自然条件间接地促进了人类智识的进步，进而影响了整个地区的人口密度、个体的生产活动乃至是整个共同体的富足。但是，民族的广泛扩张和充足的商业机会也有同样的影响。只要我们认为，对于发明来说，发现和保存这些发现——即将这些发现通过广泛的传播永久性地纳入文化宝库中——同样重要的话，那么我们就必须要知道，对于进步而言如此重要的发现之保存，在人类文明的各个阶段会不及发现本身一样获得同等的重视。[78]在文明的初级阶段，一切都趋向于让发现不那么引人注目；这是因为文明发展程度越低，人类的相互依赖就越少。也正是因为这个原因，文化在更高级的文明里获得了加速发展。

在大社群形成之前的漫长岁月里，丢失了多少人类的发明啊！即使在今天，我们又看到多少发明和他们的发明者一起被人遗忘，或者在最有利的情况下，才被费劲地重新挖掘得以保存？谁能衡量阻碍新思想的那种顽固反对意见的惰性呢？就像库克船长在他的第二次航海报告中描述的那样：

> 新西兰人似乎完全满足于他们所拥有的碎片化的知识，并且没有表现出哪怕一点点想要改进的冲动。在他们的提问或评论中，也没有表现出任何特别的好奇心。新奇事物并不像人们所预料的那样令他们吃惊，也无法吸引他们的注意力。

我们现在知道，在遥远的复活节岛，书写作为一项重要的发明世人皆知。但它在新西兰却近乎绝迹，没有留下任何的吉光片羽。

[79]当我们想到这种精神上的僵化和活跃的相互依存之匮乏时，向我们展开的是多么徒劳无功的景象啊！我们会感到，为改良发明而流的所有汗水不过是劳动的浩瀚海洋中的一滴水，原始时代的发明家们就湮没其中。文明的种子不会在每一块土壤上都能生根发芽，一个民族能吸收的文明技巧与其人均文明程度成正比。人们只会在表面上接受那些超越了其文明程度的东西，它们对于

这个民族的生活没有任何意义。随着时间的推移，它会逐渐僵化或被遗忘。这一点上不得不说，低级民族比高级民族的民族志更匮乏。

早期传统的困难

如果我们得出结论说，与某个其他民族接触就能获得其文化成果，诸如园艺、家畜、工具或其他类似之物，那么我们就遗忘了上述那个简单但重要的前提。我们的山民繁多的制度都未揭示这样一个事实：他们世世代代都住在文明昌盛的邻居附近；布须曼人对贝专纳人所拥有的更多的武器、工具以及更灵巧的手艺并不感到吃惊。一边的文化进步了；另一边处于倒退或停滞的状态，沦为了一种天生孱弱、极其易逝的运动状态。这是一种很有启发性的现象，对比这种停滞的不同程度尤其吸引人。

那些一开始认为陶器是一种远及自然人原始发明的人会惊奇地发现，无论是澳大利亚人还是才华横溢的波利尼西亚人，他们在对陶器有着大量需求的同时，却在生活中一直不去研发该项技艺。当这些人发现陶艺只存在于汤加和波利尼西亚最东端的小复活节岛时，他们就会意识到，陆地和岛屿的交流对充实文化储备所做出的贡献要大于独立的发明。但是，即便此处的交流也变化多端，我们从精通陶艺的美洲北部曼丹人（the Mandans）和附近没有发展出陶艺的阿斯尼博涅人（the Assiniboines）的例子中认识到了这一点。

我们发现，发明并没有像燎原之火那样蔓延，而是有人类参与其中，不是直截了当地拒绝一些东西，更乐意去接受另外一些东西。文明的平均水平越低，越容易停滞不前，因为你只做了该做的。如果没有外来援助，波利尼西亚人只是因为掌握了把炽热的石块扔进水中来烧开水的方法是不可能发展出陶器生产的技艺的。我们必须当心即使是简单的发明也必不可少的这种想法，该想法导致人们错误地评估极度贫瘠的自然民族的智性，并进而导致我们触及不到生活里最切近的问题。迁徙也可能造成各种损失，因为原材料有限，进而每一次大迁徙都会打破原有的传统。塔帕纤维布（tapa）在波利尼西亚人的生活中至关重要，但毛利人却没能继承它的制造工艺。与文明的高级阶段相比，人类社会在文明的初级阶段更依赖于积累简单发明，而不是削减简单发明。生活越接近自然，植根于其中的文化层越单薄，扎进土壤的根系越短；扎根越深，自然越能被感受到土壤方方面面的变化。

[80]制衣方法的发明，无论是编织还是打皮都是自然的，成果也很丰硕。波利尼西亚的自然民族基于对清洁和得体的要求，整体上改良了现有的制衣技术，而清洁和得体的需求也足以推动他们将制衣技术发展到更高级的阶段；但是，这种发展和进步独立于不显眼的塔帕纤维布而独立存在却不可想象。树皮被做成衣料，它不仅可以蔽体，而且还因为其频繁更换成为了一种奢侈的象征，在穿着和颜色及图案的选择上又体现了一定的品位。

最后，人们还可以通过储存树皮这种经常更换的物资来积累财富。反之，想象一下爱斯基摩人的皮大衣或者黑人的皮围裙，带着污垢，代代相传。纺织工艺经由长期草编工艺的辛劳积累才能达到，塔帕纤维布作为一种容易获得的原料，自然制约了纺织工艺的发展。在沿湖的聚居地，也有一些同样简陋的产品需要不止一道工艺。这可以用来说明编织篮与陶器之间的关系；大型陶器是把黏土糊在篮子上制成的。尽管如此，我们也不必像霍姆斯（William Holmes）那般与草编工艺相比，将陶艺称为"辅助性技艺"；但是，这种衍生产物也很有教益。

民族志的匮乏和贫瘠

因为一些必要的知识和手艺已经在全人类中得到了广泛的传

播,因此我们便认为不同自然民族所拥有的文化从根本上一致;这进而又让我们感觉到,这些自然民族在文化上的匮乏是因为他们逐渐抛弃了那些非必要的东西,而只保留了必要的文化成果。或者我们可以思考一下,摩擦生火或制造弓箭的技术是由世界各地的人独自发明的?讨论这些问题非常重要,这不仅是为了评估"自然"民族所具有的发明才能,也是为了获取正确的视角来审视原始人的历史;通过这样的探讨,我们便有可能解读文化的积累从哪些要素和方法而来,将人类塑造成今天的样子。

如果我们现在来审视那些与文化民族已经有了广泛贸易往来的自然民族,通过观察他们所拥有的技巧、工具、武器,等等,刨除贸易进口物品,我们便会倾向于对这些自然民族的发明天赋高看一眼。但我们又怎么能保证这些不是进口而来的东西都是这些自然民族独立原创的呢?毫无疑问,在与欧洲人有任何关系之前,这些自然民族便与其他民族发生过联系,这种联系深植于这些文化的底层。因此,很多这类非外部输入的物品一定是从富足的埃及、美索不达米亚、印度、中国和日本的古老文明的传播中掉出来的残羹剩渣。它们以多种形式继续留存下来,其用法与发源地很可能大相径庭。民族学家们熟悉这样的"借用",因为每一个民族都有这样的例子,它们的本质和意义也翻不出什么新花样。

这里我们或许能回想起利文斯顿之前的一句评论,尽管其阐述的目的并非我们在此想要证实的事情,但用在这儿很合适:

>非洲人和其他半文明的民族有共同存在并使用的各种工具,这表明有种超人的存在某时进行了一种指导性的交流。

[81]仔细想想,这句话和一个普遍假设相矛盾——"自然民族现在所在之处就是他们存在之处,所拥有的一切都由他们自己发明"。当我们发现非洲所有的民族,从摩尔人到霍屯督人,都用同

样的方法生产和加工铁时，我们就会意识到，这种艺术很有可能是来自同一个源头，而不是在各个地方被独立发现的。过去人们认为蛮族成功地各自独立驯养了火鸡，直到贝尔德（Spencer Baird）在墨西哥发现了驯养这种脾气暴躁的家禽的祖先。

在器皿的问题上，这种文明的借用自然更难证明，因为和动植物不一样，任何有关器皿起源的痕迹都已经被抹去了。但是从墨西哥获得玉米的印第安人难道没有从同一地区学到精湛的制石工艺吗？这种技术的引进佐以其尽可能广泛传播的影响，似乎比十多个不同地区都各自独立发明同一种器皿或独立研发同一种工艺的陈述要自然、真实得多。直到最近，我们才注意到，所罗门群岛的岛民拥有弓箭，而其邻近的新爱尔兰岛和其他地区却没有；但这些地区的居民对所罗门岛民羡慕不已，并已经准备引进弓箭这种天才发明。

正如上文所指，人们对这件事的观点非常不一致。一方面，人们认为自然民族的文明水平比野蛮人还要低下，另一方面，他们又能创造出一些至少不那么简单的发明。人们总是认为发明是容易的，其唯一的难点在于发现，但这对于天才来说只是小菜一碟，但这些发明都基于发现而来。有些时候，人们可以从自然民族当下明显是自发使用的器物中透视到其更早的起源。巴斯蒂安整理出了一份名录，其中的器物明显有模仿欧洲文化元素的特征；典型例子就是斐济人制作的木棍明显模仿了上世纪滑膛枪的样式。这些野蛮人认为他们也可以至少用木头制造这种武器，并且也确实制造出了这些完全不具备滑膛枪功能的木棍。新赫布里底群岛有一种头饰是对海军上将翘边帽的夸张复制。只有十字弓爱好者们，才以正确的方式在使用着它。十字弓最早由发现新赫布里底群岛的葡萄牙人从西海岸引进传向内陆，并在海岸附近将这种火器投入使用，并保留了其在欧洲时的样式。现在，400年后，十字弓又出现了；但是由于这种工具的拥趸们既没有耐心也没有工具来给弓锁造型,他们便把储存弓矢的弓身劈开,改为射击轻便的毒箭。这种射击效果堪比轻型长弓。

进化程度的区别

如果我们确实可以更容易地从低等民族身上一窥其智识生活的特征,那么我们理应能从其中收获更多的启迪。印度人的踪迹横贯了整个马来群岛的宗教,甚至延伸到了美拉尼西亚和波利尼西亚。布须曼人和澳大利亚人、波利尼西亚人和北美人关于宇宙起源的传说如此地相似,或许我们只能用传统来解释。

在政治领域,我们也发现了同样的情况。无论是拉塞尔达(Lacerda)和利文斯顿描述的卡曾贝的国家机构,还是由博格(Pogge)和比希纳(Buchner)所报道的贾姆沃(Muata Jamvo),都提醒我们这曾是古印度和古埃及的混合体。[82]在社会、政治的概念和制度方面,我们发现了惊人的一致性。我们对这些问题的研究越深,我们就越相信巴斯蒂安对民族分裂时代之言论的正确性,他认为民族的分裂对于人类来讲乃是福音,是人类最后得以统一的先声。在《圣萨尔瓦多之旅》(*Journey to San Salvador*)中,他写道:

> 洋流将文明的讯息传播到那些沉睡在太平洋之心的岛屿,甚至可能远及美洲大陆的海岸。

我们或许可以加上这样一个结论:没有人理解为什么自然民族不承认,或者刻意隐瞒他们与其他民族或文明社会进行交往、发生联系的事实。他们之间的交往的程度一直都比人们经过肤浅的观察所得的还要深刻。因此,早在尼罗河航线被打通之前,欧洲起源的物品,尤其是珍珠,便已经被人们从霍夫拉特纳哈斯(Hofrat el Nahas)通过达尔福一直被带到了阿赞德。一旦出现了相似性,那么首先进入我们视野的问题就应该是当地和海外进行交流的问题；在有些情形下，这种交往可能非常直接。

我们完全有理由去质疑，非洲的文明要素在南美的传播其实并非是由逃亡黑奴造成的。几个世纪以来，日本人与北太平洋的民族几乎没有什么交往，但他们之间却有一种我们应当提及的交集，事实上，这种交集不仅会扩大，还可能会随着时间的推移而渐趋消融在各自的文化中：楚克其人（the Chukchis）所穿的柳条盔甲就和日本的一样。因此，各个民族在以前就是相互依存的，现在也是如此。我们的历史知识也表明，人类不可能脱离与他人的关系而存在。这些一致性、相似性、亲缘关系不断辐射，直到在地球上形成一个紧密的网络。哪怕居住在最偏远地区的岛民，我们也能通过对其周边远近邻居的考察了解他们。

随着欧美工业化生产的到来，我们也能看到那些偏远岛屿的本土手工业总是日益萎缩。1790年，汉密尔顿（Hamilton）到卡尔尼科巴岛访问的时候，那里的妇女们穿着一种由草簇简单编成的短衬裙；现在她们普遍穿布料制作的衣物。随着这一个世纪的发展，当地人开始用纺织材料代替草裙，与此同时，国内的手工业消亡了，并且没有其他新的替代技艺出现。在下刚果（lower Congo），我们再也找不到被洛佩兹（Lopez）和其他16世纪的旅行者们赞不绝口的树皮制品和细网了。同样，现在哪里还存在古墨西哥人引人注目的琥珀和黑曜石研磨技术、古代秘鲁人的金匠技艺和织毯工艺呢？

为了评估外部建议的重要性，没有什么比考察民族志中最贫穷的民族更具指导意义。我们可以说，他们总是那些与他人交往最稀松的人。为什么在偏僻的大陆或与世隔绝的岛屿上的最偏远的民族最穷困呢？

[83]民族志意义上的匮乏只有一部分是贫穷的结果，而一般意义上的贫困则压迫着一个民族。许多例子可以使人们很容易地

就认识到这一点。比如澳大利亚人,他们生活在干旱的草原上,几乎没有什么有用的动植物,是地球上最贫穷、最意志消沉的民族之一。但即便是生活在气候条件最好的热带北部地区,他们也几乎完全没有艺术装饰的意愿,但这种装饰在其毗邻的巴布亚岛繁盛起来,并且形成了野蛮民族的一种奢侈样式。

这样看来,导致他民族志意义上的贫困的原因并不复杂。他们的生活条件和生活方式表明,他们只是在为了生存而挣扎,同时也表明了因为远离巨大的交通流而导致的贫困。澳大利亚、南美南部、南非内陆和波利尼西亚东部的偏僻对土著民族的影响无处不在。如果有人认为这是一种有"传染性"的贫穷,那么他们便进而会认为在这些自然条件下,自然很难给予居于其间的人们以多少有益的思想启迪,特别是在想象力方面;有着这种看法的人必须当心自己做出草率的结论。比如,复活节岛虽小,本质上贫穷,但在民族志意义上却很丰饶。在艺术发展方面,几乎没有任何蛮族优于爱斯基摩人。

我们知道文化民族的器皿和武器如何按阶段传播,并持续扩散到以前对这些东西没有概念的民族。斯坦利(Stanley)首次沿着刚果河展开其穿越非洲大陆的非凡旅程之时,他最后一次看见土著使用火枪是在尼扬圭(Nyangwe,一座著名的贸易集镇)的东部;他向西行进,在尼扬圭以北6°左右的恩本加(Nbenga)再次发现了四个手持古老的葡萄牙式火枪的土著。就像之前第一次看见土著使用火枪时一样,队员们立刻意识到自己的探险旅途到了最关键的时刻,"我们没有迷路,这条大河真的通向大海"。400年前,非洲海岸就有了枪鸣,但在尼扬圭和恩本加20万至25万平方英里的土地上,枪支在几年前还不为人知。其他东西扩散的速度更快,[84]比如烟草、玉米和土豆这些美洲的作物直到16世纪才被引进,但是它们也已经历了各个阶段;达马拉人在过去的几十年里才开始了解烟草。

我们可以从对民族志所产生的兴趣中看到一种惊人一致的动机,"交流"这一重要的事实也必然要归因于这种一致的动机,甚至是在富裕地区也是如此;比如,以美拉尼西亚和波利尼西亚等岛屿世界为例,当地器具和武器的分布呈现出牧场般的景象,同一要素的分布就像杂草一样良莠不齐、疏密相间;并且,只有那些最长足发展的东西才能赋予这幅景象以生机。这就像大草原上贫瘠土壤中独自生长的牧草,我们常常会看到一枝独秀。此处也是一样。囿于自身原有之物的民族会变得驽钝,他们只有从别处或他者那里突然受到刺激才能发展得更自由。

很值得一开始就研究这些孤立甚至奇怪的发展。比如,我们会饶有兴致地探究波利尼西亚的岛民出于对钓鱼的热爱而制作的一系列样式各异的鱼钩;又或者,人们为了要在一定方向上取得不断地进步而引进一类非凡的武器,这需要更精巧的工业和天才创见。人们可能会认为,用鲨鱼牙齿来制作武器的工艺只能产生在人数和力量都比较强大,[85]且长期生活在战乱的族群中;但这种技术却偏偏在方圆不过 185 英里,人口不过 35000 人的吉尔伯特群岛或金斯米尔群岛达到了最高的水准。这些武器超越了波利尼西亚任何其他民族的武器,而与其类似的武器装备则是在日本和新几内亚才得到了最终的完善。

蒙巴塔(Monbuttus)

因此,几乎所有的岛上民族都会将其多多少少完美的独特性藏匿在基本思想的一致性之下;比如在汤加木雕中,代表其独特性的只是那些始终出现同时又极易被人忽略的小人像。而在大陆民族中,这种独特性的外在表现就更加有限。但即使在这里,无论每一个文化的圈子如何狭隘,它们都有其独特的特点,使每种文化都在其善变的外部环境中获得了特定的连贯性。就像在西非,人们会喜欢(我们认为是)丑的东西,这恰是当地文化的独特性特征;如果我们也居住在黑非洲的森林里,我们也会大量的使用香蕉叶而不是皮革——事实上,当地的蒙巴塔人就以香蕉叶为主题制作了各式各样的东西。

同时,蒙巴塔人还向我们展示了一个有趣的例证,即在适宜条件下,当地的手工业也能普遍发展到一个相当高的水平。当季风拂过平静的绿洲(就像当年的蒙巴塔地区)后,[86]肥沃的富饶之土会使得一种花短暂地盛开。这一现象在非洲广为人知。施魏因富特对蒙巴塔的实际发现被传言遮蔽了,传言不仅说到了蒙巴塔人的棕色皮肤,还有他们高度的文明,这一传言甚至被传到了欧洲;施魏因富特自己在其报告中也承认,即使在加扎勒河地区,他也从象牙商人们的对话中收集到蒙巴塔人如何被尊为一个特殊而杰出的民族。最重要的是,在诸多才智中,蒙巴塔人最重视的是战时武器和平日用具维修。非洲黑人很重视各类乐器制作,这是个不寻常的现象,这也为赞颂手法提供了无穷无尽的材料。

但是,蒙巴塔人的手工业依旧只是黑人的手工业,其产品和涉及的主题在尼罗河地区或卡菲尔地区也能被发现。当我们试图对任一人类活动的分支所能达到的完美程度做出等级划分的时候,我们便能发现这其实是我们最困难的工作之一,而且我们还必须同时保证从这些评级中得出的任何有关谱系的结论是正确的。我们注意到两个毗邻的民族在造船方面的差异,比如斐济人和汤加人。后者拥有波利尼西亚血统,在这个问题上,他们远远超越了被认为是美拉尼西亚人的斐济人。

这些差异不大,但非常重要,因为它有助于证实我们的观点:美拉尼西亚人在当地居住的时间更久,他们从后来到达当地的波利尼西亚人那里学习到了更发达的造船和航海技艺。然而,很明显,我们无法确切地证明是否在文明程度较低的民族中存在着某些个体成员,其知识和技能都超过了那些文明程度普遍较高的民族中的个人。朱尔人的冶铁技艺超过了努比亚人,穆斯古人在农业专家方面的优势明显超越了他们的师父苏丹人,这些都是异常现象。

[87]黑人在这冶金和农业方面的智慧,让欧洲人都感到惊讶。如果没有相关的事实佐证,人们便往往会先入为主地将黑人的上述成就归因于阿拉伯人或婆罗洲人(the Borneans),他们在很多方面文明程度都较高,并教会了黑人如何精通上述技艺。但是,阿拉伯人在农业和房屋建造方面有向黑人学习的事实则说明了古代的非洲事实上也处于一种以农业为基础的半文明状态。

如果认为在经济发展到一定程度之前不存在社会分工,那就大错特错了:比如在中部非洲就有一种专做飞刀的铁匠村庄、新几内亚有专做陶器的村庄;而在北美,也有专门加工箭头的村庄。因此,一些社会和政治团体出现了,他们由行业协会发展为一个社会阶层,从社会阶层发展为一个民族中的特权阶级。还有一些狩猎民族,他们与农民保持着互通有无的关系,这些民族在非洲频频分布。除了进行专门活动外,一些人也偶尔会在必要的时候展现其精湛的制作手艺。他们的作品往往是一些聊胜于无的小物件,打磨臂环上的螺壳,用抛光的贝壳来制作指环,又或者雕刻他们所使用的木棍,长久以来,他们就是靠这样的方式来打发自己的闲暇时光。他们的工作习惯,加上其拥有的大把可自由支配的时间和放松的身心状态就解释了为什么他们的作品如此完美。当然,他们所制作的物品大部分是随做随用,而不是用于交易,而且卖掉这种数量有限且费时费力的物品也没什么利润可言;而活跃的贸易与上述的手工业息息相关。

九　农业和畜牧业

农业的起源

鉴于人类对自然环境具有高度依赖性,因此,自然女神本身教会人们如何减少自己对自然的依赖性,并能自主地控制自己同外部有灵世界的关系,除此之外便无法再向人类直接提供可以让人们迅速获益的启迪。要实现这种控制,最好的办法就是通过耕种和养殖而长久地拥有属于自己的有用动植物。

毫无疑问,人类要从自然中获取食物、住所和生计就从来没有容易的时候。大自然不让人类衣来伸手饭来张口。即使原始如澳大利亚人,他们为了获得食物,也要准备锋利的铁锹挖掘植物根茎,用斧头在树上砍出豁口以供攀爬,或制造一些武器、鱼叉、网、鱼钩,或者布置一些大小不一的陷阱来捕获体型各异的猎物——在这一过程中,人们必须克服很多麻烦以自求多福,而这些麻烦并不全是身体性的。以澳大利亚人为例,他们用各种计谋尝试着探索大自然无偿的馈赠,这说明他们的才能已经获得了一定程度的"发展"。[88]但是,人们一旦无视自然的权利和法则,就会一无所有。比如,无论是澳大利亚人,还是其他的一些狩猎民族(比如爱斯基摩人)都必须居住在特定的一些地区,他们也只有在自己的狩猎范围内才能随时节和猎物数量的变化而迁移自己的居所。

但是，这些技巧和发明仅能供一时之用，其回报是只能产出微薄的资源，他们的文化生活方式无法让其获得永久性的收益。由此看来，人类虽然依赖自然，但正因为如此，人们也能通过提高自己在某一方面利用自然的水平来获得更长远的发展。因此，在巨变和觉醒过程中，资源的匮乏远比丰富更为有利。大自然在许多方面给予了人类帮助，它向各民族提供了各种各样可用于农耕的作物。人们会特别中意那些四季分明的地区，比如草原地带，在这些地方，大自然有时显得生机盎然，有时又显得死气沉沉。一些草原地区生长有大量的粮食作物；为了给未来的幼苗囤积干旱季节所需的营养和水分，大自然已经储存了一些谷物、块茎类、球茎植物和水果，这都是人们能加以利用的东西。因此，这些地区的人们不止学会了储存粮食，还学习到如何合理地种植粮食作物。我们的农作物大都来自于这些地区。

自然的限制

当人们试图在自然馈赠给他们的资源基础上锦上添花的时候，简单办法就是将这些资源储存起来作为其食物来源。即使在今天，还有许多被我们认为文明最低级的澳大利亚民族，他们严禁拔掉带有果实的植物或破坏鸟巢。他们仅仅满足于大自然提供给他们的一切，想办法不去破坏自然。人们定期采摘野生蜂巢，由此形成了原始的养蜂业。其他动物也是如此：人们让这些动物储存食物，然后再把这些食物拿走；这也是另外一种形式的养殖。德雷吉（Drege）举了长叶天竺葵的例子，这是一种生长在纳马夸兰（Namaqualand）的谷物，它的种子是布须曼人从蚂蚁那里得到的。

大自然控制着人类，教育他们要节俭，但也鼓励人们主动解决问题。一旦人们在某地发现大量的成熟果实，那么方圆百里的部落便会在这个果实成熟的季节聚集到这个地方。因此，直到今天，墨西哥的赞德洛人都还会在瓜果成熟时来到科特扎科拉尔科的沙地；[89]或者奥吉比威人会在茭白生长的季节聚集到沼泽地；又或者澳大利亚人则会为了采摘一种被他们当作谷物食用的蕨类植物，而在该植物生长的附近地方进行丰收节庆。于是，原始自然的障碍被双线击溃。沙漠的子民开始展望未来，并且开始了定居生活。从这个阶段到人类发现他必须把种子投进土里以获得收成的新纪元，这之间时间跨度很长，但我们认为人类迈开这一步，实现这一跨越的难度并不大。

繁育动物

人们开始养牛这一事实进一步向我们展示了人类是如何将自然与自己的命运编织到一起的。在过去的某些时期，有一些尚不能被称为人类的野蛮人四处漫游，希望从自然中找到那些和他们自己最像，或者那些不太可能让他们意识到自己的弱点和渺小的东西。现在的动物世界，虽然与当今的人类隔着一道深深的鸿沟，但在它更安静、更温顺的成员中，却包含着人类最喜欢联系到自己身上的自然品质。

众所周知，印第安人、季亚克人和尼罗河黑人喜欢驯服野生动物。他们的棚屋里到处都是猴子、鹦鹉和别的宠物。也许恰是人们想要得到陪伴的强烈渴望而非想着要怎么利用它们才促使人们开始圈养动物。因此，我们发现现存人类中最低等的民族尚未引入动物饲养和作物栽培，但也能将狗作为自己唯一的永久性伴侣。而且，狗的用处也确实非常有限。[1]

事实上，[90]人类文明为什么要饲养动物，是谁最早圈养动物，对于这些问题，我们很难提供确切的答案。在非洲和大洋洲，狗是用来吃的。同理，我们也可以假设，驯化骆驼和马的最初目

---

[1] 狗在狩猎中的巨大用处，难道不是人类发展到狩猎时期就已经发现了吗？

乃是获得奶制品，而不是因为它们跑得快。哪怕是在一些比较文明的国度，牧人和他的羊群之间也会产生某种感情。因此，畜牧业比农业更能激发人们的热情。畜牧业往往是男性的工作，并能对个人关系和公共关系施加深刻得多的影响。

在非洲，田地产出的果实远不及畜群作为人们生活之基础的地位，畜牧是人们快乐的源泉，是人们获取一切渴望之物——尤其是女人——的基本手段；最重要的是，畜群甚至就等同于货币，这也是古代人会用畜群（pecus）这个词来表达金钱（pecunia）这一概念的原因。许多民族都肆无忌惮地把他们最喜爱的动物放在自己的身份标识中。即使在他们的文化已经很发达的时候，这些以养牛为生的民族仍然受到他们赖以生存的狭隘基础的限制。从各个方面来看，巴苏托人都是伟大的贝专纳部落中最优秀的分支，但光是牲畜失窃就足以让他们苦不堪言。类似地，近年来的牛瘟已经摧毁了马塞族人（the Masai）和瓦果果人。

但是，养牛对一个民族产生的巨大影响就是居无定所。游牧生活实际上就等同于流浪。即便在我们的山区牧场，牧民们也必须来回往返于山谷和山上的草场，这也是游牧生活方式的残余。这种生活方式需要广阔的空间，与某些好战民族躁动不安的态度不谋而合。沙漠地区便因其广阔的空间而成为那些拥有沃土的民族更为偏爱的牧场。而礼贤会传教士（The Rhenish missionaries）的特殊任务之一就是要让纳马族部落在肥沃的绿洲上定居。很少有游牧民关心如何更好地利用自然，这一点从他们从不囤过冬粮的惯例上就能看出来。在诺索布河上的戈巴比斯周边的乡村，查普曼发现有高达三英尺的牧草，而且其粗细足够用作干柴。但是按照惯例，纳马族人不会利用这些草而是直接烧掉它们。这种漫不经心使游牧业与农业的差距进一步拉大，并且成为文明的巨大障碍。

普热瓦尔斯基（Prjewalski）在其第一次游历中国的时候就描

述了这种自然和文明的边界,草原和农田的边界。他说:"在中国,一系列的山脉将寒冷的高原荒漠与温暖、肥沃、灌溉良好的平原分隔开来。"他同意里德的观点,认为这种分界线所产生的问题将决定分居在边界两端的民族的历史命运。当普热瓦尔斯基谈到鄂尔多斯时——鄂尔多斯位于黄河上游的河套草原地区,该地区具有举足轻重的历史地位——这样评价生活在此处的民族:

> 他们无论在生活方式还是性格特征方面都与其他民族截然不同,并自然地注定要作为他者而与其他民族敌对。中国人既不能理解充满困苦的游牧生活,同时也憎恨这些游牧民;而游牧民也看不起他们农耕邻居的辛苦耕作,并将自己狂野的自由视为天底下最幸福的事情。这是民族之间性格区别的真正来源。勤劳的中国人自古以来就形成了一种比较先进而又非常奇特的文明,中国人对战争唯恐避之不及;而另一方面,居住在蒙古沙漠上的活跃而野蛮的民族则不是这样,[91]他们抵抗一切身体上的影响,并随时准备突袭和掠夺。如果失败了,他们损失不大;而如果成功了,他就获得了别人通过几代人的辛勤劳动才积累起来的财富。

在此,我们会对比最典型的游牧民族和最典型的农耕民族——我们会随着本书的行进,在描述民族的章节以多层评级的方式比较这些民族的历史结果。但是,我们不能忘记这样一点,即我们所考察的生活方式乃是古代文化民族的生活方式。当我们探讨"自然"民族的时候,则另当别论。当我们在考察农牧蛮族人的地位时,无疑,我们并不会特别强调定居和游牧民族之间的区别,他们在民族志上的重要性体现在其他方面;除了极大地推进文明进步、持续与稳定的生活、进步的可能性,定居生活方式的意义何在呢?

事实上，让人倍感惊讶的是，在非洲，即便是那些最擅长耕作和栽培的民族也往往居无定所；而且大多数村庄，即使是较小的民族，也很少有几代人生活在同样的地方。因此游牧和农耕生活的区别更小了。非洲黑人可谓是"自然"民族中最优秀的农耕者，也许一些马来的部落民除外，比如苏门答腊的巴塔克人。这些非洲黑人在郁郁葱葱的自然中求生，他们砍伐树木，燃烧灌木丛来制造耕地。在邦戈人或穆斯古人的棚屋周围，你会发现更多种类的园艺植物，它们的繁盛程度甚至超过了德国乡村。当地人所生产的粮食数量远超其需求，于是他们便将剩余的粮食储存在地上或地下的仓库中。但土壤肥力和人力还没使出全力。这只是一种小规模的栽培，是一种园艺。科德灵顿用了"园艺民族"这个词，尽管他的本意是用这个词来描述美拉尼西亚人，但这个词同样可以适用于许多其他"自然"民族。

非洲的男性并不会全力投入农业生产，除此之外，那些较粗糙的生产工具看起来也会使这种低级的文明阶段永远持续下去。非洲的妇女和儿童拿着极不顺手的锄头，如插图所示，这种工具只能翻起表土。真正的野蛮民族并不习惯使用犁，更不用说耙这种工具了；除了焚烧灌木丛所得的草木灰，他们也几乎不会对土地施肥。人们也常常注意到这些人只会靠人工或者梯田来灌溉土地。

畜牧业对民族命运的影响

因为自然条件的原因，农业在热带地区的发展受到了限制；在土壤贫瘠、气候恶劣的温带地区，情况也是如此。在这样的温带地区，农业的发展虽远不及热带，但它却形成了一种独特的经济分支；这主要是落在妇女肩上的担子，仅是为了满足最大的需求的供给。非洲人会大力推广新引进的作物，但是，值得注意的是，与之相对，新西兰人虽然从一开始就非常喜欢土豆但他们却绝不会随心所欲地培植作物；[92]当他们想要土豆的时候，就会到费诺船长

九　农业和畜牧业　　　　　　139

(Captain Furneaux)为他们开的土豆田里刨个底朝天。然而,就是从这个时候开始,只要坚持,农业便能获得比畜牧业更为长足的发展。

农业的产能更稳定,还能迫使人们形成劳动的好习惯。在墨西哥和秘鲁,农业的发展实现了财富的积累,并进而催生出手工业和贸易;这也为产生出更面面俱到的社会等级提供了条件。至于欧洲的农业耕种则是一个全新的体系,它除了有更高效的工具和方法外,还把农耕这一概念的外延推得更远。它放弃了黑人和波利尼西亚人,甚至是东亚和南亚精耕细作的人民所拥有的那种园艺式农业。

这种园艺式农业并不能完全保证日常的粮食供给,即便是非洲最辛勤的耕作者也无法对抗命运的反复无常。人们无法预估诸种因素的表现,干旱尤其不会饶过那些热带天堂;饥荒也经常光顾那些生活在丰饶之地的族群。而这,便足以形成一条鸿沟,这些地方的民族如果无法跨越这条鸿沟,那么他们便无法迈入更高级的文明阶段。灾年会糟蹋一年的好收成,人竞相食、卖儿卖女的惨状也必会接踵而至。在热带地区,潮湿也会使粮食储备变得困难。

此外,在非洲,蚂蚁和象鼻虫的破坏还让主要的庄稼——黍很难挺到下一个收获期。无论人们一年种植了多少作物,收成有多好,都会在当年就消耗殆尽,这也是黑人酿造这么多啤酒的原因之一。毫无疑问,不管气候差有多大的责任,这是一个不完美的地方,居住在这不完美之地的民族缺乏远见和忍耐力,这阻碍了当地农业的发展,此外,当地人也无法理解他们自己的个体活动和自己的时日都与必要的他人往来紧紧地联系在一起。在这里,人们的敌人其实是一种"自然共产主义",它既均贫富,也使得当地的农业生产稳定繁荣。这样的自然共产主义与游牧文化之间没有什么深刻区别。

在食物方面,一些自然民族哪怕已经学会了农业耕种,也会竭力获取额外的肉类食品。与我们的生理学常识相反，哪怕对像是波利尼西亚人这样的热带民族，脂肪和血液也都是人体中的大宗耗材，正因如此，人们才会暴饮暴食。而东亚种植稻米的民族、非洲种植香蕉的民族以及早年美洲的一些文化民族则开辟了一条通向素食主义的捷径。毫无疑问，虽然极北之地的民族也会出人意料地食用野生的植物，但他们赖以为生的主食也还是海洋哺乳动物的肉和脂肪。有些游牧人群会出于迷信而不食用肉和奶以外的东西。[93]还有些民族嗜食植物的根茎。食盐在世界各地都很受欢迎，人们对血和肉的喜爱也是基于想要设法获得其中的盐分。通过快速和彻底炙烤，人们能从肉汁中更好地获取盐分。地球各地的每一个民族都自有其享用酒精和咖啡因的方式。烟草也不是唯一含有尼古丁的草本植物，通过咀嚼槟榔或古柯果，也能达到和吸烟同样的效果。文明人对毒药的知识大多是从野蛮人那里学来的。

十　衣着与配饰

俗常不再赤身裸体

我们听说过有些民族不知道衣服为何物,但充分的证据表明,这些只是极端的个例,只出现在为了确立某种规则的具体情况下。不过,如果我们要找出对衣服的普通用法的原则,那么最重要的是要理解我们所说的衣服是指什么。不可能把纯粹的配饰叫作衣服;对热带地区的部落民而言,穿衣的目的不是御寒,而北方人则穿着繁冗,顾不得打扮体面。

我们不必讨论简单的想要保护隐私部位的想法。如果这是保护的问题,那么人们的脚和脚踝肯定马上就会被遮起来。正如人们所观察到的那样,服装与性生活有着明确的关系,第一个穿着整齐的人并不是要冲进灌木丛狩猎的男人,而是已婚的女人。这告诉了我们着装的主要原因,即着装必然伴随着家庭而产生,而家庭则是从部落滥交进化而来——只有在家庭中,男人才会声称拥有某一特定的女人。男人迫使女人不要和其他男人打交道,并且把她遮起来以降低其吸引力。

此外,在这一点上值得一提的是胸衣。胸衣分出了两性之间的界限,衍生出守礼的感觉,极大地推动了服饰的发展。这是一个很大的进步；因为一个部落的生活越是封闭和贫困，就越不会落入伴着嫉妒之心的严格性别区分；同时，他们也更容易衣不蔽体。因此我们很难在一些原始偏僻的小部落，比如澳大利亚的一些民族、已经灭绝的塔斯马尼亚人（the Tasmanians）、巴西的一些森林部落或者随便一个黑人部落看到关于习传服饰的记载。对他们来说，衣服不是必需品。只有当服饰变得完善，女人们因此在魅力、[94]声望和社会地位上都得到了很大提高的时候，她们才有了五花八门的理由来保留自己的衣橱。

这与衣服直接用于保护身体的说法完全不同。在所有地方，我们都能找到斗篷形状的披肩。在热带地区，人们主要用它来防雨，在较冷的气候下，人们用它来取暖或当被子使用。这些斗篷状的衣服不像那些体面的衣服扩散得那么快；这也证明那些体面的衣服一开始是男人们穿的。

正如登斯泰宁（Karl von den Steinen）指出的那样，促进服饰发展的另一背景乃是守礼感的产生。比如野兽会把猎物拖进灌木丛中悄悄吃掉，因此有些部落认为看别人吃东西很失礼；守礼同样在其他社会功能上起作用。但这都是次要的，不能解释蔽体的起源。因此，我们一定不要忽视迷信，人们惧怕邪恶之眼可能产生的影响，尽管这也并不是守礼产生的根源。奇怪的是，尽管新几内亚人和古希腊人一样会对祖先进行描述，但新几内亚人却可以随意展示他们的祖先在其有生之年谨慎地加以隐瞒的一些事情，似乎有些冒犯。上述所有这些因素相互影响，互为补充。

而且，人们穿衣服的多少和文化程度之间没有任何关系。穿着树皮长袍的乌干达或乌尼奥罗（Unyoro）女人不比只裹着叶子的尼扬女性更高贵。[95]同样，把在公众场合赤身裸体看作是最失礼行为的乌干达或乌尼奥罗女性，也没有比脱光衣服在海上工作的杜阿拉人（the Duallas）地位更高。总而言之，我们在这些问题上也没有发现有什么明显的民族差异。综合考虑，我们可以说，守礼在今天的人类中是普遍存在的,失礼行为也只是一种偶然或短暂出现的情形。

对穿与不穿问题的随意态度

对于一些文明程度较低的人来说,守礼并不是他们穿衣服的唯一原因,他们还要满足虚荣心。追求守礼的动机仅仅通过强制性的习俗就可以快速达成,而虚荣心则是人们不惜任何代价都想要满足的目的。毫不夸张地说,许多民族把他们的大部分智慧和劳动都花在了打扮上。在他们自己的圈子里,纨绔子弟的数量要比高级文明里所见的多得多。与这些文明程度较低的人做买卖的商人能很快把握这些人的时尚风向,及时向其兜售大量的各式饰品。这些人为了追求与其权势相匹配的美丽,愿意忍受一切的麻烦和不适。

因此,不考虑"自然"民族身体的其他装扮就妄断其没有或者缺少衣物显然有失公允。如果我们通观全局,就会发现一个有趣的普遍性现象,即奢侈品要优先于必需品。最贫穷的布须曼人,其皮围裙破破烂烂,但却一直戴着用皮做成的臂环。和文化先进的地区相比,文化落后、收入微薄的人们更需要这种难得的享受。装饰品如此重要,以至于一些民族志学者宣称不可能确定服装和饰品的界限。在他们看来,所有的服装都是由装饰品改造而来的;而且他们认为,守礼对服装早期的发展没有任何影响。事实表明,拥有装饰品的乐趣比体面的感觉更重要,但体面感却并非是随着装饰的乐趣而产生的。

女性的守礼特别容易呈现出一种卖弄风情的感觉,我们只需看一看舞会的低领连衣裙就可以明白。在这种"卖弄风情"的端庄中,标榜着得体之物的数量和品种的越来越多,或者就像丰族人(Fans)以及某些刚果部落民那样,[96]挂起成串的响铃,这就使这些原本只用于彰显守礼的物品潜移默化地越来越具有了装饰的属性。我们甚至还能发现一种既怯于表露，但同时又希望向他人展示的奇怪而复杂的心态。这种心态尤其易于出现在有宗教动机之时。

服装原材料

服装的风格和完整性在很大程度上取决于大自然或劳动提供了什么原材料。在这方面，处于热带的巴西有得天独厚的优势。在那里，作为猴子罐属植物的"衬衫树"，长有易弯易剥离的树皮。印第安人把树干切成4或5英尺的长度，剥去树皮，浸泡变软，再割两个袖口，衬衫就做好了。森林里还长着棕榈，它的佛焰苞可以直接用来当作帽子。伊甸园的无花果叶样式数不胜数，制衣用途广泛，甚至出现在普通的灯芯草斗篷上。

从波利尼西亚到西非海岸各地，都有用树皮做衣服的习惯。这一习惯也反复出现在美洲各地，因此在美洲的热带地区也都能看到；[97]此外，在旧时的日耳曼部落，欧椴树树皮有着同样的用途。《摩奴法典》(The laws of Manu)也规定，想在原始森林中以宗教冥想来度过自己临终岁月的婆罗门必须身着树皮或动物皮毛制作的寿衣。

在非洲，用于制作衣物的乃是一种无花果树皮。但是在波利尼西亚，用一种被称为塔帕的构树皮原料来加工制作衣物的工艺已经臻于完善。但即使是那些已经不再依赖树皮为原料来制作衣物的民族，也会在某些特定的场合穿戴树皮制作的衣物。这也是为什么已经定居在婆罗洲的卡扬人(the Kayans)会在参加葬礼的时候穿着树皮做的衣服而不是棉布裙；在非洲西海岸，每逢某些与神明相关的节日，人们通常会脱下衣服披上兽皮。这就说明，这些人们直接从大自然中取材制作的服装比欧洲那些华而不实的艳俗服饰具有更高的内在价值。这些艳俗的欧式服饰使服装变得随意且不成体统。

十 衣着与配饰

通过对比恶劣环境和宜人环境下的居民,我们发现需求这一伟大的教师很难给那些必须直面生活苦难的人们留下印象,以使其意识到举止得体的重要性。南澳和塔斯马尼亚的部落民相较于巴布亚人而言,在动物资源丰富的环境下仍然衣不蔽体,这应该归咎于他们的懒惰。但火地岛情况最好,东海岸的人就像巴塔哥尼亚人(the Patagonians)一样穿羊驼毛制的斗篷,西海岸的人们穿的至少也是海豹皮;相反,居住在沃尔拉斯顿岛附近的部落民则只能用一块不足手帕大小的水獭皮来抵御恶劣的气候。这些部落民把水獭皮拿绳子绑在胸部,风朝哪边吹他们就把皮挪到哪边来御寒。

但达尔文说,许多人甚至连这种最低限度的保护都没有。只有那些往往敏锐而富创造力的,居住在北极地区的民族在衣着和其他方面均更好地适应了其环境和气候。他们的服饰用兽皮或鸟皮制成,比其他民族的服饰显得更合理,也更实用。然而,他们却是寒温带唯一将衣物完全只用于御寒目的的自然民族。这一民族有一支居住在威廉国王湾,我们从其衣着就可以将他们和与之毗邻而居的印第安人区别开来。[98]爱斯基摩人的衣服覆盖全身,这显然限制了装饰品的使用。在他们身上,我们很难看到手环或腿环,就连由动物牙齿或欧洲的珠子制作的项链都很少;另一方面,石头或骨头纽扣,比如袖扣,却往往被他们用于装饰嘴唇和耳朵。但是,他们身体上的纹身却显示他们也曾在温暖的气候中居住过。

[99]这些爱斯基摩人一般在每年三月就会换上他们特制的结实靴子,靴子一般是由皮毛制成的,也有木制的或树皮做的。而奇怪的是,全世界系鞋带的方法基本都是一样的。

配饰普遍出现

在"自然"民族中,所有人都有装饰品。相反,我们发现,在文明人中,无论是富人还是穷人,很多人都避免在自己的身体或衣物上使用装饰。但是,若从饰品存在的目的来加以考量,我们便不难理解饰品为什么遍及世界各地。

首先,几乎一直存在着护身符形状的饰品。希尔德布兰特(Hildebrandt)在他关于瓦坎巴人(Wakamba)的著作中写道:"护身符被视为防御性武器,因此,民族志论著应该在武器和饰物之间留一个位置。"但是,与其说护身符是一种武器,不如说它更接近于一种饰品。(好比)扇子不止用于把玩和纳凉,而且也是点燃木炭和保持燃烧不可缺少的工具。黑人佩戴着的沉重铁质臂环,不仅可以用于防守,也能用于进攻。尼罗河上游地区的依兰加人(the Irengas)佩戴着一种边缘如刀般锋利的臂环。[100]在和平时期,臂环被皮护套包裹着;战争时期,它们就被当作武器使用。他们附近的朱尔人也有一种类似的带有一对钉的臂环。上臂或脖子上的小匕首既是武器也是饰品。当谈到真正的装饰性武器时,我们必须想到美拉尼西亚人雕刻精美的棍棒和黑人用装饰性的桨来充当的权杖。勇猛的战士离不开饰物,也离不开武器。我们是否可以认为,这种联系也具备一种深刻的心理基础,即通过华丽显赫的外表来激发穿戴者的自尊和勇气?它是否已经达到了我们所谓军事文明的高度?

尽管这种光辉和奢华并非生存的必需品,饰品和差异性却携手并进。在非洲东部和中部,酋长们佩戴着由长颈鹿尾巴上的毛制成的臂环和腿环。在非洲西部,羚羊的皮可以用来做帽子;而在汤加,用抹香鲸或须鲸牙齿制作的项链曾被当作饰品、身份象征、金钱或护身符。那些不够开化的文明将饰品和货币等价兑换这一做法无疑是一种明智选择;因为哪怕是最伟大的资本家也知道需要随身携带财产的道理。没有比放在主人身上更安全的地方了,同时,财产也能有效彰显所有者的身份地位。

[101][译注:原书本页有配图]

因此，我们便经常看到一些既是货币，但同时又是饰品的东西，[102]譬如玛瑙贝、象牙贝等贝壳，须鲸牙齿、铁质或铜质的指环以及用线串起来的硬币等。金银货币的产生也是基于同样的道理。但远古的人类民族当中似乎只有美洲人意识到了黄金的价值，这才让后来的欧洲人能在澳洲、加州和非洲发现大量的黄金储藏。即便在今天，虽然在法玛卡(Famaka)和法达斯(Fadasi)地区的每条溪流中都能发现黄金，但当地土著却并不将这些金子用于装饰或贸易。

最后，我们还可能需要反思一下野蛮人通过自残和毁容这种无声的语言究竟想要传递出什么信息。正如戈蒂耶(Theophile Gautier)所说："没有可以刺绣的衣服，他们就在自己身上纹身。"纹身是部落或家族的标记，它通常表示战役的胜利，或小伙子已长大成年。各种残缺的牙齿和人为的疤痕也有相同的作用。希卢克人、蒂布人(the Tibboos)和其他非洲人也会同澳大利亚人一样，在其面颊和胸部割出放射状或平行线状的疤痕。这些疤痕的目的只是用于装饰，意味着他们的至亲已逝。即使我们不考虑割礼和切指，我们也还是很难确定这些对个人身体进行美化和修饰的动机究竟是出于装饰、彰显身份，还是为了实现某种宗教或社会的准则。无疑，大部分的这种身体装饰不过是一种原始的、希望引来关注的艺术冲动；[103]因此，新西兰人身上那些需要耗时数年，付出大量的辛劳与痛苦方能完成的纹身，就必须被视为一种最引人注目的艺术成就和民族优秀的手艺。印第安人在这方面就没那么突出。有些黑人对艺术的这个分支给予很多的关注，他们的发型造型艺术超越了其他民族。通过制作硬质假发，他们取得一些算是艺术方面的成就。

和所有原始产业一样，我们遇到了主题有限而变化诸多的典型现象。有些民族着力绘画，有些民族着力纹身，有些民族着力美发。影响身体同一部位的不同习俗往往意味着某种关联。这就是为什么巴托卡人（the Batokas）敲掉他们的上门牙，使下牙突出，并把下嘴唇往外翻，而在他们东边的邻居曼加雅人（the Manganyas）则通过在上唇，通常是唇珠部位插上楔子来达到类似的毁容效果。这些追求装饰的冲动发展得花样繁多，这体现了一个民族与生俱来的惊人艺术感。

从最原始的地方去追溯这一原始的冲动是一件很有趣的事情。野蛮人用来装饰的物品是为了衬托他们的肤色。白色的贝壳、牙齿之类的东西在他们皮肤上产生的效果与在我们苍白的手或黑暗的陈列柜中所产生的效果完全不同。因此，我们可以看到，古代很多埃及人都会用青柠或类似染色剂将他们深色的头发染成红白相间的颜色，古埃及人也会把化妆品作为他们的陪葬带进墓穴。但是，将这种身体装饰艺术发展到极致的却是蒙巴塔人。他们在将各式图案绘制到自己身上并避免使用刺眼的色彩和基本的条纹和斑点。老年人不会再在自己的身上绘制纹身，任凭其逐渐淡去。但正是在这样的年纪，他们身上的那些纹身才愈发显现出不可磨灭的价值。

[104]在同一民族中，特定的装饰主题通常都有着严格的限制，只在有限范围内变化。然而，我们还必须注意不要对这些多样的装饰进行过度解读。史前研究将特定主题作为各自民族所固有的鲜明特征，面对这一倾向，我们必须特别强调为这些装饰的变化留出空间。的确，马赛克一般的雕刻图案上有突出的小人像，你可以据此判断出这是汤加权杖，但在此处我们所应对的只是一个有限的文化领域，只有在这个领域之中，我们才能看到大量的文化传承。但当一些尼扬人在他们编织精美的盾牌中间使用粗制滥造的十字架为饰物时，他们是否是在模仿基督教的符号？又或者，当波利尼西亚人在其雕刻作品中使用新月符号难道就意味着他们是受到了伊斯兰教的影响？

男性享有的众多特权之一就是可以在更大程度上改进各种装

饰品,并投入更多的时间。雄性拥有更丰富的饰品,这在高等动物中是普遍规律,最低级的野蛮人也遵循这一规律。众所周知,文明已经很好地逆转了这种关系,一个民族文明的进步在一定程度上可以用男性是否愿意做出牺牲,为他们的女人置备更多的饰品来加以衡量。此外,在最开化的社群中,男人只有在做士兵或宫廷侍从时才会按照习俗打扮自己。

配饰和贸易

"自然"民族在赤贫中追求奢侈享乐的一个现实结果就是他们通过贸易所购买的商品种类单一,几乎完全局限于装饰、享乐及其他刺激感官欢愉的目的。他们几乎不会通过贸易来购买衣食等大宗的必需品,而主要购买昂贵且有品位的奢侈品。除了部分较开化的沿海居民和欧洲殖民者之外,非洲人最主要的贸易物品局限于珠串、铜线、铜铁环、烈酒和烟草。而唯一不属于这些奢侈品的重要进口货物只有棉织品和火器。

最后,我们还需要在本章节介绍一下洗漱用品。基于获得愉悦和获胜心的需要,这些原始人对洗漱品呈现出的艺术的追求完全不输于文明人。[105]施魏因富特这样形容邦戈女性的梳妆盒:

> 她们用小镊子拔出睫毛和眉毛。但特别的是,邦戈女人还有一种奇怪的小刀,这种两端都有把手的小刀两面开刃,并附有很多装饰性的图案。女人们将这种小刀用于家庭生活的方方面面,尤其是还可以用来削(植物)茎块,切黄瓜、葫芦以及类似的蔬菜。她们会在自己的嘴唇和耳垂上钉上不同种类的小环、铃铛、夹子或扣子。她们还有柳叶刀形状的发夹,这是梳辫子的必需品。这样邦戈尔女士的梳妆盒才齐全。

有时候附在匕首鞘上用来拔刺的镊子,几乎在非洲的所有地方都被认为是服装的一部分。许多人带着豪猪的刚毛或把象牙针插在头发上,以保持头发顺滑。波利尼西亚人、北极地区的民族和黑人都知道梳子。

清　洁

在文明的欧洲人认为干净是最好的装饰的同时,身居偏僻之地的东方人也极度认同这一观念。只要不是特别麻烦,野蛮民族也会尽力保持干净。在某些方面,[106]保持干净卫生甚至可以成为一种习俗。例如,黑人比一般的欧洲人更注重保持牙齿清洁。在迷信观念里,粪便等污秽之物让人觉得恐怖,这样有助于保持茅屋附近的清洁。弗诺船长对毛利人的公厕感到惊讶。但最能促进清洁的是缺乏服装。一般说来,只有那些因为气候的不确定性或按习俗必须把身体包起来的民族才会肮脏。但如果每天都更换衣服的话,则会导致衣物的快速磨损。鉴于这个原因,就像成吉思汗规定的那样,人们会把衣服一直穿到破烂不堪才会扔掉。然而,在最亲密的家庭生活中,那些自然民族有一种让我们这些文明人都汗颜的保守传统。在黑人、马来人和印第安人看来,父母和孩子不应该同屋睡觉。

十一　居　住

最早的棚屋

建筑的萌芽,即最初的棚屋,来源于人类的一种原始且普遍的需求。除了库克船长时期的某些塔斯马尼亚人以及零星分布在马塔贝尔王国(the Matabele kingdom)境内的贝专纳人之外,几乎没有其他民族能长期生活在空心的树干中。最初的棚屋无疑非常简陋且易坏。真正意义上的建筑,就是最终建设完成并加以装饰过的建筑物,这种意义上的建筑形成的时间并不久远。按拉普拉德(Laprade)有点含糊的说法:"建筑的诞生,第一座神庙的建成,标志着历史时期的开始。"但从民族志的角度来看,鉴于中非和美拉尼西亚地区存在着某些物神所,因而拉普拉德所谓"神庙"的概念可能有点狭隘。因此,按照这一观点,人类早就迈过了只会建造棚屋的门槛。

在那之后,鼓舞人们追求宏伟建筑的源动力则是人们想把自己藏起来、寻求庇护的需求。我们可以首先注意到,这种需求驱使人们采用依赖自然的方式。不得不提的是,我们发现有很多民族都以近乎原始的方式居住在大树上,他们会把下垂的树枝编在一起并加固。比如,半游牧状态的布须曼人就会以类似的方式,首先将砍下的树枝或树苗围成一个圆圈，第二步则是将其上端绑在一起，并用大树枝或者兽皮作为这个仓促而成的建筑的屋顶。给简易棚屋盖屋顶的这一搭建步骤，也见于火地岛人、霍屯督人、盖拉人以及索马里人等族群中。

因此，我们便发现了一系列更永久、装饰也愈加繁多的建筑，并由此见识了大量装饰得富丽堂皇的木质房屋，包括巴布亚、马来、帛琉岛民的木质建筑以及蒙巴塔或瓦甘达（Waganda）国王们完全不用砖石建筑的宫殿。与木质建筑的起源类似，石质建筑则来自那些穴居的人类。这种建筑类型在人类的早期同样分布广泛，并且直到今天也尚未过时。石质建筑的优势在于其原材料的坚固耐久，这足以弥补其不易于装饰或装潢的缺点。[107]但总体来讲，石质建筑的优点大于其缺点，人们也很快地开始努力调整自己的品位以适应这种建筑形式。石质建筑很容易满足对称性的要求，而这乃是所有建筑之美的根本。

尽管在气候恶劣、动植物稀缺的地区，食物和庇护所乃是人们最迫切的需求，但生活必需品的高压却不能驱动满足这些需求的更积极的行动，以火地岛人为例，尽管听起来不可思议，但他们确实比气候温和地区的民族更不喜欢盖房子。与之类似，塔斯马尼亚人也必然是整个澳洲棚户居民中最落后的人。在澳洲，我们惊奇地发现，在气候最温暖地区，棚屋建筑取得了最好的发展；而在气候最恶劣、最寒冷的地区，棚屋的建设与其说是为了给人提供庇护，还不如说是为了保存火种。我们在南美或南非也都能发现类似的情况，这些情况向我们展示了这样一幅图景：推动实践进步的最大动力并非是最能推动文化进步的教化，而是由和平和富足来保障的、平静的发展。唯有如此，文化才能达到更高的成就。棚屋和房屋建设问题也同样如此。

上述发展与进步所需的首要是持续性。游牧文化对农耕民族生活的渗透之深甚至都超乎我们的想象。游牧民族发明了其著名的速成蜂巢式居所这一建筑艺术,霍屯督人和贝专纳人的小棚屋也使用了这种蜂巢的形式,人们猜测蜂巢棚屋用柔软、半成熟的含羞草茎搭建而成。[108]这显示人们尚未完全理解帐篷和棚屋之间的区别。这些速成的屋子来也匆匆去也匆匆。黑人所用的最对称、最优雅的小屋尽管就像在上尼罗河一样,其平面图、屋顶的形状、比例因部落而异,但通常都是用芦苇和草类匆忙搭建而成。正是因为这些建筑的临时性特征,阻碍了(建筑)艺术风格的发展,而艺术风格的发展完全仰赖于在旧有作品基础上的创新。

自然的破坏性是另外一种能够摧毁建筑结构的力量。在热带地区任何一个角落,当地的建筑都很容易受到蛀虫、白蚁、热带风暴等因素的影响而变得脆弱不堪。这些当地建筑中的居民也绝不会把自己束缚在某一片土地上,相反,他们会依照自然规律来调整自己的生活模式。此处"自然规律"指的就是"万物都具有流动性",因此他们与其保留自己的住宅建筑,还不如抛弃它们以便无忧无虑地迁移到新的处女地上进行耕作。容克发现,在加扎勒河地区的乡村很难找到那些曾经被施魏因富特具体指出的聚居地。不到几年的时间,那些曾经秩序井然的定居点就至多只剩下一些残垣断柱,人们曾经种植的作物也如同杂草般恣意滋生蔓延。

永久性建筑的历史价值

黑人的建筑中没有纪念碑性质的东西,因此在这片以游牧建筑为主的土地上,任何持久性的建筑都具有显而易见的重要性。塞伊尼(Syene)的花岗岩、波斯波利斯(Persepolis)的石灰岩,这些即便以现在的标准来看,都是雕刻得最为精美、打磨得最为光滑的建筑,因此便具有了极高的历史重要性,是详实可信的传统载体。这些建筑证实了赫尔德的一句名言:"没有哪件艺术品会在人类的历史长河中死去。"这些建筑遗迹的影响有多少毫无保留地传递给了我们？迄今为止，这些影响已经在时空上从尼罗河谷的现代文明中被抹除了。但是，对于行走在这些遗迹之上的当地人来说，这些石头遗迹对于他们自己而言又有多么伟大呢？这些遗迹见证了他们自己国家的伟业、事迹、宗教和知识。这块坚硬的石头就是支撑传统的一副骨架，以防止它过早崩塌。无论如何，定居在石屋，与坚硬的大地进行顽强抗争的生活方式，与居住在竹制或灌木制作的棚屋里的生活方式有着截然不同的意义。

[109]在所有根据建筑技巧进行的民族分类中，最低等级的应该是一些游牧或渔猎民族，比如火地岛人、布须曼人、塔斯马尼亚人和一些澳大利亚土著。他们住在没经过规划建造的棚屋里，也很少一起规矩地住在村庄里，只是用灌木或芦苇搭建临时住所。那些住帐篷的游牧民族，无论是阿拉伯式的皮质帐篷，还是蒙古式的毛毡帐篷，就其规划性而言，他们也不比上述民族优越多少。但是基于保护牧群的需要，他们把帐篷摆成圆圈式，进而越发规律，还会在围墙内装上门。半游牧半农耕的黑人受此启发，开始建设他们蜂巢式或锥形的棚屋。中非的黑人分布在整个太平洋群岛（Ugogo）地区，并延伸到丰族人和杜阿拉人所在的国家，他们会建造带有装饰性的门和数个房间的长方形屋子。这种房子是从马达加斯加和印度群岛的马来式建筑向太平洋民族式建筑的过渡，后者往往是那种装修得富丽堂皇的大屋子，设计变化多样，标志着"自然"民族在木质建筑领域登峰造极的成就。

然而，我们同时也发现这些太平洋民族（比如复活节岛上的民族）开始将石质建筑作为纪念性的雕刻。极地民族居住在石屋或雪屋里。多层房屋在印度、阿拉伯半岛和非洲的柏柏尔地区传播开来。在新墨西哥州和亚利桑那州的印第安人中间，数百个家庭比邻而居的石屋出现了；[110]这让我们发现，在旧世界文化范围外同样有民族有大量纪念碑性质的建筑，比如墨西哥人、中美洲人和南美洲高原居民。

十一 居 住

寻求住所的动机

除上述那些建筑的变体外,一些特殊种类的房屋和建筑便在最基本的庇护所的概念上发展起来。人类开始在水上寻找永久的栖身之所——不是汹涌危险的海上,而是波澜不惊的内陆湖泊与河流上,人们这一做法的目的最初明显只是躲避猎食动物和自己的敌人;[111]但是后来,随着文明的发展进步,其目的则变成了缓解类似于中国或远东一些有限空间内人口聚集的压力。在中国,最流行的建筑技巧是打桩搭台,周围以水环绕以自保;而在远东,大型木筏或报废的驳船会被用来建造房屋,这样建筑群发展起来;但比前者的规模要大,前者的特点与其说是群居不如说是孤立。即使在现在,这种建在木桩上的房子也很多,它们大都是印度群岛的大多数民族、美拉尼西亚人、大多数美洲西北部的人与非洲、中美和南美洲的一些部落建造的。

我们相信,只要人们愿意,自然会建造更多的水上建筑。因此,对于我们欧洲的水上居民而言,我们不需要对其作出像特定的水上定居民族那样的人为假设,比如伊特鲁里亚人的住处是为了便于贸易,等等。再后来,保护的概念因为变得多余而最终被遗忘,但是这种在水上造屋的习俗仍然存在。建造这种房屋也不总是需要桩;还有许多其他手段来隔离和保护住宅和仓库。对此,我们可以回忆一下古代爱尔兰的湖上住所,或围起来的村庄,或我们现代的水上城市——阿姆斯特丹、圣彼得堡和威尼斯。为获得最大限度的安全,加上对健康环境的渴望,那些定居在外国海岸的商人们开始流行住在停泊在江河或海港的船只或大型驳船上,他们的仓库同时也在上面。

出于相同的目的,还有一种相对比较小型的屋子,这种屋子用柱子架在旱地上。这种房屋往往被用作为仓库,在马来尤其普遍,在非洲也发现这种情况。利文斯顿说,赞比西河流域下游的巴托卡人把他们的棚屋建在花园中央的高架上，以保护自己免受野兽特别是斑鬣狗的侵害。苏门答腊岛上的许多巴塔克人、美拉尼西亚人或者一些印度南部的部落居民，也是基于相同目的建造树屋。这种树屋只是将树木作为支撑屋子的木桩，因此并不能说它们就是树栖猩猩们所居住的那种原始居所。[112]这种用树木支柱的棚屋往往是当地人所能建造的最好的东西。

聚居地

当住所的本质仅是用于远离人群，那渴望保护的影响就并不深远；但当它倾向于把人聚集在一起时，就会实现强有力的广泛发展。大城市是最神奇的文明成果，其存在的深层目的就是将散落的人及其居所联系起来。只要看一看城市的情况，就能明白人们防御的动机所带来的力量。我们可以看到，大量设防的村庄拥簇在山顶、岛屿以及河湾或三角洲上。因为大多数的居住中心都落成于人口稀少之时，这一时期，被入侵的危险显而易见。在这种情况下，自我防御乃是人们必须优先加以考虑的问题。不言自明，几乎所有的古希腊或意大利的古城都位于山顶或山坡，几乎所有最古老的海上贸易城市都建立在海岛之上。这种聚居的趋势也会变得极端，比如科罗拉多的印第安人，他们的聚居地结合了山洞和城堡的特征，能在有限的空间里容纳最多的人口，而且往往只能通过石凿的台阶或梯子才能进入其中。

建筑第三个需要考虑的要素是劳动人口的公共福利，这一要素的重要性会随着经济发展和劳动分工而日益凸显，并最终成为决定居住环境的最主要因素。即便是在文化的原始时期，因为某种有用的资源在某地大量出现，大量人口就会暂时向这一地区聚集。比如北美地区大部分的印第安人都会前往有烟斗石的地方，又比如我们曾提到过的，每年人们都会在收获菰米的季节聚集到西北湖泊地区，或者那些散布在澳洲各地的部落会在播种的季节聚集到巴科河流域长谷子的马尔西利亚。[113]这些都是人口的临时性聚集。一旦人们从漫游状态转为定居,那么这些地方将会成为优先选择的定居点。只要人们在这些地方定居,人口的增长和劳动分工就随之而来,这将催生更大的人类聚居地,直到这些受到自然特殊馈赠的宝地变得不堪重负为止。一些文明昌盛的地区人口情况就是如此,每平方英里的人口会高达 400 人以上,肥沃的尼罗河和恒河下游、盛产煤铁的欧洲中西部地区或澳洲和加州的金矿产区都是如此。

相反,一些较大但同时又远离其他人群的聚居地则在一些特定的地区形成,这些聚集点已成为交通枢纽。货物交换使人们想要尽量就近取货,因此交通造就了城镇。在可以通过自然的方式简化交通方式或加强交通功能的地方,大型的人类聚居地应运而生,比如像伦敦这样的世界级城市或像尼扬圭这样的集镇。

城镇和文明的废墟

我们凭一种本能假设城市和更高的文化之间存在某种联系,这并非毫无理由,因为正是在城市当中,我们的文明之花才能得以绽放。但是,在中国,城市的发展如此之重要,这向我们展示了这样一幅图景:物质文化可以独立于最高的精神文化而存在,它给人上了印象深刻的一课,即建立服务于贸易生活的城市,并不怎么需要以文化为基础,或者说,这类城市产生的主要原因并非是文化使然。如果城市是民族生活的有机产品,它们也并不总是其所属民族单凭一己之力就能建成的。有一些国际贸易城镇,比如新加坡,或没那么高级的,位于马达加斯加海岸的阿拉伯和斯瓦希里贸易站就是如此;此外,还有一些情况极为类似的殖民城镇,比如巴塔维亚、桑给巴尔或蒙巴萨。对于这些城镇来说,交通是如此之重要,它们成为了国际往来的中心;这又为居住在这些交通要冲上的整个民族烙上了城镇生活的印记。

事实上，这类民族大多数都是定居在沙漠城市的民族；他们需要绕水而居，同时也要防御，这迫使他们的建筑必须要比木头和灌木建造的建筑更加结实耐久。同时，因为绿洲的分散，因此在稀疏的沙漠道路网里，聚居地几乎不可能成为交通枢纽。沙漠国家最早的定居者们远离交通，只有彼此靠近才感到安全，因此被迫居住在城镇之中。在那以后，随着贸易的发展，这些城镇的处境才发生了改变。早期城镇不过是新建殖民地的一种表现；在北美和中美洲，我们可能会发现很破旧的现代城市。在游牧民族与黄河上游沿岸间的边界，这一中国的殖民地区也存在着大量城市废墟。这标志着半文明和半野蛮的民族在这里开始了接触和融合。

十二　家庭与社会习俗

首领与家庭

［114］社会的每一步发展都在群体中实现。林纳乌斯（Linnæus）的《社会性动物》（*Animal sociale*）①得到了历史的证实。社会最自然的形式是家庭，它是一切社会和政治生活得以发展的唯一源泉。如果在家庭形成之前有任何组合，那就是乌合之众，但不是一个国家。任何一个有发展潜力的政治组织都必须拥有稳定性，这种稳定性首先与家庭共存。家庭的发展是经济优势的保障，构成了一切高级文明的基础，且与其同步发展。

家庭的基础是男女在共同空间里性的结合以及抚养幼儿。在这个定义的宽泛范围内，我们发现婚姻普遍存在。即使是生活在森林和沙漠地带中最滥交的游牧民族，人们认为那里婚姻不存在，但婚姻迟早都会确立起来。一夫多妻制的传播相当惊人，甚至到了有数千名妻子的程度。通常，家庭的建立始于一男一女的结合。即使在其他地方，仍有一个妻子是第一位的，她的孩子通常享有长子继承权。

---

① 亚里士多德也曾编写过。

婚姻是一种抑制最强烈的自然冲动的努力——这种冲动在文明的发展过程中至今没有减弱。在所有阶段、一切情况下，这种抑制不断地被放宽或打破，然后以新的形式重新实施。因此，从遗留下来被称为群体婚姻的旧式婚姻到现代一夫一妻制的提升经历了很多变化。但是，所有这些变化都是指向同一个问题，即如何让男人和女人长久地结合。

在每一个大社群里都有一小部分被剥夺婚姻资格或被禁止结婚的人。节制作为一种宗教义务并没有什么重要的地位，但我们在世界各地都发现，单身主义被认为是军事和神圣组织中最好的品质。但是，性别不平等在很大程度上阻碍了家庭的自然发展。俘获妇女往往与奴隶制、杀婴、战争和移民有关，从而导致女性人口过剩。

我们现在流行的关于男女关系的观点基于男女人口均等的基础上，这在女性是男性的两三倍的国家难以想象。然而，根据费尔金的说法，乌干达的男女比例为3∶7；而根据1883年的推算，半文明的巴拉圭在经过多年战争后，该国家345000的居民中有三分之二是女性。其结果是家庭中女性构成过大，这也是一夫多妻制最直接的原因。[115]文明在移民聚居的新国家带来男性过剩的现象，这在低级文明中就不那么常见了；我们发现，在有奴隶的国家和大的商业中心也是这样。

以前，一妻多夫制或一夫多妻制被视为一种特别根深蒂固的、古老的家庭形式，进一步的观察表明，这是从改变了的或异常的情况发展而来的。斐济输入劳工中的女性人数不多，这就导致了真正的一妻多夫制的形成，而且，在类似的条件下，在勒加土地上的丁卡奴隶殖民地中也出现了这种情况。在印度和中国西藏的尼尔人（the Nairs）中，一个男人可能有好几段婚姻关系。

婚姻自然发展的结果无疑都是女人顺从于男人——男人是她孩子、收入的主宰。在这样的婚姻之外，我们发现，婚姻同样可以采取一夫一妻制或一夫多妻制的形式。男人进入女人的族群,孩子们都属于她。这时产生了一个词叫作母权(Mother-right)。所有关系中都存在的确切事实是孩子与母亲的亲缘关系,它是家庭和社会的基石。希罗多德发现利西亚人(the Lycians)的习俗是孩子们随母亲姓,而且家谱按女性亲缘排列,他认为这里的人们与众不同。

但是,我们现在知道,这种习俗在许多民族中屡见不鲜,要么有意识地完全贯彻,要么仅是为了生存。孩子可能与母亲的亲缘关系息息相关,以至于在部落的争斗中父子也会反目成仇。在所有的民族中,我们都发现首领的地位因为其母亲降低。据此考察古老的婚姻形式中的遗存是很诱人的,这有可能是向集体婚姻的过渡;这也是在寻找孩子与母亲血缘关系中唯一无可置疑的确定性,如此便忽略了父亲。同时可以肯定的是,在远离滥交、母权盛行的情况下,由于女性与自己族群的亲属关系,她们可能只与其他族群的男人结合,与禁止与之结合的男人相比,他们的关系更为密切。丈夫进入了他妻子的部落,甚至是家庭,但是在许多情况下都非同寻常的一系列风俗表明,尽管有婚姻作为纽带,但他们在那里仍被视为陌生人。

泰勒收集的统计数据表明,在男人进入妻子家庭后,他避开或拒绝了解妻子的父母,尤其是岳母,这类奇怪行为时有发生。这些麻烦的规定必须严格执行。澳大利亚人愤愤不平地拒绝说出他岳母的名字。当归化到奥吉贝韦(Ojibbeway)的坦纳(John Tanner)被他的一位阿西尼博因(Assiniboine)朋友请进他的小屋时,他注意到,他朋友的岳父和岳母在他们的女婿走过时遮住了自己的脸。他们甚至会避免踩到别人在沙子上留下的足迹。丈夫入赘到妻子的家庭中后,在莫法特被称为"玛丽的父亲"的情况下,在丈夫加入妻子家庭的地方也发现了以孩子的名字命名父亲的习俗。这可以被引申为孩子的出生终结了这种不熟悉的关系,建立了他和家庭之间的联系。父亲对抚养后代的关注很小,可能是处于类似的原因;孩子们不属于他,而是属于母亲和她的部落。[116]女性的特权地位也体现在澳大利亚的昆南伊人(the Kurnai)治下的礼仪中,丈夫必须将自己获得的一部分猎物分给他的岳父母。然而,我们不应该在每一个类似新娘家提供婚礼早餐这样无关紧要的习俗中寻找母权的踪迹。

"母权"

母权制度似乎自发地向父亲作为家族首领的父权体系转变。父亲通过自己的努力获得财产,这自然属于他。同时,原地分离为新家庭的扩展提供了一个起点。鲍威尔(Powell)提到了一个母权盛行的印第安部落,人们在饥荒时期被迫带着妇女移民,在新的环境下开创了父权部落。不论是否有子女的帮助,鉴于父亲清除了母亲继承土地的权利这一趋势,所以必然出现像是新的住所由父亲支配这样的情况;此外,动产也呈现同样的趋势。畜牧业尤其需要繁重的劳动,自然地,父权制在以畜牧业为主的民族得到了最大的发展;[117]因此,将饲畜业引入人类的手工业生活可能对父权制的扩展起到了重要的作用。

在母权的影响下,有一些不同寻常的习俗与婚姻紧密相关,这一被称为"异族通婚"的习俗一直延续至今。许多部落禁止他们的年轻人从内部娶妻,这迫使他们与另一个部落的人结婚。

这种习俗有极为严格的法律形式,以至于许多非洲、澳大利亚、美拉尼西亚和美洲的部落都有固定的"娶妻部落",他们可以从中选择伴侣。异族通婚甚至在印度婆罗门里极其重要,而且我们发现异族通婚在中国是一种迷信;其渗透力如此之深,以至于民族的语言都可以根据男性和女性血统加以划分。因此,亚当(L. Adam)指出,加勒比语是一种混合的言语,可以从加勒比或真正的加勒比人推断出男性,而从阿拉瓦克语中推断出女性。加勒比语的双重性质在于人们在与同性别的人说话时才使用某些形式和语词。客观地说,妇女使用的阿拉瓦语的影响占主导地位。这种划分以地理形式呈现,一个村庄被分成两个异族通婚的部分,或者两个异族通婚的村庄或部落并排居住,随着他们的繁衍,形成了一个类似的二元社会。在大片地区,甚至在受到外国影响的马来群岛中,部落组织都受到这项法律的约束,该法律的严格性甚至延伸到婚姻以外,因为触及禁区的所有性交都被视为乱伦,会招来惩罚甚至死刑。

澳大利亚的迪耶里(the Dieyerie)一直保持着这种习俗。人们经常提到澳大利亚甘比尔山区(the Mount Gambier)部落的异族通婚,在那儿克罗基人(the Krokis)和库米特人(the Kumites)这两个部落内部的性交被严令禁止,但部落之间却可以自由交往,以至于这两个族群可以彼此通婚,仅仅呈现给我们一个繁衍的秘密。在大多数不同民族的血缘关系中,可以看到一些要么已经消失,要么只是残存着的事物的显著痕迹。

这些都在一夫一妻制或一夫多妻制的形式下发生,却清楚地证明了以前存在其他形式的婚姻;而这并不是稀奇古怪的事情,而是广为传播。摩根(Morgan)首先在易洛魁人中发现,那时的人们已经达到了夫妻结婚的程度,但在他们的名字中显示了早期制度的痕迹。当时的易洛魁人称他兄弟的孩子为"儿子"、"女儿",那些孩子也称他为"父亲"。而他的姐妹的孩子则是他"侄子"、"侄女",他是"叔叔"。这一观察结果使摩根确立了这样一条规则:随着社会向更高的阶段发展,家庭也会从较低的形式发展到较高的形式;但亲属制度只在很长一段时间后才有进步,只有当"家庭"的观念发生变化时亲属制度才发生根本性变化。

因此,人们似乎可以在名字中找到线索,即一种更古老的推算亲属关系的模式,但这种模式却没能留存下来。有人说,夏威夷的亲属姓名可以适用于易洛魁的体系,甚至可以被广泛应用于给予女、兄弟姐妹取名,因为所有兄弟姐妹的子女都被称为他们共同的子女,并互相称呼为兄弟姐妹。

然而,我们没什么理由去证明摩根和在他之后的马克思恩格斯还有其他一些人称之为"血亲家庭"的存在。[118]也就是说,唯一有乱伦禁忌的家庭属于不同世代的亲戚之间——祖父母、父母、孩子,等等。近亲通婚的概念与我们所知的最低级的婚姻形式有着密切的关系,近亲通婚的紧急在我们对婚姻的概念形成前就已经存在了。更不用说所谓的普那路亚家庭(Punalua family)了,他们的兄弟姐妹,甚至他们的孩子都可能被排除在源于易洛魁亲属关系制度的婚姻之外。在夏威夷,这种婚姻形式在本世纪还存在。在这种制度下,姐妹是几个男人共同的妻子,兄弟是几个妻子共同的丈夫。古代英国人可能有过类似的婚姻形式;但在这个问题上,我们无法进行任何深入的研究。所有试图证明绝对滥交存在的努力都可能被视为失败。

巴霍芬(Johann Jakob Bachofen)的研究将我们带回到最遥远的群体婚姻。女性群落的痕迹见如宗教仪式中的屈从:刚果土著人在悼念死者的三天里举行奇特的宗教仪式,在仪式中寡妇把自己献给哀悼者,还有其他许多类似的习俗,确实可以解释为从类似事情中留存下来的。但是将其视为单身妇女复归于性或一夫多妻制婚姻的旧事似乎更正常。人们不断尝试这种婚姻,尤其是在性本能不太受约束的地区,但总是会遭到反对。类似的故态复萌即使以其他或更隐蔽的形式出现,依照我们自己的道德准则也能为人所知。有关财产和社会的问题将使我们重新认识这个话题。

父母与子女

长子继承权和男性亲属继承一样存在。毫无疑问,大多数民族中这种习俗都很强,甚至父母老了也要服从长子,而他的兄弟们必须像奴隶一样为他工作。但我们也发现,像"土生土长的英国人"的习俗那样，年纪最小的人也有特权，这种习俗在英国还没有完全消失。在这一点上，我们可以看到人们对母亲和家庭利益的尊重，她们将通过儿子至高无上的地位获得最大的利益，在母亲的监管下儿子的权力可以长久维系。只要家庭纽带不是非常松弛，父权就代表着最强者拥有的权力，这点值得注意。在非洲，孩子们允许他们的父亲把自己给卖了而毫无怨言。另一方面，黑人父母对孩子的爱往好的方向发展，而这些被认为是低水平的民族，在父权和孩子情感的影响下，往往享受着最亲密和美好的家庭生活。

从如今存在的契约婚姻模式可以看到以前事物的痕迹。在许多情况下，一个新家庭的主人给他的岳父提供的礼物就是以购买的形式签订合同，这不排除俘获的可能。购买妻子通常是在她还是孩子或者还没出生的时候。女孩的意愿一般也会被考虑，但通常来说，父母的安排不受限制。求婚者通常通过给心仪女孩的父母赠送礼物来表达他的愿望，而接受或拒绝则是父母的决定。试婚的情况也时有发生。[119]如果双方满意，父母首先要给女方送礼物，之后是建筑房屋和配备家具，然后是给新娘父母送礼物。婚礼由牧师、父母或祖父母辈的人主持，如果他们缺席，则应由其他年长的亲戚担任主持。仪式包括新娘失去自由、离开父母家的遗憾，对为人母这种快乐的期盼等元素，但主旋律是欢乐。

在许多情况下，婚礼不掺杂宗教元素，但如果一定要加入宗教元素，则是以向祖先神灵祷告的形式，处处都预设了关切家庭的持久兴趣。在大多数民族中，血缘关系都是通婚的禁忌，但继承人常常继承他父亲的妻子。在这种情况下，离婚不会像结婚那样容易实现，主要的困难在于追回用于购买妻子的钱。在一夫多妻制最盛行的地方，婚姻关系最为松散；直到我们遇到文明最先进的腐败也无法达到的情况。波利尼西亚人说，他们家族关系的松散在他们的迁徙中起着重要的作用。库克对一个即将离开家且不打算回来的新西兰男孩的父亲所说的话，对许多人来说都是真实的："他本可以从他的狗身上分出更多的情感。"奴隶贸易又一次使丈夫和妻子、父母和孩子之间的关系得以轻松地解除;而收养则表示对非自然的专制法律的自然依赖。

俘获女性不再是获得妻子和创建家庭的唯一手段。尽管在蛮族的战争中,只有年轻的女人幸免于难,她们像安德洛玛克(Andromache)一样被当作战利品送到胜利者的家里。但便雅悯人(the Benjamites)的两个故事《强奸萨宾人》(*the Rape of the Sabines*)和《示罗的女儿们》(*the Daughters of Shiloh*),清楚地表明曾经存在事物的不同状态。一系列奇怪的习俗只能通过反对看到部落的女儿、姐妹、妇女被掳走来解释。所以,当我们看到,无论是阿拉伯人、南方奴隶还是其他人,新娘违背自己的愿望,表现出迫于淫威的姿态,或者新娘这群人与新郎那群人之间展开斗争,最后导致新娘被带走的婚礼游行,这些都表明我们显然被不同的精神引导过。习俗中的真实性越少,象征的工作就越反复无常。在美拉尼西亚东部的一个地区,村子里的男孩子们等着新娘的亲戚,并用不伤人的箭射他们。新娘和新郎之间的模拟战也可能直到婚宴之后才进行。新郎不仅要买新娘,而且新娘也要花钱得到允许才能平平安安地嫁过去。洛亚蒂群岛上盛行的习俗或许属于类似情况,即新婚夫妇不能在公共场合见面,也不能住在同一幢房子里,只能秘密见面。

社会不平等

比较不同形式的婚姻会发现一种巨大的发展,这就像是一种谱系一样,它显示了允许发生性关系的范围逐渐缩小,从最初整个部落到排除近亲,然后是排除远亲,[120]直到最后形成了一夫一妻制;与这样一种观念相反,我们见证了各种努力以试图公正地解决最困难的社会问题,实际上,没有任何一种完美的解决办法切实可行。饲养者的选择动机——即通过鼓励活力满满的杂交育种来抑制育种中的弱化效应对这种发展理论产生了不当的影响；不养牛的民族肯定远远没有意识到这一点。我们应该说，在族群有限的一些想法的连续和精细发展下，我们在自然民族的民族志中发现了很多例子。在婚姻中，我们可以清楚地看到这样的发展，随着个人的成长，情感也在增长。两性之间接触点的增多会导致更紧密的结合，文明的发展程度也更高。

在原始社会中，妇女的地位异常地与其在文明程度最高的民族中的地位相同，唯一的区别在于，原始社会的不公正和虐待很少伪装成妇女身体虚弱的自然结果。单用一夫多妻制很难解释妇女低下的地位。即使在一夫一妻制的现实情况下，尽管并非没有例外，更不用说作为一项法令，在黑人、马来人、印第安人和北方的民族中，妇女通常生活在房子里被单独隔开的地方，很少与男人吃同样的饭菜，如果吃也是男人剩下的。更高程度的文明通过缓和男人粗鲁的本能，尤其是他的暴力和不公正，改善了妇女的地位，但同时剥夺了她劳动的尊严，消除了她在社会中可能拥有更稳固地位的基础。事实上，难道不是这样做的吗？把更有限、更容易、更不体面的劳动划分给女性，把她排除在战争、公共或私人的，以及体育之外，把她置于一个比自然所意指的更不利的地位。如果我们降低文明的程度，我们会发现，在文明发展程度较低的阶段，女人在体力和智力上和男人等同。权力或者力量的问题，难道不是曾经有些不同吗？

在我们所关注的文明的各个阶段，给女性分配一个权威的地位都不难。我们可能会想到马来人中女祭司的影响，在非洲和美洲频繁发现的达荷美女性主权部落，她们比男人更强壮、更熟练使用武器。专制者经常像现在的暹罗国王一样，组建一个妇女保镖队，并相信女奴隶的忠诚更值得信赖。

女性天生身体柔弱，也许文明只会进一步发展，但毫无疑问，能够生育和抚养孩子这一事实是她们永远不会失去的力量源泉。

如果孩子属于母亲,或者,按照异族通婚的习俗,如果丈夫进入妻子的家庭,基于现有财产和家族未来希望,女性的影响力更大。这并不能阻止她比强壮的男人更为生活的艰辛感到焦虑。但是即使如此,就像芮沃寿(Arthur Wright)所说的塞内卡易洛魁人一样,妇女一直是氏族和其他地方的巨大力量。他还说,有时候,她们甚至可以罢免酋长,[121]将其变成一个普通的武士。女性角色的多样性和我们在隆达和尤里奥罗看到的双首领制度都表明,女性地位曾经很高。

在性道德方面,对比观察表明,在不同的文明等级中,性道德所包含的概念大有不同。性观念更开放的地方不是最贫困和最悲惨的自然民族,而是那些文明国家的底层人持续交互之地。

除此之外,我们还发现了一些巨大的差异,这些差异很难用原始条件来解释,而与各国人民生活的各种情况密切相关。在一些地区,未婚者之间可以享有最大的自由,女孩为她的情人所生的孩子甚至都能被承认;在其他地方,人妻自愿或有偿地顺从客人的性需求;而一些部落则会杀死因婚外情里生孩子的女孩。

因为顽固的嫉妒,马塞族人让少女们穿上兽皮以捍卫她们的纯洁,这与他们附近随和懒散的瓦坎巴人女孩赤身裸体地到处闲逛形成鲜明的对比;马塞人是骄傲的民族,有着严格的法律和贵族式的组织,而瓦坎巴人是一个温顺的、懒散的、分散的臣服民族。我们经常遇到同样的对比:一个强大的国家会在这个问题上保持与其他国家一样高的水平,一个弱小的国家则倾向于许可。另一方面,马塞人并不重视女性的贞节。事实上,道德观念在这个阶段对民族的影响非常小,这种品德还不如阻止对私人权利的侵害有道德感。通奸被普遍认为是对购买妻子所获得的权利的反击;因此,男人将妻子暂时交出给客人的行为并不会违背道德。这一习俗的发展对女性在母权社会中的地位有什么影响仍然是个谜。毫无疑问,妇女的影响力会遭到反对,因为这种影响力是由于广大北美印第安人反对离婚导致的。一般来说，文明发展程度较低的社会对性本能的限制要比那些文明发展程度高的社会少。相应地，我们发现其法律或道德中暴力相关的观念也较少。

随着联结夫妻的纽带越来越紧密，变化也就发生了。正是在这一节骨眼上出现了职业妓女，这是一种避免危害家庭纽带的不检点行为的手段。我们在尼扬人中发现了这种情形，这无疑被当作社会发展的标志，但同时也大大降低了社会的道德价值。事实上，在不考虑道德义务的情况下，最有教养的社会与自然民族处于同一水平。

导致国家衰亡的情形往往惊人地相似。正如库克和福斯特发现的那样，塔希提岛（Tahiti）社会彻底堕落，走上了衰败之路。和黑利阿迦巴鲁斯（Heliogabalus）统治下的罗马或大革命前的巴黎一样，它注定要灭亡。相反，在丁甘（Dingaan）和查卡（Chaka）统治下的祖鲁民族健康、有朝气。我们可能会特别注意到，我们往往认为家庭生活的某些特征受限于文明生活中感情的丰富增长。寡妇对丈夫或父母对孩子的沉重哀悼，[122]或多或少能显示出一些迷信的观念。但无论如何，这是生者为死者所做的祭祀。我们可以想到澳大利亚妇女如何在他们的游行中携带死去的孩子的尸体或一些骨头，或者美拉尼西亚妇女如何戴着他们已故丈夫干尸的骷髅头，更不用说寡妇和奴隶为丈夫或主人陪葬的广为流传的习俗。

母爱是一种自然的情感，其表达方式不需要任何验证，但我们很少遇到父亲对子女很温柔的情况。毫无疑问，有很多关于虐待的例子，但这些都是例外。所有深入讨论这个问题的人都一致赞扬未经腐坏的自然民族里全家人和睦共处的方式，这和时常与之共存的恶俗和对人类生活的漠视形成了双重的惊人对比。自然民族没有遵守所罗门"爱自己的孩子的人会及时管教他们"的信条，相反，孩子凌驾于大人之上。但他们很少争吵或打架。南森

(Nansen)描写了爱斯基摩人所表现出的伟大善良本性,他倾向于把家庭生活的安宁和平静主要归于母子之间亲密的交往习惯。这种亲密关系在其成员身上的教育效果常常被低估。但与文化高度发展的地方相比,在许多自然民族中,固定模式下的生命发展更稳定。对长者的尊敬、对权威的顺从、甘愿的服从、冷漠的镇静,在面对最意想不到的事件时,他们不是用智慧而是靠习惯来维持自己至高无上的地位,这给欧洲人留下了深刻的印象。印第安传说中冷静独立的印第安人就是这个关系亲密的社会的产物。

奴隶制度

即使在它最初的拉丁语用法中,"家庭"这个词也有"居所"的含义,其中包括奴隶在内,因此也象征着一个社会。家庭在不同文明阶段的民族间有着广泛的含义。通过对几代亲属的理解和将外人吸纳为奴隶的包容,家庭拓展成为一个重要的社会元素。在斯拉夫人中,我们发现了"家庭伙伴关系",即古代南部斯拉夫人扎德鲁加(Zadruga)或布拉德斯特罗(Bradstro),也就是手足情谊,他们由一个祖先及其妻子组成的几代后代共同生活在由一个人领导的社会里,而这个领导者不一定是最年长的。同样的情况也出现在古老的日耳曼人和凯尔特人中。我们在印度、高加索、卡比尔群岛、非洲以及大洋洲的许多其他民族中也看到这样的情况。我们对他们的内部组织一无所知,带有许多供给单身群体的单间的大房子,特别是"长屋"表明了他们确实存在。在这里,我们看到了家庭和社会。家庭用比婚姻更紧密的纽带将其成员联结在一起,并形成了一个组织,它是社会中最伟大、最稳定的元素之一。这一成就在母权和异族通婚的社会中最为显著,其中以血缘关系为基础的分离将整个家族分成两半,即家庭和社会。他们将财产、不明归属的私有财产分割,除了亲缘关系外,财产将社会联系在一起。出于政治目的,一些家族像古希腊人一样联合起来。[123]其中一些政治发展成熟的族群,我们称之为部落。

奴隶制和农奴制很快带来了进一步的发展。奴隶制最初是强迫很可能成为战俘的外来人进入社会。如果征服者不想杀害这些战俘,他们会奴役这些囚犯,这样的习俗在今天非常普遍,只是被一些文明发展程度高的国家摒弃了。

东非的马塞族人会杀害他们的俘虏,他们是一个依靠固定规模牧群生存的游牧部落,无法为俘虏提供多余的劳动力和食物。他们附近以农业和贸易为生的瓦坎巴人有能用到俘虏的地方,因而不杀他们。而这个地区的第三种民族——万扬维斯人(the Wanyamwesi),因为与有着良好奴隶市场的沿海阿拉伯人紧密联系,会为了获得战俘故意发动战争。这是具有典型意义的三种情况。原始社会中存在降级的冲动,最强烈的表现莫过于奴隶享有相对自由的地位。如果男性奴隶没有要干的工作,女性奴隶也有活儿要干,奴隶群体形成了一个更低的社会等级。人们还买奴隶用来献祭。在中非,酋长去世需要的奴隶更多。正如在所有异教国家中那样,只要认可奴隶身份的地方都提供一种受欢迎的赎罪手段;债权人可以向债务人提出的最后申诉就是要求他放弃个人自由。在埃维人(the Ewe)中,我们发现了一个奇怪的例外,即无力偿债的债务人会被处以死刑。但在被奴役的债务人和主人所享有的自由之间,是那些虽然名义上自由但却贫穷得沦落到近乎奴隶、处于依附地位的人。对这些原则适用的说法是,最终废除奴隶制要归功于劳动创造了可移动的价值,即资本,因此资本和自由是一对姐妹。

奴隶制作为国家制度和作为准备贸易货物的手段有很大区别。如果阿拉伯人和其他奴隶主善待奴隶,其原因就在于奴隶和奴隶主整体都好逸恶劳。只要从文化的角度来看等级差别不大,就不需要很多奴隶劳动;但随着社会的进步和需要的增加,奴隶的命运就变得越来越悲惨,而且大体上这不会因人性进步而得到改善。主人和奴隶的隔阂会随着获得之欲望的增加而扩大。因此，正如利文斯顿所说，即使奴隶主不退回到或保持在野蛮状态，奴隶的地位也不会有所改善。如果我们看看非洲，我们会发现，在所有商品中，黑人的需求里奴隶和妇女占大宗。他们的活动领域很大；因为所有与贸易、战斗或狩猎无关的工作都是妇女和奴隶的事情。这就构成了最受欢迎的商品、最重要的财产标准和最好的资本投资。最重要的是，奴隶是最容易提供的用于交换所求商品的物品——实际上，奴隶一度是非洲除象牙之外唯一的交换媒介。

当人成为一种资本形式，他们就会像其他资本一样积累起来，因为想要拥有奴隶的欲望与对任何其他形式的财产和财富的渴求一样欲壑难填。这就是奴隶制最大的危险所在。[124]过度的奴隶制是破坏国家的一个原因；在旧罗马如此，在今天的非洲和美洲的部分地区也是如此。奴隶制将国家分成若干部分，其中越来越多的部分开始实行奴隶制。奴隶制带来战争、毁灭、暴政、人祭和同类相食。据称，西非强大的征服者所拥有的优势就是没有奴隶来削弱他们好战的力量。奴隶制最后的结果是广袤地区出现人口的减少和衰弱。我们可以像鲍尔神父那样设想，在1873年签订《巴特尔·弗雷爵士条约》(Sir Bartle Freres' Treaty)前，每年都会有6.5万名奴隶被引进到桑给巴尔，这就意味着，除去那些逃跑或被遗弃的人，在同一时期有10万人离开自己的家园。

和奴隶很相似的是被蔑视和贬斥的那部分人，作为一个分崩离析的、处于社会底层的阶层，他们生活在一个征服他们的民族的统治之下。几乎每一个发展得更好的亚洲或非洲的民族都有这类人，在民族志上也不总是有所区分。

然而，由于这个原因，社会差异将一直持续下去，而且常常会导致底层间的进一步分裂。因此，在阿拉伯南部一些地区，有四个与众不同的贱民阶层，其他地区则有两个。其中一些天生地位低下，另一些则是因为肮脏的交易。印度的种姓划分显示出了相同的特点,因为在最低的社会阶层,我们同样发现,一些人天生地位低下,另一些是受征服而来。这两个原因在吉普赛人、日本的耶塔斯人和其他民族中都一致,而且北美的众多印第安人已经下降到相似的水平上,这一点既有趣又让人悲伤。这种情况下,人们地位下降的原因是外来民族的入侵。这种不平等的特殊形式是整个民族服从于征服他们的入侵部落。

在撒哈拉沙漠的一些地区,阿拉伯人和蒂博人(the Tibboos)把一些绿洲和他们的居民视为他们的私有财产。他们在收获时节出现来收取贡赋,简单说就是强抢;在这段时间里,他们的臣民们要忍受苦难并为统治者的利益去耕种。随着时间的推移,阶级间会出现同化,即使家庭作为一个亲属群体,企图通过反对不合适的婚姻持保守态度并反对这一点。经济原因和局部的扩散的介入也可能导致快速且永久的分化,直到我们发现非洲中部森林里的猎人,即所谓的俾格米人,成为除他们的农业主和保护者之外的一种特殊的社会性民族。

部落成员在不可见的领域通过特殊的家族标志联系在一起——美洲印第安人称这些标志为图腾,波利尼西亚人称之为阿图亚。这些标记被提升到了守护神的地位。在萨摩亚的民族中,我们发现阿图亚用铲子,阿纳用长矛,拉图马桑加用扫帚,莫诺诺用渔网,就像是霹雳神(God Pili)赋予他们的一样。更为特别的是动物,尤其是爬行动物、鱼类和鸟类对神来说是神圣的;家族的每一个成员都会在身上纹上自己家族的标志,不仅是为了辨识和分类,还将其当作护身符和敬畏的象征。在印第安人和澳大利亚人中,我们也看到了图腾对专有名称的影响。福斯特很久以前就注意到波利尼西亚人的名字通常来自动物,北美的印第安人也有这一类似的习俗。塔希提酋长被称为苍鹭,[125]马克萨斯的首领则被称作乌龟。这些几乎可以肯定是氏族名称,如我们在非洲部落贝专纳人阿珊提族人中所见的那样。对家族标志的态度千变万化，有时它是可怕的东西，有时又代表着尊敬和保护。在一些民族中，损害标志的原型是死罪；而在奥罗拉（班克斯岛），沃韦人非但不反对吃墨鱼，反而认为捕获它特别幸运。图腾类似的不同部落互帮互助，这也为遥远部落之间的紧密联合提供了基础。

秘密团体从社群中分散开来，并有了熟练和缺少经验之分。他们很自然地出现在等级制度之公共推动力不足的社群中。他们人为地划定界线，戴着只有他们自己才明白其含义的面具，将自己包围在宗教的形式中，控制重要的职能，例如引导即将成年的年轻人，或对违法行为施加惩罚，这让我们想起德国的后来在性质和操作方面都受到尊重的汽车发动机。这些秘密社群和其他群体的职责之一在于维护传统。如果没有其他组织以维护传统为目的，这些社群的成员将会接受关于这个主题的系统指导。

财产的独特性

没有哪个民族是实际上的共产主义者，但是在野蛮民族的制度中存在很多的共产主义思想，与之斗争常常显得比推行基督教更重要。毫无疑问，共产主义不需要一个人把全部精力投入工作中去，因此传教士很容易在共产主义中找到各种不良品质的根源，比如萨摩亚就有使当地人懒惰的阴谋倾向。偶尔也会有那些专门用于防止资本过度积累的机构。在波利尼西亚，这些措施的效果无疑很好，使得欧洲商品很难迅速进入市场。

财产与家庭的天然类比不亚于其与社会制度的类比。因此，当我们发现一夫一妻制之外的集体婚姻的遗存时，我们也就发现了与私有制并列的集体所有制的存在。在家庭社群，所有人团结在一起耕种共同的土地并分享其成果。如果一个人持有一块耕地，这就是他拥有遗赠权的私有财产。船舶是公有财产，渔具或鱼钩是私人财产。尤其是在松散的游牧民族中，私有财产的概念在各方面发展不均衡。

在非洲的游牧民族或北美洲的狩猎部落中，第一个让欧洲人感觉到脱离文明制约的事情是，财产权在某些情况下被忽视。他们贪婪地想要牲畜，但对于土地财产，他们认为地上只要能放牧就行。许多人对锁在箱子里的财产非常重视，但是却视四散的东西如空气一样。如果我的牛群累了，我就可以随时随地停下来，我认为已经找到有草的地方了，就让牛群在那儿吃草。我用附近的木头做饭，不要求任何人走开，没有人认为这在侵犯他的权利，或是对他的财产造成伤害。如果我喜欢我停下来的地方，[126]或者找到任何吸引我的东西，比如汩汩的泉水，丰美的牧场，或者一小片肥沃的园地，只要我愿意，我就可以待在那里，并给自己建一所喜欢的大房子。但无论如何，如果我定居在一个地方，我必须让其他人也找到汩汩的泉水和丰美的牧场，并允许他们带着牧群一起去到那里，还要指点他们怎么使用这片地方。

根据布特纳（Büttner）所说，尽管达马拉兰（Damaraland）的赫雷罗人实行共产主义，但还是有简单的小花招使不受欢迎的新来的人讨厌他的住所，即把所有羊群和牛群赶到他家附近，一旦新来者受够了由此造成的损害和破坏，他就离开了。

尼罗河上游人口稠密的地区则恰恰相反，那些盛产鱼和莲子（这些几乎是渔民的唯一寄托）的湖泊和池塘就像欧洲的玉米地和葡萄园一样，被认为是宝贵的财产。草原上的印第安水牛狩猎者自设在固定的自然边界内。时至今日，布须曼人以自己是狩猎场的原始拥有者为借口，向贝专纳人的猎物收取通行费。就像我们所举的例子，拥有半发达的自主本能的赫雷罗人谨慎地避免把他们的财产正式移交给陌生人。完全放弃使用土地对他们来说不可想象。从部落财产的概念中产生了在非洲很常见的一种观念：部落首领是土地唯一的拥有者。因此为了让他允许自己使用土地，部落成员要向他支付土地税。

16 世纪的西班牙人告诉我们，没有印第安人能随意地处置土地，除非得到部落的同意。在大洋洲，从一种所有制向另一种所有制的过渡似乎正在我们眼皮底下进行，就像在印第安土地上白人定居者的发展一样基于清理和耕种的基础上。狩猎的成果归部落所有。在澳大利亚和爱斯基摩，即使按照1∶2000平方公里左右的比例分配，他们也会代表家庭或部落宣称拥有大片土地，并与进入或永久使用这些土地的人为敌。至于低级民族，由于他们人口稀少，人们自由活动的空间多半会大很多。但是显而易见的是，以狩猎为生的家庭比农耕家庭更想要土地。同样地，游牧民族比畜牧业需要更广阔的区域。这些对比在任何时候在所有国家都随处可见。当我们讲到大草原上的民族时，我们会看到，重要的历史后果随着对土地的需求而产生。印第安人一直不喜欢把他们的土地分割成个人财产，也不喜欢出售多余土地，这使他们在白人眼中的地位起了很大的争议。

劳动在创造财产方面的作用并没有因为森林空地的界限而停止。劳动与土地的相关度不同，其结果也完全不同。狩猎、捕鱼、游牧生活给大多数人创造了短暂的财富，它毫不费力地储存或分出它所汲取的源头。相反，农业不断加强和深化，这在人类其他稳步发展的活动中起着举足轻重的作用。人类所有的高速发展都取决于这种稳定的劳动和其成果的保留。

[127]在文明的最低等阶段，财富的积累才最重要。因为没有财富就没有闲暇时间，没有闲暇时间就没有高贵的生活方式，也就没有智识的进步。只有当物质生产永久性地超过消费时才是财产富足。根据政治经济学的规律，这将促成智识阶层产生。一个完全贫穷的民族不会发展文化。但是在文明的保护下，更多的人将长大成人，土地不能提供足够的空间。这一不均衡发展得越快，富人和穷人之间的差距越大。

在气候炎热的国家，人们需要的营养较少，同时，生产活动也比寒冷地区更容易，所以人口会快速增加。人口变多，工作稀缺，所以报酬也会异常地少，从而导致人们的生活贫困交加。在寒冷的地区，人们想要更多的食物。因为土地生产的食物少，所以只有很少的人能存活下来。个人必须努力地工作，因为工作得越多，工资越高。这是为了缩小劳动者和所有者之间的差别。相反，一旦这种差距产生，热带地区人们的懒惰性就会扩大这种差别。

在欧洲国家，我们看到，土壤和气候的优势与那些必须工作的人的优良品格完全相得益彰，他们的活动比自然财富更能保证文明的进步。自然的力量尽管很伟大，[128]其在本质上有限且固定不变；而人类的才智则取之不尽用之不竭。最好的土地最终会用完，但在耗尽的那一代，人们总会踏上充满生机的新土地。在此基础上，温带地区的居民所拥有的文明始终最有发展潜力。但是这种力量必须在缓慢而稳定的劳动中发展，文明的发展首先是对每个人工作的逐步训练。

毫无疑问，为了生存，每个人都必须劳动；但是如果他喜欢生活在穷困中，他就不需要多劳动。野蛮人所做的劳动的总和通常不比文明人做的少，但他们是间歇性、随心所欲地开始劳作，而不是规律性地劳动。布须曼人在狩猎的时候经常整天辛苦地追赶野生动物，然后贪婪地吃掉他捕获的猎物，最后以懒散的饱食结束，直到饥饿迫使他重新开始工作。高压下的规律性工作为野蛮人所憎恶，在他们脸上能看到那种顽固的冷漠，这也是辨别真假印第安人的不二法门。出于同样的原因，他们讨厌学习手工艺。在塞拉利昂，几乎每五个人就有开店的，这样的事实表明了黑人对贸易的热情，这样的热情在很大程度上源于这种厌恶。

未开化民族的贫困和劳作

同类相食在地球的每一个角落都可以看到，并且比现在传播的范围更广。在欧洲有史前遗迹和传统能证明这种同类相食的盛行。同类相食并不是文明的低级阶段所特有的，也不是由单一原因造成的现象。像蒙巴塔、巴塔克、毛利这样的民族是他们所属的民族中文明发展水平最高的，但是他们是富裕的，而且还没有发展到通过增加经济生产来充分利用他们多余人口的程度。对他们来说人命卑贱。

现在，同类相食预设人可以用来吃，因此我们在人口稠密或者一个能够获得大量奴隶的民族中会看到这样的现象。在班加拉，奴隶的数量比实际劳动所需的要多，所以人肉充足。另一个原因是，一个民族和另一民族之间清晰的界限使得陌生人被视为敌人，这就允许人们利尽其用，即使是将其作为供应的餐食。在一个排外的家族或由这样的家族组成的群体中，吃人和近亲通婚一样不可想象；[129]因此，如果这种惯例近年来影响了所罗门群岛，那么这与社会秩序的宽松是同一层次的事实，这种宽松从相似的方向蔓延到相同的地区。既然波利尼西亚人将这些新观念引入进来，我们很难去怀疑它们之间存在着深层次的联系。同样地，我们可以解释自相残杀的不均衡、不连贯的传播，它在遭到基督教和伊斯兰教影响下的极力反对之前就已经存在了。更进一步的动机是复仇，吃掉自己的敌人会产生快意。另一动机是嫉妒，希望通过吃人获得他更渴望的品质。有些民族建筑风格太自由，其监狱也不可靠，所以他们不太容易会想到终身监禁的概念，因此死刑很盛行。

除了这些原因之外，同类相食与食人习俗的整个体系都有着密切的联系；首先接受人祭，然后在祭祀和巫术的仪式中使用人身体的某一部分，最后保存和使用人类遗骸，如把骷髅用作水杯，把骨头用作匕首，把牙齿用作项链。这种对人肉和骨头的处置是克服本能反感的第一步。当复活节岛的首领在节日场合吞下人眼时，这些地区的食人行为就没有完全终止。从民族的名字中，我们不能有把握地推断出同类相食现象存在与否，因为这些名字通常极具侮辱性。在欧洲人当中，这种出于必要而放纵自己的做法并不陌生，而在那些许多像是澳大利亚和北极部落一样每年或连年遭受饥荒的民族中，这种做法很容易理解；只需注意到，食人有助于民族的维持和扩张。因为一旦有了基础，它的吸引力就会增加，直到我们发现那些把人肉当作商品，不知葬礼为何物的民族。

十三 国　　家

原始建制的显著标志

尽管很松散,但所有民族都有政治组织。就算松散如布须曼人,有时也会有一小拨人在没有首领的情况下联合起来进行狩猎或掠夺活动,我们所看到的仅靠迷信和需求联合在一起的低级或散乱的部落也是这样。

社会学家所说的可以作为民族特征的"个人主义"在世界上任何地方都不存在。古老的民族一灭亡,新的民族很快就从它的残留中形成了。[130]这样的过程一直在延续。利希滕斯坦说:

> 在某种程度上,每个单一的民族只是昙花一现。随着时间的推移,它会被一个更强大的民族吞并,如果幸运的话,可能会分裂成几个朝不同方向发展的小部落。几代人过后,大家彼此都不认识了。

这些政治突变通常具有重组而不是支离破碎的特征。这些组织很难维持很长时间。文明人的标志之一是,他在践行自己感兴趣的法律的同时习惯了法律本身的束缚。但是,如果黑人建立了一套相对有序的宪法，那么另一个社群肯定会很快出现在由属于同一种群、不受任何法令约束的人组成的边境上，而这些无法无天的流离失所之人往往从不受任何法律约束、不尊重部落关系，并吸引来自附近部落最大胆和最底层的人，从而建立一种能够将强盗部落转变为征服者、建立国家和统治人民的力量。掠夺和征服很容易逐渐彼此转换。在所有我们了解其历史的国家中，掠夺性部落都发挥了重要作用。

我们所知道的自然民族的历史大都和战争紧密相关。枪支的引进使星星之火得以迅速燎原，也成为了所有黑人国家历史上最明显的时代标志。维斯曼（Wissmann）关于基奥科人（the Kioko）的描述是："伴随着武器而来的是强大的王国的形成。"确实如此。战争不断不就是最低级人类的原初状态吗？对此我们可以回答，迄今为止，我们自己的和平除了靠武装之外别无他法。[131]但在我们中间，战争冲动的迸发打破了文明状态所要求的那种更长的休战间歇。在我们说到的民族中，像中世纪"暴力统治"这样的状态通常很持久。即便如此，也必须指出，野蛮人中也有和平的民族和爱好和平的统治者。我们不能忘记，自然民族打得最血腥和最具毁灭性的战争，不是他们自己之间的战争，而是与欧洲人进行的战争。没有任何东西能像奴隶贸易那样在他们中间掀起如此腥风血雨，造成了猎奴的可怕后果，而正是更文明的陌生人的贪婪煽动起了奴隶贸易。所有批判自然民族的人中最仁慈公正的、爱好和平的利文斯顿在他最后一本日记中写下这样的话：

> 不惜任何代价的和平原则会招致不公正和尊严的丧失，战斗精神为生活所必需。如果人们的战斗精神只有一星半点，他们会受到不公平的待遇和伤害。

从这些话里我们可以看出，显而易见，人们之间的斗争不可避免。

但这种战争状态并不排斥民事法令(civil ordinances),相反,战争状态催生了法令。不再有一切人对一切人的战争,不如说战争状态代表了国家建立所经历的漫长过程中民族生活演变的一个阶段。从野蛮到文明的最重要的一步是个人从完全或暂时的隔离或孤立中解放出来。在文化发展的初级阶段,所有有别于家庭的社会合作的产物都至关重要。

在这个过程中,从广义上来说,与大自然的斗争提供了最重要的动因。获取食物可能首先引起联合狩猎的联系,联合捕捞尤甚。联合捕捞最大的优势是船员的纪律。在大渔船上,必须选择一个人们绝对服从的领导人,因为所有的成功都取决于服从。管理船只促进了国家的治理。在被认为属于纯粹野蛮人的所罗门群岛居民的生活中,海上航行无疑是唯一能够集中力量的因素。独自居住的农场主当然不会对联合有很强烈的欲望,但他也有联合的动机。农场主拥有财产,这些财产包含着他劳动力的资本。由于劳动力不需要再由这一财产的继承人来完成,因此,所有权本身就具有连续性,因而也就存在着血缘关系的重要性。

其次,我们发现,与农业关系密切的地区人口趋于稠密。接着,随着这一群体彼此靠近并形成自己的边界,和其他生活在同一地区的人们一样,他们有着共同的利益,小型农业国家也随之兴起。在畜牧民族和游牧民族中,随着对联合的需要更主动、所含的空间更广阔,国家形成得更快。而这确实是他们生计的本质所在。因此,虽然和先前提及的情况相比,家庭在这种情况下更重要,但反过来说,这里的人口不可能很密集。但是在这里,需要更强的力量来保护财产,而这种力量需要聚合力的保证,聚合力首先就是家庭。从经济的角度来看,许多畜群共同生活在一个大牧群中比各自分散更合理。一个牧群很容易就被驱散开,而且很难将它们再赶到一起。[132]因此,家庭在游牧民族中有着重大的政治意义。

十三　国　家

在游牧民族部落和国家的形成中，宗法元素最为显著。在狩猎国家中，权力中心最为显著，而在畜牧民族，最突出的是最年长的人。

与宪政国家相比，我们更倾向于把专制主义视为较低级的发展形式，并认为其属于远古时代。过去人们认为一种政治生活最开始就是以这种形式来塑造的。但专制主义与这些国家赖以发展的部落或父权制起源背道而驰，这一事实一开始就与人们的上述看法相反。家族中都有一个领导者，通常是最年长的人。但是除了战争，他几乎没有权力，而过高估计权力是白人最常犯的政治错误之一。事实上，在酋长所统治的人口中，酋长的至亲并不比他地位低得多，因此也就不会和他所统治的民众混在一起。因此，我们发现他们已经在努力赋予政府更多的寡头制特征。不如说，所谓的非洲或古代美洲王子的邸宅就是公开地包围他们的办事大厅。尽管我们在低级国家中无疑能发现专横统治的踪迹，但即使政府是共和制的，它的基础也不是国家或领导人的力量，而[133]是几乎毫不反抗霸权力量的怯弱个体。尽管有个人暴政存在，但民主制的脉络贯穿着所有"自然"民族的政治制度。在"母权"体制下，一个建立在氏族、血缘关系基础上的社会，不可能是共产主义的，这无疑阻碍了进步。

通过与神权的联合，统治者的权力大大增强。对神权的青睐在所有的宪法中都无法避免。而且神父的重要性经常超过拥有首领资格的统治者。美拉尼西亚软弱的领导者为了不失去权力，出于利己的目的施行神秘的笃-笃（Duk-Duk）制度；而在非洲，当他们招致更高权力的愤怒时，首领的作用之一就是用祈祷或魔力等各种各样的优势，通过魔法把戏来为自己的子民赎罪。然而，这并不能防止酋长的影响力恰好被一个拥有某种伟大物神的牧师遮蔽。皈依基督教总是摧毁土著酋长的势力，除非他们已经设法让民众死心塌地。但是即使酋长的子女已经成为奴隶，但宗教信仰也始终保持对他们的尊敬。

首领的权力

当贸易垄断与酋长的魔力结合时,他的权力会进一步增强。由于酋长是贸易的中介,他把臣民觊觎的一切掌握在自己的手中,因此成为施予佳品的人和最珍贵愿望的实现者。这一体系在非洲发展得最充分,[134]最富有和最自由的酋长被尊为至上。这其中蕴藏着巨大权力稳定的来源,往往带来有益的结果。

对此,我们不应忽视这样一个事实,即推动进步的最显著的因素之一,或者,让我们更谨慎地说,推动一个民族所拥有的文化总量变化的最显著的因素,要到杰出人物的意志中寻求。我们也发现,不管怎么说,酋长的权力还是建立在超群的知识和技能基础上的。利文斯顿生动刻画了曼尼玛酋长摩纳库斯(Mocnekuss),他热衷于教他的儿子铁匠技术,而纳马族酋长拉默特(Lamert)是他所在的部落里最能干的铁匠。

当然,在战争中,酋长的作用是最重要的。在作出判断时,他不需要大量的所罗门智慧,因为在所有严重的指控中,罪犯都通过魔法来查明,而在这项任务中,民众议会也会参与。同时,无论酋长的地位如何,它永远无法与欧洲人民所拥有的文化财富所赋予的力量相媲美;人们希望旅行者的叙述能更慎重地使用"国王"、"皇宫"之类的字眼。只有在战争首领中才有帝王式的阅兵仪式,而其他时候首领则往往与他们的子民没有什么区别。

每一个民族都有某种法律制度。实际上,在大多数"自然"的民族中,这种制度在受害者将法律掌握在自己手中与为犯罪付赎金之间波动。法律的威严毋庸置疑;问题所在就是对遭受损害的人的赔偿。例如,在马来西亚的法律中,以前,人们会像杀死小偷一样处理一个当场被抓住的犯人。但在其他任何情况下,都禁止竞技惩罚形式的保释。黑人民族也是这样。不论是高级还是低级的民族都随意实行暴力,并且倾向于根据其所遇到的阻力将其范围限制在个体之间。所有的蛮族都会有不同程度的民族斗争。在波利尼西亚和美拉尼西亚,民族斗争达到了一种可怕的程度。库克告诉我们,对他来说,新西兰人似乎一直生活在相互攻击的恐惧中,而且很少有部落认为自己没遭受来自另一个民族的伤害,并为此斡旋复仇。

"自然"民族的战争往往远不如我们自己所发动的战争血腥,而且常常只是被夸张成了战争行为。然而,由于它们持续时间较长,而且"自然"民族居住的国家一般只有很少的人口,因此战争所造成的损失不可低估。据威廉姆斯(Williams)估计,斐济在未开化时期,每年有1500至2000人死亡,这还"不包括当得知自己丈夫死讯就自杀的寡妇"。这些数字足以导致人口的减少。枪支减少了战争,也增加了损失。但是,可被称为游击战的持续性战争造成了因为突袭引起的大灾难,人员伤亡惨重,好战情绪爆发。自然民族间一场重大战争的最终目的不是战胜,而是消灭对手。如果不能伤害男人,他们就会攻击女人或孩子,[135]特别是在迪雅克族和婆罗洲这样一些对收集骷髅有一种迷信的热情的地方。关于非洲东南部,哈里斯(Harris)说:

整个部落已经在栖居地上扎根蔓延,受饥饿的无情驱使,要么从地球上消失,要么碰运气在无边无际的土地上游荡。因此,在数百里内我们都看不到本地的产业,也看不到人们的居住地。永无休止的战争造成无人居住的荒野景象。

掠夺与谋杀联系在一起,产生了一种文明人很难意识到的苦难。当战士和掠夺者具有更高的天赋或者至少是组织得更好,在屠杀和暴行中训练有素时,这种毁灭性力量就达到了巅峰。切断手、脚,切除鼻子、耳朵都是寻常事。这种虐待往往只是标记俘虏的次要手段,而给战俘纹身才是最重要的手段。利希滕斯坦曾看到过被达马拉人俘虏的那马部族人,他们给俘虏做了割礼并拔了他的上前牙——

他给我们看了这个,并补充说,如果他第二次被他们抓住,这些了然的痕迹必然会让他丧命。

永久战争状态的毁灭性影响

生命和健康的损失可以通过几代人的和平来修复,但战争留下了深刻的道德影响。这粉碎了对同胞的一切信任,粉碎了道德力量的运行,粉碎了对和平的热爱,粉碎了对誓言的忠贞。如果文化民族的政治不以忠诚和自信著称,那么自然民族的政治就表现出最低级的不信任、背叛和鲁莽。为达到某一目的而采用的唯一手段是欺骗或恐吓。

因此,在欧洲人与自然民族打交道时,他们有很大的优势,不需要直面当地势力结合成的强大力量。[136]所有重要记录中一个典型案例是属于易洛魁族的北美印第安人的"六国"联盟,它对17、18世纪的欧洲人来说很有危险性。格里夸人、巴苏陀人、巴克韦纳人和其他贝专纳部落在1852年所谓的《沙河条约》(Sand River Treaty)签订后,曾尝试建立一个可能非常严肃的联盟,但他们从未实现。近些年的情况清楚地显示,尽管南非部落人口众多,异常英勇,但他们缺乏彼此的信任,所以其努力没有坚实的基础,团结不起来,因而南非人一事无成。

对于土著民族来说,持续性的恐惧与不安是他们经常诈敌的必然结果。显然,绝大多数蛮族都喜欢武器,而且从不手无寸铁;没有什么比手杖代替了武器更能表明乌干达更高水平的文明生活状态。正如芬奇(Finsch)指出那样,像新几内亚岛的帕西人一般不携带武器会被视为突出特征。

十三　国　家

在对不幸和疾病的迷信恐惧下,把陌生人当作敌人,或者像敲"冲上岸的椰子"那样敲打船只失事者的头,这些无疑是发展的一大障碍。但是我们听说,美拉尼西亚人讨论了这是否合法的问题,甚至连陌生人都常常和新地方的人联姻。如果他们属于邻近的岛屿或群岛,他们就不会被当作陌生人对待,因为他们会被视为无害。波利尼西亚人经常被驱赶到班克斯岛,在那里受到礼遇。如果澳大利亚的无数探险队常常受土著的威胁或攻击,我们绝对不能忽视他们对土著地区边界的无意识侵犯。因为即使是现在,在澳大利亚中部不经过许可就进入外族领土也会被视作严重的侵犯。

因此,就像在家庭和社会中一样,我们在政治领域也会遇到一种严重的分离倾向。谁不承认这种潜在的战争状态是"自然"民族落后的一个重要原因呢?文明的高度发展在于国家间的相互刺激,这促使他们自身明确地发展到更高阶段,带来更完美的发展结果。但这种相互刺激正是持续战争状态下所缺失的。在持续战争的状态下,这种有利于文化的力量无论内外都被削弱了,其后果就是停滞不前。

野蛮国家的形成实质上缺乏明确的边界。这条线没有特意规划,而是作为一个广阔的空间开放着。即使我们到了半文明的国家,边境也有可能不确定。整个国家并不严格地随所覆盖的区域尤其是边界附近的部分而定。整个体系中,只有最重要的政治中心固定不动。通过这个中心,边远地区都多少可以感受到这种使国家团结在一起的力量。文明的每个阶段都有边界点和边境空间的例子。边境空间畅通无阻,甚至可以作为共同的狩猎场,[137]但它们也可以作为反对主权的敌对势力和各种亡命之徒的住所。

新的国家基于这些空间逐渐形成并不罕见。在游牧和农耕这两种完全不同的文明和生活模式的往来中,清晰的边界会快速形成。紧靠草原民族形成边界很有必要,建造土方工程甚至墙壁来提供技术援助也有所助益。草原地区有中国的长城以及突厥人和哥萨克人匆匆建造的防御地区。

正如兰克(Leopold von Ranke)的经验之谈,我们研究普遍历史时会发现,最先产生的通常不是伟大的君主国,而是小的部落地区或国家性质的联盟。这在所有大帝国的历史上都有体现;即使是中国也是从小地方发展起来的。毫无疑问,除罗马帝国之外,它们都为时尚短,[138]甚至中国也经历了分裂的时期。从罗马帝国中,各国已经学会了如何有序管理以实现扩张。因为从历史中可以看到,许多规模甚至超过罗马的帝国已经产生并维持了几个世纪。除了铭记历史教训外,人口的增长和随之而来的人们物质利益重要性的积累也无疑促成了这一点。

但是,原始国家规模小有着更深层次的原因。大多数"自然"民族中家庭和社会会形成很大的联盟,且二者常常同时发生,且具有排他性,因此很少能形成国家。稳定的部落生活抵消了帝国的迅速解体。帝国垮台后,新的帝国就从旧的部落形成了。在共同的兵营或村寨中的血缘家族同时也代表着一个政治单位,它可以不时地与其他可能有远亲关系的家族联合起来。但只要没有外部力量来打破这种自给自足,他们就很满足。尽管非洲人口众多,但却没有一个真正的大国家。在那个地方,帝国越大,其持续时间越短,凝聚力越弱。它需要更强的组织和巩固性的力量,就像我们富尔贝人或瓦乌马人那里看到的,不仅仅是去建立国家,[139](译注:原书有配图)[140]而是即使困难重重,也要像索科托或乌干达人那样维护自己国家的存续。即使一直处在战乱的状态,祖鲁人从未能永久地越过他们的自然边界,同时也一直保持和自己国家的结合。他们没有能力筹划一个和平的架构。即使在苏丹的伊斯兰国家,我们也会发现缺乏这种坚定的内在凝聚力,而这同样是导致美洲中部和南部土著民族衰败的根源。我们越仔细地研究古老的墨西哥的实际情况,就越不会把"帝国"和"皇帝"这样的字眼用在阿纳瓦克高原松散的首领联盟身上。印加王国的伟大被夸大到传说的地步。当我们了解曼丹印第安人著名的且令人敬畏的部落时，我们惊讶地发现它只有900—1000人。伊斯兰教传入马来群岛后，国家的建构才在断断续续的村社之上出现。即使在当今，南亚和东亚的强大势力在政治忠诚问题上仍缺乏明确的界定，这一界定是更高级文明的特权。

原始国家松散的凝聚力

不只是国家单一的扩张，移民和征战也是建立新国家的基础。它通过细胞分裂来增殖，而不靠主干本身的生长。引人注目的是，在非洲或其他地方，相同的传说或传统经常出现。一个君主派出一队战士去征服一个国家或一个城镇；如果这项事业失败了，他们就老老实实定居下来和他们所攻击的民族的女儿结婚。据说，这就是马塔贝尔王国和马斯图王国（Masitu）的起源。因此，这也解释了尼日尔河下游的福尔贝定居点和掸邦（Shan States）的中国人起源。就算不相信所有这些传统，我们也可以在古时候大多因交战而引起的民族融合以及建立统一国家的困难中找到证据。不只是这些，我们发现，无论是和平或战争后，殖民地都随处可见。马来群岛东部岛屿的阿尔弗斯对其殖民地的管理有明确的规定。在古老的波利尼西亚，殖民地是国家生活的必需品，就像以前在希腊一样。

在发展程度低的民族中，很少能感受到对抗自然灾害、威胁整个族群以及共御外侮的团结力量。一种强大的团结力量，通过提高共同利益的价值，对大众文化产生了有利的影响。在北海沿岸的低洼地带，由于狂风暴雨和涨潮造成的堤坝破裂、洪水泛滥的共同危险，德国和荷兰产生了一种团结的感觉，并取得了重要成果。神话当中有对自然力量的抗争，如对付百头水螅或爬行到陆地上的海怪，而神话一开始就将其与民族在国家建立和文化获取方面争夺最大利益这一点联系在一起,这一联系意义颇深。没有一个民族比中国人更能显示这一点,他们的土地有着充足的溪流和沼泽地,这能够让他们的治水英雄尧、舜、禹等大展身手。在埃及历史上,人们对每年灌溉和标记土地的关注也产生了类似的影响,这在历史上显而易见。

[141]一般来说,使人们摆脱贫瘠的孤立状态的所有共同需求都必须具有促进文化的作用。更重要的是,他们通过强化组织工作以满足这些需要。国家由共同的主权和共同的需求创造。但是主权必须放在第一位。在欧洲文明之外,几乎所有的国家都被侵略者,也就是被外国人征服并统治着。民族的主体意识直到很晚才出现,如果民族的智识兴趣也同等地增加了分量,那主体意识就会成为形成国家的力量。由于这个原因,在几乎所有代表更大政治实体的国家里,都存在着不同的民族。起初是其中一个民族优于另一个民族,然后各民族互相磨合。只有在很小的国家,整个民族一直由单一民族构成。

生存空间：一项生物地理学研究

［德］拉采尔　著
袁剑、李倩　译

英译者引言

拉采尔的《生存空间》(1901)一文对翻译提出了各种各样的挑战。首先,拉采尔的写作风格是极其多变的。几乎接近诗歌的段落之后,是相当随意的描述性散文,此外,整个章节在结构和论证上似乎都是不稳定的。这就引出了一个问题,拉采尔是否将语言视为一套表达特定思想的工具,或者,他是否以一种更具创造性的方式来使用它。他的专业发展和《生存空间》文章的解读表明,这两者兼而有之。毕竟,他作为一名旅行记者的早期职业生涯,建立在以精心叙述来吸引读者的能力这一基础之上。尽管他的文学抱负在文章的后半部分逐步淡出,但这一才华在文章的开头部分还是有所体现。

第五和第六章节充满了印刷错误、重复或不合适的措辞、遗漏的单词和标点符号,种种因素表明拉采尔完成得非常仓促。我决定不在这里矫枉过正,而是让这篇文章在英语中看起来和在德语中一样奇怪。虽然有时候,我可以用脚注来加以调整和阐明——今天的一位德国编辑可能会提出类似的修改建议,但我试图尊重拉采尔的选择,用一种有点复杂,有人可能会说是浮夸的风格,来进行写作。

拉采尔引述了博物学、动物学、植物学、地质学、民族学和其他相关领域的学术作品,但不幸的是,他没有提供确切的参考文献,他在各个地方所给出的含糊不清的暗示,可能会产生误导(参见[原书]脚注25)。拉采尔引用的原始德文文献之处,我提供了英文翻译,但没有提供额外资料的翻译。不过,在少数情况下,这些资料最初是以英文发表的。我没有从拉采尔的德语版本中进行反向翻译,而是追踪了原始的英语文本,并添加了脚注,以证明我沿用了原作者的确切措辞。

如果要我来指明拉采尔的关键词的话,那就不是"生存空间",而是Leben[生命]本身。这表明他在生命体(the vital)方面有着丰富但却并不严谨的术语分类,在作者笔下,Leben-构成了20多个复合名词的第一部分,如Lebenskaft(生命力,life force)、Lebensfähigkeit(生存能力,viability)或者Lebensreichtum(生命的丰饶,abundance of life)等。本文探究的是进化过程(Lebensentwicklung, Lebenvorgänge, Lebensprozesse, Lebe-nsbewegung),生命的形式和表现(Lebensform, Lebenserscheinung),其基础与特征(Le-bensgrundlage, Lebenseigenschaft)。拉采尔用Lebensgemeinschaften(生命共同体,living communities)、Lebenschichtung(生命层次,the stratification of life)、Lebensstufe(生命阶段,life stage)、Lebensdichte(生命密度,density of life)、Lebensverbreitung(生命传播,dissemination of life)、Lebensverteilung(生命分布,distribution of life)或Lebensge-fäll(生命梯度,gradient of life)之类的术语,探讨了生命是如何组织起来的。在这些词当中,有许多没有直接的英语对等词,我有时会选择在译文旁边的括号里加上德语。拉采尔的新创词Lebensraum,按照现在英语中的翻译,可译为"生存空间"(living space)、"居住空间"(space for living)甚至"栖息地"(habitat),但值得注意的是,原文中的这一词汇,呈现为一组同义词,如Lebenssphäre(生活领域,realm of life)、Lebensgebiet(栖息地或生活区,habitat or living area)、Lebensfläche(居住表面,surface of habitation)和 Lebensreich(生活区域,realm of life)。

使用 Raum 或 space 复合词的辅音连缀不是太多。紧挨着 Lebensraum,以-raum 结尾的复合词,包括 Wohnraum(居住空间,habitation space)、Nahrungsraum(摄食区,feeding area)和 Bewegungsraum(活动空间,space of movement),而还有十几个复合词以 Raum-开头:Raumbereiche(区域,zones)、Raumverhältnisse(空间条件,spatial conditions)、Raumfrage(空间问题,the question of space)、Raumwirkungen(空间效应,spatial effect)、Raumeinfluss(空间影响,effect of space)、Raumbedürfnis(空间需求,need for space)、Raumbeschränkung(空间限制,limitation of space)、Raumverengerung(空间缩小,narrowing of space)、Raumenge(空间的弱小化,narrowness of space)、Raumverlust(空间损失,loss of space)、Raumnot(空间匮乏,privation of space)、Raumforderung(空间诉求,claim for space)。这些丰富的描绘或许表明,拉采尔的生存空间概念并没有我们通常想象的那么清晰。

这篇文章另一个值得注意的方面,是拉采尔用来描述迁徙过程的语言。人口流动被描述成一种古老的自然现象和所有生物共同的特征。他的用词模糊了人类和非人类动物及动植物之间的界限,通常将人类生活和人类社会联系在一起,以描述动植物生活:Gäste(访客,visitors)、Einwanderer(移民,immigrants)、Fremdlinge(外来者,foreigners)、alte Bewohner(古代居民,ancient inhabitants)、Bürger(市民,citizen)、Verwandte(亲属,relatives)。他甚至谈到了 Gefolge(随从,entourage),关于动物,则会开放它们的边界(Öffnung ihrer Grenzen)、它们的 Lebensbedingungen(生存条件,living condition)、Wohnplätze(居住地点,dwelling places)以及 Wohnungsnot(生存空间不足,shortage of living space)。然而,人类迁徙的历史受到了特别的关注,而且,拉采尔在这里使用的语言,透露出他对民族纯洁概念的深深迷恋。这是一个值得深入研究的方面,就像《生存空间》这一文章所表明的那样,民族主义的因素在拉采尔的文章中起着重要作用。

正如马克·巴辛(Mark Bassin)所指出的,拉采尔在其他文本中已经谴责了19世纪民族纯洁的拥护者,认为在实际上,民族混融使国家更为强大,在他对全球民族论的多样性评价中,有时展示了一种真正的泛人文主义。[①] 然而,在《生存空间》一文中,他还清楚地使用了他那个时代有关生理特征的民族主义术语——Rassenmerkmale[民族特征]——他相信这些群体是杰出的。因此,拉采尔将一些族群(雅利安人、黑人和蒙古民族)描述为稳定的,而将其他族群描述为 Mischrassen(混合民族,hybrid races)和 Übergangsformen(过渡形式,transitional forms)。拉采尔的语言是中性和描述性的,对于他所认为的"纯洁"和"混合"民族之间孰优孰劣,并没有给出明确的价值判断。尽管如此,读者可能会有他在浅肤色和金发的欧洲"雅利安人"和闪米特人以及含米特人之间加以对比的印象,他们的"混血儿式特征"(mulattenhafte Züge,英文 mulatto-like traits)是"黑人血统进一步混融"(beigemischtes Negerblut,英文 the added mix of Negro blood)的呈现,可能表明他认为前者是一个值得保护和保留的被围困和边缘化的群体。

作为一个有着半斯拉夫肤色的人,我可能对拉采尔的语言与民族主义意识形态产生共鸣的微妙方式特别敏感。用我自己的话重述这篇文章的时候,有时会感觉我在违背我生命的核心部分。当然,翻译一篇文章总是为了庆祝文化之间的交流与合作,并且这是一种抵制部落和国家必须以对方为代价,而争夺统治地位的观念的方式。但最重要的是,我希望这篇(英文版)拉采尔的《生存空

[①] M. Bassin, Race contra space: the conflict between German Geopolitik and National Socialism, *Political Geography Quarterly* 6(1987)115—134.

间》一文,有助于进一步深化并促进对基于民族纯洁及其空间包容和排斥的相关思想的起源和持续吸引力问题的讨论。

所有生命发展的条件都由巨大的地球力量所控制。个别案例似乎表明由纯粹的当地环境所决定,但是经过深入研究,我们很快会发现,它归根结底都与地球的基本属性纠缠在一起。

这并不是说,每一种植物和动物物种的历史及每个人和国家应该被归因于一个宇宙论基础,在过去,没有一个地区或城镇的历史被认为是完整的,除非它一直追溯到创世之初。但是,正如赫尔德的诉求再次开始被理解一样——也就是说,人类历史的哲学应该从星光闪耀的天空中降临——所以,我们必须要求生物地理学,包括人类地理学在内,将地球作为一个整体来考虑。地球上的所有生物都依赖于一个简单的法则:最大的和最小的生物都依赖于地球的基本属性。在其发展的漫长过程中,具有流动性的生命不会发现世界太大,以至于无法加以环绕,即使是分布最窄的一种生命形式,也与地球遥远地区的其他生命形式有着千丝万缕的联系。只有在卡林西亚的一些高寒草甸中才有的特殊类型的薄荷的历史,比利牛斯山脉一个高山山谷中食虫动物的历史,以及非洲丛林里最小的俾格米人部落——他们都带有作为一个整体的地球的大小和形状、运动、质量和物质所构成的生动标志。

一 地球上的生命和空间

任何想要在地球上拥有空间的东西，都必须利用其表面5.06亿平方公里的有限面积。因此，这个数字代表了涉及生命史的第一个空间因素，也代表了最后一个空间因素。它决定了其他所有的因素，是其他因素的衡量标准，它包含所有物质生活的绝对限制。这一因素在整个人类历史中，实际上是不可改变的，尽管我们不能认为它在整个地球形成或整个地球的生命中是完全不可改变的。许多地质学家相信，地球曾经更大，并随着它的冷却而收缩；地球随着撞击陨石而增长的事实，也很明显。然而，无论是收缩还是膨胀，都不太可能显著地改变我们能够观察到的任何生命形式的历史。这两个过程——地球大小的增加和减少——都是非常难以研究的，因为它们在很长一段时间内展开，而且我们几乎不可能在可预见的将来揭示这一点。

无论如何，当我们大致基于我们今天拥有的相同表面积，一开始就在能够评估的时间里假设生命的发展，这样的做法没有犯严重的错误。因为，即使有一天由于冷却和收缩而导致的尺寸减小可以得到验证，这似乎仍然是相当可疑的，但是，由于宇宙质量的影响而导致的缓慢增大是肯定的。这两种效果可能会相互抵消。但是，即使我们得出地球的表面积并不是在行星形成的所有时期

一 地球上的生命和空间

都是恒定的结论,我们仍然可以假设,它在同时期内保持基本稳定。例如,我们没有理由相信地球的表面积在地球历史的那部分发生了实质性的变化,在那一部分的化石中保存了生命的证据。《挑战者报告》(The Challenger Report)的作者默里(John Murray),确实认为更大的太阳对近极地区志留纪海洋珊瑚礁起到关键性作用,但是,没有一位具有类似权威的自然科学家将这种近乎虚构的大胆假设性幻想带到地球历史的任何其他部分。[1] 因此,在本研究中,让我们继续假设一个表面面积,在其不断变化的性质中,它基本上稳定的扩展是一个恒定的生命参数。

地球上生命的整个发展仅限于一个相同的表面积,这一事实,意味着所有内部生命形式以及影响生命的外部因素,都集中在该表面的紧密边界内。在发酵液中,产品的性质取决于整个发酵过程是在密封容器的密闭空间内进行,还是露天与空气和水无阻碍的相互作用;同样,地球上生命的发展,主要取决于其局限性。生命总是猛烈地冲击着这些限制,但从来没有突破它们,因为它是固着于地球的。它被迫回头,必须一次又一次地走回头路,一次又一次地踏上老路。

在这些空间条件下,生命的进化成为一个总和的过程。地球上的生命包含了大地、太阳和宇宙影响的总和,这些影响相互渗透,从生命最初萌芽的那一刻起,一直到今天,它们都在相互斗争,相互促进。即使是地球上的非有机部分,有时也可以用碰撞宇宙质量的积累来解释,尽管这个总和的过程和所有其他非有机过程一样,使物质保持不变,并排排列,或者至多让它们进入简单的化合物;与此同时,生命,从相同的基本物质中不断形成新的复杂化合物,通过轻微的修正,它发展成新的、更复杂的形式,这些形式得

---

[1] 默里爵士(Sir John Murray,1841—1914),英国海洋学、海洋生物学和湖泊学的先驱者。

到更好的调整,从而更有效、更高效。在我们星球相对狭窄的空间内,作为生命基本属性之一的变异性,对生命形式具有增强和推动作用。因此,外部影响的迅速变化,以及生命形式与生命形式的密切接触,导致地球表面积的缩小,从而导致均衡、适应位移和新物种的形成。

二 地球表面积的变化和生命的发展

地球表面在其不可改变的范围内不断发生变化。

当然,我们倾向于谈论生命的可变性,而不是生命赖以为生的土壤的可变性。生物的可变性是研究生物的基本原则之一,但事实上,这种可变性的一部分是由生存条件的改变引起的,而生存条件的变化又取决于土壤,这在实践中很少被意识到,即便没有人能在理论上提出质疑。地球的内部性质与天体的影响共同作用,使地球上的生活条件保持不间断的波动。生存空间的数量,气候区的位置和范围,陆地和海洋,都在不断变化,地球的高度和深度也随之变化。换言之,生命基础的可变性不间断地改变着外界的生存条件。当地球表面、土壤、水的分布以及气候的重要性足以对生活领域产生影响时,并且当它们分布广泛且反复出现时,它们就必须对生物世界的可变性施加强大的影响,触发它但同时也引导它。最重要的是,它们将控制发生改变的空间的位置和广度,其自身也以新的形式传播和确立。它们指明了新的栖息地,它们连接、分隔、开放、限制它们。在有机发展中,无机变化不仅具有刺激作用,而且具有引导性和结构性的作用,这并不矛盾(尽管听起来可能如此)。

如果我们必须将每个物种、品种、民族①的生存空间视为其本质的一个组成部分,那么,我们还必须考虑到该空间的形态和气候变化,我们必须回首与我们今天所知完全不同的空间。当考虑到一个分布区域的位置、面积和形状时,一般的趋势是,只有在其他所有手段都失败的情况下,才会指出土壤和气候的变化;与此同时,在逻辑上说,我们接受这种变化也是必要的。

在地球上的有些地方,地球历史仅仅代表过去的某个时期,那里曾经生长过热带植物;今天有温带的植物,明天的生命将缩小到极地的狭小和贫乏地带。昨天曾经是海床的地方,今天我们有低地,明天叠山就会升起。完成体的岩石将会碎裂、崩塌、崩解。更常见的是森林和沙漠、海洋和草原交替的情况。的确,这一重组过程的大部分进行缓慢,但其步伐并没有慢到以至于我们可以掌握的程度,例如,任何一个目前生存在世界上的人类民族的历史,而不考虑地球表面如何在民族的存在过程中发生变化。欧洲民族产生于一个既不了解北海,也不了解波罗的海的欧洲,不了解目前广阔的地中海,更不了解欧洲与亚洲之间的广泛联系,而这种联系现在是双重大陆的特点。欧洲民族的发展可能比我们所设想的更为深入,因为这是由那些曾经居住在北非、西亚和中亚的肥沃地区的人们造成的,而这些地区现在都是沙漠。

当空间在其环境中进行重组时,它也常常会像生存空间一样发生变化。冰河时代结束之后,北极和北纬45度之间的气候变得温和,北极动植物的栖息地曾经覆盖了该地区的整个广袤地区,如今已经缩小和分裂;以前占据整个领土的北极动植物,现在只有在其生存条件得以维持的地方才能找到:北极和高山地区。相反的

---

① 在德语中,Rasse 既可以指人类的种族,也可以指家养动物的品种。如果上下文清楚表明拉采尔所指的是人还是动物,我就会选择合适的英语词汇。否则,我会提供两种词汇选项,如种族(race)或品种(breed)。

情况，发生在冰河时代之前，当时北欧大陆的气候变得更加恶劣，并且在第三纪末期的时候，出现了地面沉降；那时，习惯于温暖气候的生物，其生存空间变得更小了；越来越少的生物在雪原和冰川之间的土地上找到了空间。在这种情况下，某一特定区域内的生物数量首先会下降，这也会导致物种、属和科的数量逐渐减少，从而导致个别生物和今天北极地区生物物种的稀少。

然而，即使是在冰河时代，也不能接受在一个广阔的区域内彻底灭绝所有生物的做法。就在几十年前，没有人怀疑火、水或冰间歇地摧毁了横贯广大地区的所有生物，在此之后，枯萎的土地上出现了新的生命，但今天，我们拒绝接受这场灾难，即使在这种情况下，似乎有可能发生这样的事情。当然，我指的是冰河时代。诚然，对于冰河时代的科学家来说，旧前提仍然是有效的。

即便在英格兰南部，格基①认为，在冰河时代的鼎盛时期也几乎没有留下任何植被的痕迹；他认为只有当气候变得稍微温和一些时，北极的动植物才会占据这里。鳞翅目昆虫学家似乎仍然理所当然地认为，在冰河时代，北欧和中欧蝴蝶群系遭到了彻底的破坏。霍夫曼②只让剩下的在最南端的地区生存。研究欧洲陆地蜗牛群的人也提出了类似的观点。与此同时，植物学家们坚决反对破坏洪积冰河时代③的生物。

事实上，当我们考虑到例如格陵兰岛这样较之英格兰或苏格兰更完全地被冰雪覆盖的地方的植物分布时，当我们观察到那些得到沿海入口和沿海岛屿的庇护从而获得绝对富余的密度和多样性生存条件的386种开花植物和其他存活下来的隐花植物时，我们就不能坚持在冰河时期的北欧和中欧那些没有被洪积冰覆盖的

---

① 格基(James Murdoch Geikie,1839—1915)，苏格兰地质学家。
② 霍夫曼(Ernst August Hofmann,1837—1892)，德国鳞翅目昆虫学家。
③ "洪积冰河时代"(diluviale Eiszeit)一词已经不再使用了。今天地貌学家会用冰川、冰期或冰河时期的说法。

地区所有生命都会逃离或毁灭的观点。纳索尔斯特①认为,尤其是全球变暖将格陵兰岛目前大部分的植物群归功于在那里度过冰河时期幸存下来的原种。就爱尔兰而言,福布斯②已经在动植物中验证出了一种卢西坦统(Lusitanian)元素,暗示它与欧洲西南部有关;其他研究者也在英格兰和威尔士发现了这种元素。它一定是在不列颠群岛的冰河时代留存下来的。科贝尔特③甚至认为现在中欧的陆栖蜗牛动物群几乎全部是冰河时代之前幸存下来的。

到目前为止,我们很少注意到这样一个事实,即土壤的生命膜在地面上经历的变化,一定与土地在垂直方向上经历的变化相同。如今的阿尔卑斯山上,并不全是山脉;岛屿、平坦的沿海地区和丘陵地貌轮流出现。高山生存环境的古老元素,极有可能见证了山地和高山土壤的变化。在这些变化的过程中,作为地球表面一部分的空间保持不变,但其内部性质发生了巨大的变化。这样的结构调整,将广阔的地形转化为一排孤立的小区域,将气候相同的空间转化为一排相邻的气候带,离这些高山最远的那一条,则将生命分割成座座孤岛,甚至在很大程度上消除了它。就像在这种情况下所发生的那样,一个狭窄空间里发生的生存条件的变化,必然产生新的生命形式,特别是在这个意义上,我们可以说,山是创造的中心。如果我们想象在统一平面上的生命,在相应的统一条件下处于平衡的话,那么,同样地,在地面移动的情况下,我们必须把它看作是分裂的、伸展的、拥挤的,并受到变化多端的气候影响。

对古老物种生存条件影响最为显著的土壤,是由文化所发展和重建的;在我们眼前,它为文化带来的移民创造了新的生存条件。它们从旧的耕地扩展到新的耕地。阿比西尼亚(Abyssinia)

---

① 纳索尔斯特(Alfred Gabriel Nathorst,1850—1921),瑞典植物学家和地质学家(拉采尔将他的名字误拼作 Rathorst)。
② 福布斯(Edward Forbes,1815—1854),马恩岛的博物学家。
③ 科贝尔特(Wilhelm Kobelt,1840—1916),德国动物学家。

有一系列源自地中海的野生作物和杂草,一直延伸到它的高山地区。这就产生了许多意义深远的联系,因为德国农田、田野和花园和植物外膜(flora adventitia)在很大程度上也起源于地中海。同样,在热带地区的所有耕地中,物种数量显著增加,这是由于引进了印度、东非和安地列斯群岛等世界遥远地区常见的所谓杂草。加上大量曾经在野外稀少但在耕地上突然大量培植的植物,这就是北美和南美森林和草地上的植物在德国成为野草的原因。

地球表面最重要的变化特征是由陆地和水体组成的,它通常分为液体和固体成分,它们的数量在整个历史时期都是不尽相同的,但可以肯定的是,这种划分一直存在,换句话说,地球表面总是有陆地和海洋,或者干燥和潮湿的成分普遍覆盖了地球表面,即使有许多证据支持生命产生于潮湿条件的观点,但生存空间最初必须受到干湿划分的限制。

最初,只有潮湿的环境才能孕育出生命,而干燥的环境则无法做到。没有任何理由可以相信,在我们能够评估的时期,地球应该被水均匀地覆盖着。相反,志留纪动物群的差异表明,那时已经有陆地和岛屿将洋面划分为海洋:志留纪动物群一定生活在遥远的大陆海岸上,彼此间的接触并不像今天的大西洋中部和太平洋那样频繁。这里表明的是土地和水的显著属性,即隔离那些生命将继续进一步发展的地区,以便陆地上的生命和水生生命像两个互相接触的独立世界一样并存,但是,仅仅是作为陌生者存在。陆地限制了水生生命的空间:水限制了陆地生命的空间。即使对像海洋居民一样统治着水域的人类来说,土地仍然是生存的要素(Wohnelement)。① 人类地理学和政治地理学对海洋在国家生活中的重要性,有很多可说的话。然而,只有 1.35 亿平方公里的土

---

① 德文原文是"wie ein Landbewohner"[就像一种陆地生物],但是这一定是个错误。从逻辑上讲,我们所读到的应该是"wie ein Wasserbewohner"[就像一种海洋生物]。

地构成了人类生存的土壤,其所有的运动从陆地上分离,又返回陆地。民族国家的增长,首先依靠的是今天地球上总计1.35亿平方公里的土地。

鉴于地球上的陆地和海洋一直在不断地改变,而且眼前依然在发生变化,生存空间对于水生生物和陆地生物来说,也在不断地变化。地球表面的划分并不总是像现在这样不平等,水所占的空间几乎是陆地的三倍,但是,栖息在水里和陆地上的生物,总是不得不分享地球的表面。因此,我们必须把陆地动植物的繁荣看作是在地球四分之一或至多三分之一的地区发展起来的。然而,对于那些即使在今天也很普遍地相信陆地只是在泥盆纪才开始出现的人来说,最早期的陆地生物所栖居的最早期的空间,肯定更加有限。这种信念似乎是目光短浅的灾难论地质学的残余,是纯粹的疏忽造成的。毕竟,志留纪时代陆生生物化石的缺失,也就是说,在完全不存在化石的古地层之上,并不能证明当时还没有形成任何陆地。

如果水和土地一直存在的话,那么,一定会有大大小小的陆地区域和海洋,因为地壳通过小部分移动来自然地对凹陷、抬升和移位或折叠作出反应,这就是为什么它的构成是马赛克状的,一些陆地区域只能被看作是巨大的角砾岩。目前在海洋覆盖的更大区域内的陆地划分,只是过去大陆的无数种划分之一。重建以前的大陆、岛屿和海洋,是地质学最伟大和最美丽的任务之一。今天划分陆地的方式的特点在于几个大洲、少数大岛和无数小岛,以及两极周围最大的陆地群的排列,而两极又被相互连接的北海和南海所包围。大陆分为横跨南北半球的三份,其中三片地中海分布在这两半球之间,这可以看作是现今分布的一个特征。事实上,它并不总是这样,而是在地球历史的很短时期内有所不同,这一点从北海、英吉利海峡、地中海的大部分地区和波罗的海等地层的年轻就可以加以证明,这些是在第三纪以后才发展起来的。

二 地球表面积的变化和生命的发展

然而，纵观地球历史的每一个时期，地球上的生命都标记了当时陆地和水体的分布。在今天的生命分布中，我们可以非常清楚地看到另一个在它之前的生命的痕迹。举一个例子：地球的南部并不总是那么遥远，南极洲也并不总是像今天这样贫瘠。南美洲和新西兰的南洋杉，北美洲和澳大利亚的有袋类动物，澳大利亚、南美和南非的鱼类，甚至是生活在沿海的较低等的动物，都证明南半球过去是连在一起的，而且南半球的陆地过去是以绕极方式排列的，就像现在北半球这样。

三 作为生命特征之一的空间掌控

谈到生物的流动性,我们认为运动是生命的一般特征。生命是一种总是返回到给定形式的运动;生命是由外部刺激触发的内部运动的总和;生命以不变的形式进行新陈代谢:显然,在生命的所有定义中都体现了运动。如今,这种生命首先是有机体的一种内在事实。但是,内在的生命总是会产生外在的运动。有机物质的每一次增加、每一次生长、每一次繁殖都意味着空间运动;每一次运动都是对空间的掌控。这就产生了大量的地理应用和解释。

植物的分枝和珊瑚的分支是空间扩展的例子。橡树的两叶胚芽几乎不占任何空间,生长成一棵树的千片叶子,其阴影以平方米计;珊瑚以辐射状的分裂和萌芽形成珊瑚礁,这些珊瑚礁在澳大利亚东部海岸形成了绵延15个纬度的带状区域;苔藓生枝生芽,以泥炭沼泽的形式,覆盖了一个面积为数千平方公里的地区。我们无权询问空间掌控(Raumbewältigung)是否通常是生命的表现和生命的标志?

生命的运动是全方位的。源头是可以移动的,但它的水沿着地球引力的方向流动,而它所产生的水流则无情地沿着同一条小河和同一方向流动。生命的运动不一定取决于地球引力,它向四面八方蔓延;其原因在于有机体本身,它不需要任何外部因素来激活其有机运动能力。正是在生命形式的链条中,空间的掌控实现了它的发展,或者更准确地说,它的发展通过各种手段,在所有生物群体中实现了伟大的成就。在我们所知的所有生物中,与自愿改变位置不同,最简单、最原始的运动、生长,最终导致高度有效的非自愿或被动运动形式。最小的植物和动物,它们的结构简单、体积小、处于休眠状态,是鼓励主动和被动繁殖的因素。因此,我们在世界各地以及淡水和海水中,都发现了相同的变形虫;热带纤毛虫能够转移到欧洲,而不会引起我们动物群特征的重大变化,我们从阿尔卑斯山的湖泊中提取的浮游生物,几乎与安第斯湖中的浮游生物含有完全相同的微生物。

我们发现,活跃在更高层次上的所有运动机制,是能够在有机物质中发展的。即使是运动非常迅速的纤毛虫类,也会有纤毛,它们在动物界的所有种类中都会重新出现,最终只能支持生物体内部的运动。鞭状体、气囊、帆、帮助在水中上升和潜水的组织;用于飞行、爬行、行走和攀爬的组织;大自然尝试了一切:有些东西被保留下来了,许多则显然不予考虑;其他东西的宽度和高度都有所提高。鸟类和哺乳动物的飞行和阔步行走机制,属于最完美的可想象状态。此外,感官和许多所谓的本能的发展,都有着与运动机制相同的目的。所有器官的生长、内部地位和质量都被服务于空间掌控,从而成为这些组织在各个层次上的主要目标。甚至在发展过程中,也表达了这一目标。昆虫和许多其他动物的变形,通过将处于移动状态的动物转移到不同的觅食地,来促进迁徙。变形通常意味着出现位置和食物的变化。毛虫可以被束缚在它赖以生存的特定植物上,因此它的分布是有限的;蝴蝶则不是这样,尽管它的分布受到它对毛虫的依赖性的限制。也就是说,在大多数情况下,分配条件的数量和种类,随着这些变化而增加。蝴蝶的巨大灵活性和独立性,也很可能促进了毛虫对新的食用植物的适应。更重要的是,毛毛虫并不像我们想象的那样,被奴隶般地束缚着。在加拿大,美洲大芷凤蝶从南方来到加拿大还没有很多年,它在芸香科中就已经发现了食用植物。

螳螂或口足类动物在海洋中的分布,据说从幼虫期的长期生存中受益匪浅。这是因为幼虫的透明度为它们提供了保护,同时,它们也有很大的移动性。这种组合发生在其他海洋生物中,最明显的是棘皮类动物,它们的两侧对称、透明,乍一看,和移动的幼虫似乎属于一个完全不同的动物群,而不是带着钙质板的静止或缓慢移动的放射状棘皮动物。

如果旋毛虫幼虫不想随着肌肉被包裹而死亡,它就必须迁出。珊瑚虫,如果不是因为它自由流动的早期生命,将永远继续建造同样的珊瑚礁,在那里,它的蓬勃发展很快就会达到极限。一只陆地蜗牛在它的整个生命周期中,其活动范围只有几米之遥,这似乎是个例外,但是,它也能在漫游中找到富有营养以及避免寒冷和干燥的栖息之处。漫游作为一种重要的趋势,也许是最重要的,意味着大自然以此防止一个新形成的物种灭绝(西姆珀[①])。

除了这些关于速度运动的各种规定外,其他手段得到了发展,目的是维持一个获得的地方,并确保在最近的环境中取得缓慢、稳定的进展。这些方法在植物王国中得到了最大的发展,尽管动物王国也呈现出一些从它们固定的地方慢慢增殖的形式。只有少数基础植物通过游动孢子传播。其他植物的自发活动非常有限:它们从附着的地方生出根,产生芽,长出嫩枝。相反,在植物中,一个重要的角色落在运送和驱动上。它们的种子和生殖细胞通常比动物的更适合这一点。

这一简单的进展——通过种子的传播、根的生长、萌芽——能够迅速产生可观的效果,这可以用每一片草甸的自发成林、所有冰川土壤的绿化、在几年内灌木覆盖的每一片空地来加以证明。

[①] 西姆珀(Karl/Carl Semper,1832—1893),德国民族学家和动物生态学家。

1837年,在那次将114个村庄、4011人和400万棵咖啡树埋在岩浆中(据说有些地方的岩浆已经达到了15米的高度)的可怕火山喷发仅仅14年后,容洪①探访了这座位于爪哇的加隆贡(Galung-gung)火山,令他大为惊讶的是,他发现新的火山土壤"被植被密布的荒野所覆盖",那里有大量的伞竹、木贼科、芭蕉目和树蕨类植物,当地的树木已经高达50英尺。可以肯定的是,这一地区位于茂密的热带,而加隆贡的黑泥似乎具有极大的肥力。

不仅最微小的生物,如硅藻、裂殖菌,以及纤毛虫类和轮虫,在它们的被动迁移过程中,都是被气流携带的;风还传递着较大动植物的生殖细胞。海洋岛屿植物群中的大部分产孢蕨类植物和苔藓,都为这一现象提供了证据。在1883年喀拉喀托岛火山爆发后,生物重新定居的案例中,风的影响比海浪更大。它们携带蕨类植物的孢子和开花植物的种子,进入新形成的内陆地区,横穿20公里宽的狭长港湾,而海滩植物群完全不同的特征,则是从被冲上岸后形成的。

第一批到达喀拉喀托岛的17个物种,是生命的先驱,其中包括11种蕨类植物和2种苔藓,即孢子载体,以及4种复合物,带着具有高度运动能力的种子。干旱沙漠中的水池开始被蝌蚪、介形类动物和其他动物占据,这是在倾盆大雨之后的几天形成的,这一事实让人想起马诺②对努比亚沙漠的观察,即随着这样的水池蒸发而形成的纸一样薄的外壳中,含有大量的种子,这些种子干燥后,随着灰尘吹来吹去,一旦浸入潮湿的介质中,它们就重新复苏过来。当含有孢子的结构配备弹射机制时,孢子一旦成熟就会弹出,就像高等植物(如凤仙花科的喷瓜)排出种子一样,运输当然更容易。距离较短时,风比波浪更有效。它不仅适用于水平的山地

---

① 容洪(Friedrich Franz Wilhelm Junghuhn,1809—1864),德裔荷兰植物学家和地质学家。

② 马诺(Ernst Marno,1844—1883),一位在东非的奥地利探险家。

平原环流,还连接着高低海拔地区的生命。此外,空气对种子的危害并不像水,尤其是咸水那样大。

气流还携带着更大的动植物生殖细胞。达尔文提到了水甲虫细纹龙虱(Colymbetes),这是一种笨拙的飞行者,降落在他离岸85公里的船上;一只小小的长角甲虫在离岸920公里处被捕获,在西非海岸370公里以外,捕获了一只直翅类动物——所有这些,都证明了风力运输的影响。在动物身上,运输方式的多样性也为这种[气流/风力]运输提供了便利。如我们所见,蜘蛛网在就像微型气球一样在海面上飘荡了100多公里:一只小蜘蛛坐在吊舱里,也就是在网的一端,完成了它的旅程。在印度的夏季,用细线一样的蛛丝飞行的蜘蛛,与移动的幼虫阶段形成鲜明对比,尽管这些微小的蜘蛛中的许多,永远不会成熟到可以编织更多的蜘蛛网。

我们从榆树、枫树和许多针叶树的果实中得知,减轻种子重量并促进其降落伞式飞行的附属物,往往有助于确保它们在与其本土相邻的空间内均匀分布,而不是将种子运至更远的距离。事实上,欧洲南部的高海拔树木,如枫树和冷杉,在非洲的高山地区是没有的,这表明它们的种子迁徙能力有限,尽管它们有翅膀。许多用茸毛和细叶制成种子头的植物也是如此,但它们的传播距离往往无法超过缺乏这些机制的相关植物。

我们称为红树林区的热带沿海森林的红树林植物和其他居民(Bürger)是通过海流分布的极好例子。它们的地理分布表明,它们在同一片海域之间有着密切的亲缘关系。印度的种类在塞舌尔和马达斯加仍然很常见,但在东非很难找到。西非只有其中两个物种,但是,来自西印度群岛的同类事物在这里占主导地位。东非的印度物种都结耐海水的有浮力的果实。虽然许多植物种子失去了在海水中发芽的能力,但马汀[①]的研究表明,在98

---

① 马汀(Eduard von Martens,1831—1904),德国动物学家。

个不同的种子中,有18个种子在海水中泡了42天后仍能发芽。

通过海流运输的概念,也在动物的例子中得到了支持,其中一些分布区对应于被洋流席卷的区域。如果僧海豹(monk seals)以前被认为是与地中海有关的,出现在加那利群岛和马德拉海岸,而且,如果太平洋的耳海豹(eared seals, otraiids)从南极地区向北延伸到被寒流冲刷的河岸,而如果加拉帕戈斯群岛的耳海豹与加利福尼亚群岛[的耳海豹]属于不同的属,那么,我们就会看到东太平洋寒流和沿海水域的影响,它们被温暖的巴拿马洋流贯穿而过。

由上千个吹向陆地的波浪组成的海岸流,带着动物和它们的种子沿着海岸穿过很远的距离。只有在偶然的情况下,这种迁徙有时会被详细观察到,就像1869年第一次观察到的,常见的玉黍螺沿着北美大西洋海岸缓慢向北移动。从那以后,它一直延伸到纽约附近的长岛海峡。沙蛤可能是和牡蛎一起到达的,正沿着北美太平洋沿岸向各个方向前行。同样的运动,也会到达靠近大陆的岛屿。从阿斯图里亚斯到布列塔尼,再到爱尔兰,比斯开湾沿岸的许多植物形态表明,它一定促成了这种非常奇特的分布。

通过洋流运输,浮木提供了最清晰的指示。在探索西伯利亚和东格陵兰之间的北冰洋之前,我们对洋流知之甚少,这些洋流是根据西伯利亚林木在格陵兰岛海岸上的分布推断出来的。其指出了格陵兰岛北部的海洋边界,表明在此之前,它就是一个岛屿。挪威海岸上被冲上岸的木头,是北大西洋洋流最早的标志之一。作为一条突出岛链的罗弗敦群岛,特隆姆瑟海岸则获得最多的树木。最常见的木材是加拿大落叶松,它的树干长达10米,其次是韦茅斯松树和其他树种;种子中有椰子和葫芦,类似的榼藤(Entada scandens)和刺果苏木(guilandina),简言之是热带树种。随着过去大量生产漂流木的森林不断减少,漂流木逐渐消失,但其他漂流物继续在海洋中纵横交错。依附于浮木和漂流物,以及海鞘、管状蠕虫、蛤类、足丝贻贝、息肉状的水母和苔藓类动物,各种各样的生物都在进行远洋航行。众所周知,鲫鱼头上有一个特殊的吸盘,帮助它抓住物体。因此被命名为亚口鱼(suckerfish)。

南赤道洋流及其延伸的马斯克林洋流在1886年和1887年将大量可能是喀拉喀托火山爆发出来的浮石,带到了伊丽莎白港。随之而来的是马来群岛的各种生物:一种有毒的水蛇(Pelamys bicolor)、一些大鳐以及一些颌针鱼。洗净的桃金娘果实被栽种后,长成一棵棋盘脚树(Barringtonia Speciosa)。

事实上,在克喀拉喀托火山爆发后,大量浮石漂浮在印度洋附近;在这当中,有连根拔起的水边树木,在那里发现了陆地动物,甚至爬行动物。

在其他海域,也观察到了这样的情况,从航海日志中收集有关这一主题的更多重要数据,将是一项很好的工作。这里仅举一个例子:1892年夏天,人们反复观察到一个漂浮的岛屿,一块面积约1000平方米的土地,由树根连接在一起。随后是北纬39.5°至45.5°,西经65°至43°,即与亚速尔河大致相同的纬度,位于墨西哥湾流的路径上。在这里,奇怪的是,澳大利亚大陆分布区以外的所有有袋动物都是攀爬的树栖动物,能够在漂浮的树干上漫步。陆地蜗牛如此牢固地附着在地面上,它们一定是以同样的方式跨过了海洋的狭长港湾。西姆珀[①]报告说,在菲律宾显著的物种多样性中,最常见的蜗牛是那些有壳的蜗牛,它们栖息在泥土或树木的裂缝中。

浮冰的生物地理效应,在承载力、连通性、分布性和流动性方面都超过了所有其他自然运输方式,这些条件都适用于冰。在北冰洋北部,我们还有一个额外的好处,即海洋被巨大的陆地所包围,且岛屿星罗棋布。北极熊和北极狐的名字,本身就暗示了它们与冰的密切关系,事实上,它们是漂流冰上的常客(Gäste),毫无疑

---

① 西姆珀(Max Semper,1870—1952),德国地质学家和古生物学家。

间,它们在漂流的冰上,从大陆到大陆以及在岛屿之间进行旅行。如果奥地利的扬马延(Jan Mayen)探险队在冬季只发现了北极熊,这肯定意味着这只动物是和冰一起移动的。同样地,它出现在熊岛、冰岛和纽芬兰、弗兰格尔岛,在过去也出现在挪威北部。帕里①在北纬82.5°的斯匹茨卑尔根以北的海域发现了北极熊。北极狐以能从一块浮冰跳到另一块浮冰而闻名。它所生活的霍姆斯和岛屿间,只能经由冰上联通。狼也曾出现在浮冰上,而海格林②相信驯鹿和旅鼠是经由浮冰到达斯匹茨卑尔根的。在驯鹿的例子中,我们必须摒弃通过冰面迁徙的观念,因为它属于欧洲的古代栖息动物(alte Bewohner)。

一种与被动运输有关的现象是,一种有机体作为另一种有机体的随行者(Gefolge)的一部分而迁移。当反刍动物在南非和北美的草原上迁徙时,它们总被捕食者跟踪;北极狐在迁徙的旅鼠周围成群出现,就像食肉鱼护送迁徙的鲱鱼和金枪鱼一样。也许在仓鼠年(Hamsterjahren)中经常提到的欧洲艾鼬的扩散,也是一种类似的现象。

较弱的有机体自然会被较强的生物所吸引,作为它们的随从之一,它们征服了自己永远无法获得的空间。大鼠(Mus decamamus)的分布范围,不仅表现出对人类分布区的依恋,而且还延伸到了人类分布区域之外。很少有其他动物表现出如此深层次的与人类联系的分布;然而,家鼠已经扩散到无人居住的圣保罗和阿姆斯特丹群岛,这些岛屿仍然位于人类生活区(oecumene)之外。同样,雪田鼠(Arvicola nivalis)穿过巴伐利亚阿尔卑斯山的积雪线,生活在没有山地牧场可以利用的高度。小红蛱蝶(Vanessa cardui)作为一种杂食性的蝴蝶,主要以杂草为食,与人类的联系更不

---

① 帕里爵士(Sir William Edward Parry,1790—1855),英国海军少将和北极探险家。
② 海格林(Martin Theodor von Heuglin,1824—1876),德国探险家和鸟类学家。

牢固，但它的分布几乎与人类相重叠。

最后，大型动物只是作为运输工具为较小的动物服务。寄生虫在它们的"宿主"上或在它们的"宿主"体内迁移，并汇集成群。自从达尔文提出动植物的生殖细胞在水生鸟类的蹼足、喙、舌头和羽毛上携带的事实之后，研究人员就在这些器官上，发现了种类最多的低等动物的卵子、被包裹成囊的微小动植物、硅藻、羽苔虫的芽球、介形类动物的壳、水蚤类动物、旋轮虫、根足类动物，以及其他几种。当厚缘藻属蟾蜍（Bufo dialophus）在夏威夷是唯一一种真正的美洲蟾蜍，而且在波利尼西亚一只都找不到的时候，我们可能会认为它们一连串的卵子是由在美洲西北部和夏威夷群岛之间周期性迁徙的水鸟传播的。哺乳动物的绒毛或毛皮带走了附着在里面的植物种子。维尔科姆[①]提到，羊群从埃斯特雷马杜拉和安达卢西亚的冬季牧场，将大量植物带到了卡斯蒂尔、里昂、纳瓦雷的高原地带以及山区。依靠放牧畜群获得滋养的动植物，它们向山上的迁移发生在高山农耕的所有山区。在东非，游民的羊群将大量植物从草原引入山区的植物区系当中。达尔文甚至认为，在乔诺斯群岛的一些岛屿上，小型啮齿动物的特殊分布，可能是由于大型捕食性动物将这些小型动物带进了它们的巢穴。

---

① 维尔科姆（Heinrich Moritz Willkomm，1821—1895），德国植物学家。

四　征服还是殖民？

如果说这些被动迁移的情况令人感兴趣,那是因为它们证明有许多方法可以增强生命形式的自然移动。然而,从生命形式的实际分布来看,大量的辅助被动迁移的工具,不能说像达尔文和华莱士以来许多人声称的那样有效。特别是,岛屿上普遍存在的条件,使人们对风和浪的被动移徙应该带来持久结果的假设,产生了无数反对意见。达尔文在实验上证明,有肺类的圆口螺(Cyclostoma elegans)和蜗牛(Helix promatia)如果用一个保护盖封闭它们壳口的话,就能在水中存活相当长的时间,然而,尽管它们在西欧和英格兰大陆分布广泛,但在爱尔兰却没有发现,更不用说像加那利群岛和马德拉这样的偏远岛屿了。同样引人注目的是,据说我们拥有的那些所产的卵很容易被传播的青蛙和能够在树干上横渡的爬行动物,在邻国爱尔兰却没有。相反,岛屿特有的大量生命形式——在某种程度上,生命形式似乎具有高度的可传递性——表明,我们不应过分重视动植物的"运输手段"。

安的列斯群岛距离新大陆很近。巴哈马群岛靠近北美洲,古巴靠近中美洲,特立尼达靠近南美洲,因此形成了美洲两部分之间的一条链条。然而,它们的生物地理自主性是非常显著的。这些岛屿没有一种美洲大陆上的大型哺乳动物,没有掠食性动物,没有猴子,没有贫齿类动物。啮齿类动物非常丰富,尽管它们被从欧洲引进的老鼠挤散了,而且还有附近大陆上没有出现的大量食虫动物,但它们显示出与非洲的关联。南美洲的一些大型哺乳动物,仍然生活在特立尼达岛;这与该岛屿与大陆之间的前一种联系相对应,它的地形也证明了这一点。目前,它也缺乏猴子和热带熊,在分布方面与它们形成了密切的联系。

鲍尔(Baur)对加拉帕戈斯群岛的探索,为我们提供了一个截然不同的形象,即岛屿对新生命形态的形成和保存的影响,而不是达尔文稍纵即逝的观察。[1] 在 12 至 15 个小火山岛中,几乎每一个都有自己的生存环境。有的鸟类,物种和强大飞禽的亚种,只出现在一个岛上,而且一些巨型龟的种类,仅限于一个单独的岛屿。在爬行动物类嵴尾蜥属方面,没有一个岛屿有这么单一的形态,每个岛屿都有一个独特的种类,壁虎和蝗虫的分布也遵循相似的模式。在 181 种特有植物中,只有 128 种在一个岛屿上发现;嵴尾蜥属的情况经常重复,即某一属的每一种都有自己的特殊岛屿。这就是鲍尔所说的和谐分布;这是一个单一亲本物种的变异的渐变过程,随着距离的缩短而减少,其相邻的生活区已被分割。偶然的迁移并不能解释这一点,只有一种古老联系的解体,才伴随着分离与分化。我们在这里看到的"迁徙",是植物或动物群在相邻地区的逐渐扩展。

这里最重要的不是迁移,而是定居在一个地方,并且从这个地方扩展(Fortwachsen)到另一个地方。自然总是确保生命的运动;难点在于坚持运动所获得的新领域,无论是主动的还是被动的。我们谈论移徙问题太多,但很少考虑解决问题及其挑战。如果生物地理学家能够坚决说是殖民而不是移民,那么,关于植物、动物和人类分布历史的错误和误导观点的主要来源之一,就能够加以

---

[1] 鲍尔(Georg Baur,1859—1898),德国古生物学家和动物学家。

避免。但我们想象动物和植物的迁徙会沿着特定的路径进行,就像人类的迁徙一样,从一个出发点到一个到达点;毕竟,我们也绘制了有规则和章法的迁徙路径,即从一个点到另一个点的一束束线条,以锐角相交,然而,我们对任何事都无法加以确信。一种植物或动物可能沿着这样的路径移动,一个民族、一个种族、一个物种只有通过殖民才能迁移。

因此,我们所说的移徙,实际上是一个生存区(Lebensgebiet)超出了它旧空间的增长,我们绝对不能用线条来衡量增长,因为这是一个大面积的现象。基于类似的考虑,雅克比①建议使用分布区域的术语(Ausbreitungsgebiete)而不是迁移路径(Wanderwege)或迁移线路(Wanderlinien):"这是生活区域扩大其领土的驱动力的产物,而不仅仅是为了缩短迁徙时间而建的通道。"

后冰河时代进入中欧的迁徙,意味着北亚和中亚栖息地向欧洲扩张,部分一直扩展到西部边缘,在某些情况下,甚至扩展到不列颠群岛。数以百计的新栖息地分布在同一空间。受该地区生活条件的引导,这种扩展一般朝着一个主要方向进行:因此,随着草原气候从亚洲扩展到欧洲而向西移动。以前,这种扩展随着北极气候在欧亚大陆北部和美洲的扩散而逐渐向南移动。但在这一个方向之内,许多不同的方向可能彼此相接,或汇合在一起。

在冰河时代,欧洲获得了大部分斯堪的纳维亚植物,它们能够直接向南迁移,但它也经由古老的陆地连接。从格陵兰岛和斯匹次卑尔根岛获得植物,从亚洲北部和中部,最有可能的是经由亚洲和北美,从北亚和中亚获得物种。在这个过程中,同一个物种可能来自不同的方向。据推测,凤头百灵是随着罗马的农业从西南迁移而来的,但现在,从东方迁徙来的新种群似乎正在接触这一较老

---

① 雅克比(Arnold Friedrich Victor Jacobi,1870—1948),德国动物学家、人种学家、鸟类学家和探险家。

的种群；也许欧洲存在两种驯鹿，其中一种生活在西欧和美洲，另一种生活在东欧和亚洲，这也可以用这样的方式解释。北大西洋的陆路连接，可以为从东北部来的后来移民提供一座桥梁。向东南方向和西南方向的运动，最终一定是在出发地的南端汇集，两者都呈现了一个大的南向运动的图景。

因此，我们在这里涉及的两种迁移，都从属于更大的迁移。这就是为什么我们不能排除阿尔卑斯山脉和斯堪的纳维亚高山共有的物种，可能是从北亚、北美或北极，向东往阿尔卑斯山迁徙和向西迁移到斯堪的纳维亚的。

持续影响生存空间的气候和形态变化，总是会引起栖息动物的巨大迁移，因为它们会以这样或那样的方式改变生存条件，使它们或多或少地处于有利地位。但是，当一场大规模的动植物殖民运动发生时，它总是被引导到生存条件比之前的栖息地更为有利的地方。重要的不是绝对值，而是差异。一片地衣苔原可能是非常不利的生存条件，但它们仍然比被冰覆盖或流沙覆盖的地区更好；因此，在这里，移动将汇集到地衣苔原。这种差异是如何产生的，这无关紧要；一个区域可能已经退化，另一个区域可能已经改善——对生活的影响总会驱使移动；也就是说，一个区域的气候恶化对其种群产生的初步影响，当然比周边地区气候的改善更大。任何地方都会有一种趋势——我们可以称之为从贫瘠转移到更好土地的梯度。

让我们来看一个小规模的事件，如洪水或沙尘暴。我们看到了什么？很多生物被摧毁、掩埋，其他生物将被阻碍物切断向所有方向扩张的机会，它们将被迫朝相反的方向前进。不断扩张的冰川使它们无法承受当地气候。如今，它们散布在空闲的土地上，由于许多生命形式都承受着同样的命运，这就造成了拥挤。

横跨整个东欧，我们看到植物和动物的殖民运动一直延伸到中欧深处，这一运动与重建有利于草原栖息动物的生存条件密切相关。自从农业普及以来,伴随着广阔而统一的草甸和粮田的建立而来的森林砍伐,为来自东部的栖息动物开辟了新的道路,并且我们看到这种"农业草原"正在我们眼前重新征服森林地区。也就是说,目前我们毫不怀疑气候变化在这一运动中也发挥了作用,尽管气候变化在草原和沙漠之间的边界地区无疑更为明显,在历史上,那里有数千个有城市的地方,已经成为沙漠的牺牲品。如果气候变化对我们这一地区产生了影响,它们向两极散布将是无法遏制的。

由于帕拉斯①绘制了一份更详细的东欧向西迁徙动物的边界图,以下物种已深入到更西部区域:在哺乳动物中,有大型的跳鼠、小地鼠,或许还有北方的水田鼠;在鸟类中,有大量的美洲雀、蓝山雀、海岸云雀、北欧鹞、大斑啄木鸟和西伯利亚燕八哥;在捕食性鸟类中,包括阿尔泰白尾鹰、红脚隼和白鹞。有些只到了伏尔加河中游,其他已经在莱茵河流域占据了位置。

在冰河期以后的大草原时期,内林②在他的经典著作《现在和过去的苔原和草原》(*Tundren und Steppen der Jetzt- und Vorzeit*)中,向我们介绍了这些物种的前身——在某种程度上与今天再次朝这个方向迁徙的动物是一样的——以更多的数量和种类迁徙到大西洋和加伦河流域。同与生物有机体的迁入一样令人好奇的是,那些曾经从东方来到中欧和西欧的生物,如今纷纷撤退,只是为了放弃它们的西部领地——显然这是它们的生活区中最为晚近的一次。驯鹿似乎仍生活在西欧的年代,在苏格兰或许不超过 700 年前:熊、狼和狼獾首先从大不列颠消失,然后从中欧消失。与驯鹿一道,旅鼠也撤退到斯堪的纳维亚。野牛和麋鹿只

---

① 帕拉斯(Peter Simon Pallas,1741—1811),在俄国(1767—1810)工作过的德国动物学家和植物学家。

② 内林(Alfred Nehring,1845—1904),德国动物学家和古生物学家。

能在中欧东部边缘的圈养中生存。难道这不就像一场洪流向旧发源地——东部涌回？沙尔夫（Scharff）也表达了同样的印象：

> 因此,似乎有一股迁徙浪潮从东到西席卷了中欧,那些能够适应新环境的物种仍然存在,而似乎其余的物种已经灭绝或正在逐渐向东撤退。①

正如化石遗迹所表明的,仓鼠曾经出现在法国中部；如今,它在孚日山脉西部已经不存在了。曾经生活在欧洲的土拨鼠,一直退回到欧洲东部的边缘地区,现在纯粹生活在亚洲。这是不是说,这么多欧亚生命分布区域的形状——向东欧宽泛,向西缩小和分裂——是一种典型状态？

由此看来,缓慢的、一步一步的扩散,不仅是迁徙,还可以被称为占领（Besitznahme）和殖民（Colonalization）,这种扩散相对于所有被动运输方式而言,对于生命的散布来说更为重要,而且绝对是至关重要的。华莱士（A. R. Wallace）在《岛屿生命》（*Island life*,1892年）中声称：每当我们发现两个国家相当数量的哺乳动物表现出明显关系的标志时,我们就可以肯定,在任何情况下,一种实际的陆地联系,或者彼此在几英里范围内接近的情况,都曾经存在过。②

即使在今天,这一说法也似乎过于狭隘。我们需要为栖息在岛屿上的没有飞行能力的99%的动植物建立陆地连接。我们更倾向于同意一代人之前在介绍安德鲁·默里（Andrew Murray）的

---

① R. F. Scharff, *The History of the European Fauna*, London, 1899, 204—205；沙尔夫（Robert Francis Scharff, 1858—1934）,英国动物学家。
② A. R. Wallace, *Island Life, or: The Phenomena and Causes of Insular Faunas and Floras, Including a Revision and Attempted Solution of the Problem of Geological Climates*, second edition, London and New York, 1892, 74.

四 征服还是殖民?

主要著作《哺乳动物的地理分布》时提出的立场:

> 我只能得出这样的结论:即殖民化或偶尔扩散,不足以解释海洋岛屿的动物群和植物群的特征;我相信,岛屿居住的一般模式,在以前的某个时期与陆地直接相连,或相邻程度是如此之近,以至于相当于交界处……①

但是,即使是通过定居和扎根而进行的逐步殖民扩散,也并非总是成功的。尽管作物、家养动物和宠物相对容易适应,但我们绝不能忘记迁徙动物自然迁徙过程中存在的困难。我们熟悉东欧动物在中欧的出现和随后的消失。比如帕拉斯的沙鸡,在1863年到1888年之间大批出现,一路迁徙到英国。这很可能每隔几个世纪就会发生一次,在某些情况下导致暂时性的——但绝不是永久的——消失。在东欧筑巢的普通朱雀,在西方作为常客出现,已经与我们进一步接近了。

当我们观察欧亚动物形态的西部分界线时,我们看到,它们中的许多与大西洋的距离不同;其中一些几乎没有越过进入欧洲的门槛,就像东欧-西伯利亚或里海种类(赛加羚羊、飞龙科蜥蜴、沙蜥)的情况一样,而另一些动物,则一直前进到了英国。在这里,我们的印象是,我们站在陆地的海岸上,那里的沙滩上有来自东方的波浪,并留下了不同力量的痕迹。同样,北欧的植物还没有穿过苏台德山脉或喀尔巴阡山脉,而许多其他植物则到达了阿尔卑斯山。当然。这种差异必须与对迁徙的未知抵制有关。在爱尔兰,只有北极山(蓝)野兔生存,人们为引进欧洲野兔作了很多次尝试,但都没有成功。然而,毫无疑问的是,我们都倾向于将繁殖很快的野兔

---

① A. Murray, *The Geographical Distribution of Mammals*, London, 1866, 15;译者的评论:这段引文来自第二章,而不是拉采尔所说的来自引言。

视为一种飘忽不定的动物。许多类似的例子,可以从驯养动物和宠物品种及作物的历史中找到。

因此,如果我们发现生命中到处都有运动,除了生长的运动之外,我们还发现特定方向上的目标导向运动,而且,如果这两种运动都得到许多不同的器官额外的支持,将生物从一个地方移入另一个地方,并且经常跨越广阔的空间的话,那么,假设生命的运动可以用纯机械的术语来解释就是错误的。

这里有一些谜题蔑视所有的解释,对它们掉以轻心是危险的。它们属于一个很少被研究的领域,但在未来,一定会有重大的启示。有一些动物和植物生活在一个地方,好像被施了魔法,永远无法被超越,而其他与之密切相关的植物,则进行了最长的旅行。有些物种似乎根本不愿意传播,而另一些同属的物种繁殖和传播很迅速,即使气候变化明显不利。英格兰东南部生存着植物和较低等的动物,尤其是陆地蜗牛(盖罩大蜗牛、carthusiana、cauliana[译注:可能指不同种类的蜗牛]、水龙头蜗牛等),它们的同类生存在附近的法国——它们没有比群体走得更远。很可能是在英吉利海峡把这两块土地隔开之前不久,它们就移居了。

爱尔兰也有类似的情况。在这里,在瓦伦提亚岛和巴尔的摩之间的一片土地上,没有陆地蜗牛,在爱尔兰的其他地方,它有几个种类。有人说它是从英国移过来的,还没有到达爱尔兰最遥远的边缘。这只是陈述事实的另一种方式,而不是一种解释。在无关紧要的水体前,捕获更大或更小的动物和植物群体,通常也有内在的原因。目前尚不清楚的是,为什么马六甲海峡是亚洲秃鹫的边界,而亚洲秃鹫是强有力的飞行者,或者,为什么马达加斯加和马斯卡琳群岛的狐蝠物种未能穿越莫桑比克海峡。甚至还有一些更窄的海峡,无法被能够迁徙的动物穿越。在大陆附近的一些岛屿上,生命的特殊性是很难理解的。巴利阿里群岛、科西嘉岛或撒丁岛上较古老的生存环境的剩余物,无法得以维持;新的形成物,在加拉帕戈斯群岛和其他岛屿上,也不会得到蓬勃发展。现在想起来,还为时过早。对于每一个物种而言,如果没有任何捕食性动物生活在这里的话,就会无情地摧毁那些古老的生命形态。彻底的研究将使这种情况日益积累,即有迁徙能力的动物会遭遇与那些行动困难的动物一样的极限。

在这些地区内,也不缺乏许多生命形态从未跨过的限制,即使没有机械的必要阻止它们。雅克比指出,北美洪积冰川的南部边界,通常与北美北部和南部动物群之间的边界相一致,通常是沿北纬45度,主要突出在高山区域。奇怪的是,在前进的冰川之前退避的大部分种类,都没有回到旧的土地上。在那里,由于冰筏沉积和气候的原因,明显在一定程度上发生了根本性的变化。哺乳动物、鸟类和爬行动物维护着这些古老的边界,而不必考虑它们不同的散布能力。这里的主要原因,是北美北部的泛北极的生存环境和北美南部极其强烈的热带元素之间存在的差异。

另一个揭示许多物种空间自我限制的现象是,一个物种的迁徙本能,即使冒着绕道的危险,在完全不同的土壤和气候条件下,也会遵循几千年前在其发展过程中使用的方向。如果说易北河通常把腐肉乌鸦和戴帽乌鸦分开的话,那不是因为河的宽度,也不是因为山谷的深度——两者实际上都是无足轻重的。我们在这里看到的反而是对这些边界的本能维护。

这也是奇怪的情况,似乎一个生物在狭小的空间内休眠,突然出现了巨大的流动性,在很短的时间内覆盖了广大的领土。这里提供一些典型的例子,特别是某些寄生虫的历史,如根瘤蚜虫、科罗拉多甲虫,以及普通老鼠和家鼠之间经常被提及的斗争(Kampf)。生活在欧洲冰川沉积时期的斑马纹贻贝(Dreyssena Polymorpha)的出现具有地质意义,我们必须假设它在欧洲北部湖泊中存活到本世纪,它突然大量出现,穿过运河和流动缓慢的河流。显然,我们必须假设它即使在英国仍然存在:认为它是人为引入的，而且在1824年突然出现，似乎是不可信的。田鼠在洪积层时代一路扩散到西欧，最近又突然出现在德国中部，这提出了同样的问题：它们是移民还是幸存者？

这种情况暗示了生物运动中起起落落的隐含因素，不能仅仅因为它们还很少和遥远而掉以轻心。它们将成倍增加，我们将了解刺激或抑制运动的内部和外部因素，也许有一天，我们甚至不得不将它们与我们大气层最外层极限的进程联系起来。

五 生命密度、栖息密度和物种密度

栖息密度是一个生物地理学概念，到目前为止，科学家仅在人口密度（Volksdichte）方面有所发展。尽管如此，它对所有的生物都有着重要意义。毕竟，普遍的生命密度从生命丰富的热带雨林一直延伸到冰原，在那里，只有稀少的雪藻（原球藻）微弱地代表着生命。即使在日常生活的语言中，我们也会使用命名密度差异的表达方式。森林、矮林、公园般的生长、茂密土地、草地、大草原、富饶的土壤、大量的猎场和其他许多地方，都包含着密度的概念。在树木成群的森林中，在彼此之间留下稀疏空间的矮林中，在黄壤显露的干草原上，在沙质草原上，没有植被的土壤往往比有植被的更占优势。珊瑚礁、贻贝堤、蚁丘、蜂巢、鸟山和其他鸟类的常见筑巢地——灌木丛——这些都是当地生命的密集地带，甚至可能让我们想到城市里拥挤的人群。通常，食物供应决定了生命有机体的栖息密度。在我们地区零星筑巢的鸣禽，栖息在多瑙河中游岸边的名副其实的鸣禽群中，在古老的干湿地植被中——在树木以及高草和芦苇中都有。

但是，生命有机体之间的特殊关系和与食物供应无关的空间关系——尤其是在动物和植物的例子中，是很普遍的，这些动物和植物分布很广，但始终稀少和罕见。獾分布很广，但是在任何地方都不能称为是普遍的。常见的渡鸦仍然遍布阿尔卑斯山，但几乎在任何地方都被描述为是罕见的，这与它栖息在难以接近的灌木丛和陡峭的山坡上有关。

在植物界，每一位当地植物群的行家都能举出例子；即使是初学者，也会很快注意到紧密生长在一起的群居植物的出现，与那些从未出现过但单独地散布在遥远地方的植物之间的差异。这一差异，标志着整个科的出现。谁见过兰花长得像杜鹃花那么茂密？然而，两者往往同时出现在同一片草地上。我们也在同一科中发现了这种差异：莲香报春花、一叶兰、长茎无心菜和粉报春，它们在春天的分布，与阿尔卑斯山南北的牲畜足迹相互重叠；但阿尔卑斯山山麓美丽而大规模生长的耳状报春花，是这类当中引以为荣的一种，只出现在个别的地方。

栖息强度的概念是从密度的概念演变而来的，在人类统计资料方面也有了科学的发展，特别是在多层堆叠的城市居住中。同时，它也同样频繁地出现在动植物的聚居地中。茂密的森林海拔剖面分为下层灌木丛，不同高度的树木和树冠上的攀爬植物，洪堡（A. von Humboldt）描述为"森林之上的森林"，这是一个明显的例子。但是，一个珊瑚礁有上千个珊瑚，一座白蚁山有数百层，或者一个蜂巢——它们甚至更像是大城市里人们的居住地。这些生活方式的特点是属于个人的最小居住空间（Wohnraum）。当然，摄食区（Nahrungsraum）不能以同样的方式减少。因此，栖息强度越大，摄食区与栖息空间的关系就越远，也必须更好地注意食物供应。森林和草甸只生长在养分丰富的土壤上，在那里，可以补充提取的营养成分。但是，蜜蜂飞很远以寻找食物；漫游的蚂蚁在蚂蚁窝周围探索辽阔的区域；海浪不断地向珊瑚礁输送营养物质，珊瑚礁通过其上皮触须的运动提供支撑物。这难道不让我们想起那些居住在大城市里剥削着遥远殖民地的人类吗？

强度的概念在我们所称的生命的叠加（Lebensschichtung）

中,有着不同和更为绝妙的用途。强度的变化基本上意味着,在海洋中,一根9000米高的水柱充满了生命,而在池塘中,它则是一厘米高的柱体,或者低地地区的居住表面(Lebensfläche)从0到300米不等,而在高地上,则有许多与地区气候相关的生命阶段(Lebensstufen)彼此重叠。但是,在海洋动物的深度分布上,我们拥有多么巨大的优势!即使是在一个小湖泊中的鱼类,也非常丰富,比如有25种不同物种的特劳恩湖(24平方公里),也是以栖息地的叠加(Übereinanderschichtung der Lebensgebiete)为前提的。关于人类居住情况的统计数据,并不是这种生命叠加的例子。因为在相同的生活条件下,一个以及同一个物种本质上栖息的特定空间,要比另一个空间更密集,在这里,根据不同的生活条件,最多样的生命形式是层出不穷的。

物种的密度告诉我们,在一个特定的领域里,每个物种拥有的空间会有多大。因此,它是该领土生物地理特性的一种表现。如果我们假设奥匈帝国有大约15000种植物和30000种动物,其中不包括那些尚未被充分研究过的最小生物,然后我们得到一个40平方公里的植物种群和一个20平方公里的动物种群。但不同种群的空间需求却大不相同:捕食性动物物种的面积降到4万平方公里,而昆虫物种的面积则为25平方公里。这片土地上盛产淡水软体动物,其中一种覆盖900平方公里,而在意大利只有两倍的面积才能找到。

与此同时,牙买加在不超过20平方公里的土地上发现了一种陆地蜗牛。当我们迁移到生命普遍发展不如意的地方时,然后我们会看到,低密度的物种与少数个体联合并进,并减少了各种种类的总体富足度。这些地区的状况尤其告诉我们,在隔离和分割生物地理范围时,物种密度必须作为一种特征属性加以适当考虑。如果它们被考虑在内,那么,北极就不会大多数情况下以负面特征为基础,在动植物的分布上变成一个单一的王国。

北极的环境提供了一个最为重大的例子,它是一个缺乏独立的生命形式,物种贫乏,同时个体也贫乏的广袤领土。只有在少数几个地点,在隐蔽的海湾和鸟山,丰富的生命往往会挤进一个狭窄的空间。我们绝不能被这样一个事实所误导:像斯克莱特(Sclater)和华莱士这样重要的动物地理学家,将其视为一个独立的动物分布领域,可以与古北区、东方、澳大利亚等其他巨大的地域相媲美。[1] 我同意布劳尔[2]和沙尔夫的观点,认为这是没有道理的,我们应该把它看作是一个"次区域"(subregion)。北极地区主要具有负面特征。在北极的六种典型哺乳动物中,驯鹿、极地狐、旅鼠和雪兔也是北极以外的特有动物。雪兔的领地特别表明,在北极生命出现的地方(Lebensverbreitung)不可能孤立存在一片巨大的独立领地。它深入欧亚和美洲的温和地带,进入库页岛、日本、爱尔兰和苏格兰;它的生存地囊括斯堪的纳维亚半岛,在比利牛斯山脉、阿尔卑斯山脉、喀尔巴阡山脉和高加索地区都有据点。北极鸟类的分布区甚至延伸到更远的南方;雷鸟成员的分布区域与雪兔的分布区域非常相似。在北极植物中,有几种植物的分布区与上述分布区重叠。

从总体上看,随着海拔高度的增加,栖息密度(Wohndichte)和物种密度(Artdichte),随着生命密度(Lebensdichte)的降低而降低。但是,高地确实提供了生命形式进行分离的机会,这就是为什么在这里,物种数量的减少幅度要比我们搬到生活条件相似的极地小。仅在海拔 2500 米至 4000 米之间的瑞士阿尔卑斯山脉,当地植物群就有 338 种开花植物——几乎相当于整个格陵兰岛上的数量;其中一半也存在于斯堪的纳维亚和北极,共有 70 种分布

---

[1] 斯克莱特(Philip Lutley Sclater,1829—1913),英国律师和动物学家。他使用了拉丁词 Regio Australiana,而华莱士用的是 Australaian region。
[2] 布劳尔(August Brauer,1863—1917),德国动物学家。

五 生命密度、栖息密度和物种密度

在阿尔卑斯山脉和比利牛斯山脉、喀尔巴阡山脉和亚平宁山脉的高地。在南美洲的安第斯山脉,一些高寒带的高地动植物群的物种数量超过了邻近地区,例如鸟类和两栖动物。因此,不存在直接气候影响的问题。中亚高原,包括中国西藏和蒙古大部分地区,其种类是栖息地中最丰富的之一,尽管它们的地理位置很高,且沙漠绵延,横穿其间。其边缘和内陆的高山无疑是促成这种富饶局面的原因。西藏的特点是"以其自身形式存在的与世隔绝的富足",而在蒙古和它的北部,由此我们开始看到一种支配着整个欧亚北部的贫瘠。[①] 在这个方向上,人们可能会倾向于责怪日益不利的气候和草原的单调,但即使在生活条件更有利的地区,朝着东南方向,亚洲丰富的生命(Lebensreichtum)在我们接近澳大利亚时候,也会逐渐减弱。在西里伯斯岛和帝汶,我们找不到华莱士线,取而代之的是一个日益贫瘠的地区。

新西兰面积2.7万平方公里,有1100种开花植物和蕨类植物:其中的245平方公里归于一种。让我们将此与另一个非常特别的岛屿王国——马达加斯加进行比较,在那里,如果我们像赫姆斯利[②]那样,估计马达加斯加维管植物的数量是5000种的话,那么,我们在不到120平方公里的地方就发现了一种物种。但在新西兰,61%的物种是岛屿特有的。因此,物种的贫乏与丰富的独特物种是密不可分的。新西兰的植物比它的动物更丰富,但是,正如我们所看到的,它仍然是贫瘠的。我们必须得牢记这一点,特别是与其他地区相比的时候。

就生物地理学而言,新西兰与澳大利亚有很大不同,但这并不是因为它有澳大利亚没有的独特生命形式,而是因为它没有澳大

[①] A. Jacobi, Lage und Form biogeographischer Gebiete, *Zeitschrift der Gesellschaft für Erdkunde zu Berlin* 36 (1900) 179.
[②] 赫姆斯利(William Botting Hemsley, 1843—1924),英国植物学家。

利亚特有的生命形态。新西兰的许多特有物种大多与澳大利亚的物种有关,尤其是新西兰景观独特的、最具代表性或最引人注目的植物。新西兰的植物王国有着丰富的物种(300种),但其中只有12种是独特的。因此,新西兰的自主性就更大,因为在那里,物种被认为是最年轻和最不特殊的物种生命形式,而不是在属的层面上。当我们把这与塞舌尔相比的话,有60种物种在其他地方没有发现,其中包括16个独特的属,大多是棕榈树,那么,新西兰的自主性对我们来说,不过是一个表面的特征。

塞舌尔特有棕榈树密度的增加,是印度洋这些小岛屿植物地理学上的一个奇怪现象。与马达加斯加和该地区其他岛屿的棕榈树稀少相比,这一现象更加明显。一种类似的现象,可以在东半球热带特有的露兜树科中观察到,它分布在热带纬度地区,从西非海岸延伸到印度洋和太平洋,一直到大洋洲最遥远的岛屿,在热带纬度地区都有发现;我们发现,西印度洋岛屿上物种密度最大:毛里求斯、波旁岛[①]、罗德里格斯和塞舌尔有它们的特有物种:仅马达加斯加就有20种,可能更多。为了突出来自温带和南部地区的植物群,让我们来看看山龙眼科,这是一个由近1000种小树和大大小小的常绿叶灌木组成的科,它们以最不规则的方式在地球的南岛地带生活,而被完全排除在北部地区之外:澳大利亚有591种,仅澳大利亚西南部就有376种,西南的开普敦殖民地有262种,新喀里多尼亚有27种。从喜马拉雅山到印支半岛的整个印度-马来西亚植物王国有不超过25种,南美热带地区36种,西南美洲温带地区7种。最后,当我们观察到一种非常广泛的分布,而不是一个相对有限的群体时,生命的一般密度的影响就变得更加明显了。

单孔目类动物和有袋类动物以外的哺乳动物会如何出现在一张物种密度地图上呢?我们通常会看到,北半球温带和寒冷地区

[①] [中译注]现为留尼汪岛。

五 生命密度、栖息密度和物种密度

的物种贫乏,那里广阔的平原,以及这些地区以南的草原和沙漠,直到北纬15°的区域,有利于物种分布。与此相比,这些地区的一些高山区域和岛屿,如科西嘉岛、阿尔卑斯山脉或高加索地区,看起来就像是富足的绿洲。然而,直到旧大陆和新大陆热带森林北缘的区域,物种的贫乏通常仍然是一个主要特征;除此之外,我们还会观察到南温带地区的气候和地形多样地区物种密度的第二个高峰,这与北半球同一区域的不同之处在于,它缺乏广阔的平原。我们在这里注意到物种密度和一般生命密度之间的联系,但同时我们也注意到,一定存在地质原因的特殊性。

因此,有必要更仔细地研究不同类型的分布是如何相互联系的。生命的丰富度(Lebensreichtum)包括物种和栖息密度的增加,以及强度的增加。当我们接近地球更温暖的地区时,物种的数量和个体的数量通常都会增长。然而,虽然在个体数量上确实如此,但物种的密度表明其随地球历史的变化而产生波动,与这些大陆的赤道部分相比,南部非洲和南澳大利亚的植物世界中物种的丰富情况就是如此。其他一些问题,如欧洲东南部有肺类动物物种密度的上升,根植于土壤的一致性与有关地区的历史之间的联系。然而,这是一种罕见的有限流行的情况。

六 空间对生命的追溯作用

我们试着用几个例子说明生命为空间掌控所做的准备；然而，为了给人留下丰富多样的印象，我们必须展示整个生物学进程。因为这样的维护，不仅仅对于运动器官，而是所有的器官；每一个进步都有利于对空间的诉求（Raumforderung）。

考虑到三个基本需求——食物、庇护处、生殖——不可避免地涉及空间问题（Raumfrage），这是否会令人惊讶？我们不需要从哲学上对每一种生物加以定义，把它作为一个单独占有空间的事物，以此来证明生命对空间的需求（Raumbedürfnis）是无所不能的。

如果每个生物体都占据了一个栖身的空间，它需要另一个空间来获取食物，并且在繁殖过程中，达到它对空间的要求高度（Raumforder-ung），这个过程是否发生在它生长的高水平期，还是它只是通过分裂、萌芽、分支等方式占有与生物母体相邻的空间，值得探究。这总是需要增加对食物的需求（Nahrungsbedürfis），因此，需要进一步努力扩大摄食区域（Nahrungsraum）。显而易见的事实是，如鱼类产卵或几种哺乳动物在交配季节的迁徙，无疑有助于这些生物增加其移动性。因此，即使掌握空间始终只是达到目的的一种手段，并且即使现代运输最伟大的成就未能以纯粹的形式表现出来,它在生物有机体的形成和转化中,仍然发挥着非常重要的作用。让我们回顾一下生命发展中最重要的事件之一:人类的直立行走,就属于这类现象。

显然,空间是存在于生物之外的东西,然而,每一个生物都与其空间相连。一个物种是否广泛存在的问题,是该物种生命特征的一部分。对人类来说,被称为人类居住区(oecumene)的生活空间(Lebensraum)的重大意义,被认为是绝对必要的。但是,每一种植物和动物都有它的居住区。它在地球上所占据的空间,它的大小和形状,在一定程度上决定了它的生命力。即使我们对这个空间没有详细的理解,我们也确信它属于植物、动物、人类(Volk)。

空间的关系在变形虫、珊瑚、深海水母、陆地蜗牛、候鸟和狮子之间差别很大。南美洲原始森林中的一个小印第安部落,对空间的需求和期望与欧洲人有很大的不同,欧洲人民的幸福,只能依赖于掌握整个世界(Weltumfassung)。每个活的生命有机体,都要求不同的生存空间,且属于同一物种的所有生物,都会提出同样的要求。更大的群体也有相应的空间需求——树木、会飞的鸟类和哺乳动物、不会飞行的鸟类。因此,我们注意到,在一般的生存空间旁边,有无数大大小小生命形式的生存空间,它们相遇并紧密相接,因此,地球表面的每一片土地都被大量这样的分布区域所覆盖。

在我提出这一声明之后不久,我就明白了这一点,幸亏德鲁德提到了韦特斯坦的《植物系统学的地理形态学方法基础》(*Grundzüge der geographisch-morologischen Methode der Pflanzensystematik*,1898),他在几年前从不同的思考方法提出的同样主张是多么坚定。①

---

① 德鲁德(Oskar Drude,1852—1933),德国植物学家。韦特斯坦(Richard Wettstein, Ritter von Westersheim,1863—1931),奥地利植物学家。

受瓦格纳①的《空间分离物种的起源》(Entstehung der Arten durch räumliche Sonderung, 1889)的启发,韦特斯坦通过对地理分布的研究来补充形态学上的比较,而形态学比较对植物系统的研究已显得很不充分。他假定,由于亲缘关系的密切程度,不同物种的栖息地紧密相连,并通过过渡形式的栖息地联系在一起,而在远亲关系中,不同物种的栖息地要么是遥远的和分离的,要么它们是重合的,但无论如何,它们都不是通过过渡形式的栖息地联系在一起的。

这一趋势并不是孤立的现象,最近在另一项建立在瓦格纳研究基础上的工作中,即在雅克比的《生物地理区域的分布与形式》(Lage und Form Biogeographischer Gebiete, 1900)这一作品中得到了证明,它强调系统学、古生物学和生物地理学的研究人员正在转向一种更为地理学的方式和方法,对栖息地的研究之于精确工作及亲缘联系的深入理解至关重要,而系统和分布之间联系的原因,在于局部分离、传播和形式相互取代的过程。

我们观察到了空间影响生物居住区域(Wohngebiet)和摄食区(Nahrungsgebiet)的许多方式,但这些影响中的大多数,以及最重要的那一个,我们只能加以想象。我最近在重读伯格②的《一个博物学家的南美热带之旅》(Reisen eines Naturforschers im Tropischen Südamerika, 1900, 页48),我从书中所发现的,也就是"在世界上,辽阔的物种形成领域,被证明是最有利的",会提到大量的事实:然而,在这本书的自信语气中,很容易获得一个虚无的光环。它是建立在对我们的知识情况非常乐观的观念之上的。例如,如果我们已经确定亚洲生物地理位置的空间优势是有效的,我们就肯定会更接近解决创造新生命形式的谜题。同时,如果这句话说

---

① 瓦格纳(Moritz Wagner, 1813—1887),德国探险家、地理学家和自然历史学家。
② 伯格(Heinrich Otto Wilhelm Bürger, 1865—1945),德国动物学家。

的是"物种保护",而不是"物种形成",我会赋予它更大的合法性。谁会相信一个辽阔的空间本身就应该有更大的能力产生新物种呢?

我们知道,在狭小的领地上隔离,对于物种形成是多么的重要。重要的是空间被构造的方式。撒哈拉的600万平方公里上物种贫瘠,欧亚大陆北部至太平洋边缘也是如此。相比之下,日本这个小型的和不位于中心的岛屿是一个相对富饶的地区。也就是说,在南美洲,西部地区显然比更广阔的东部地区要贫瘠得多。然而,在这里,奥里诺科河规模适中的流域,是这片陆地物种最丰富的地区之一。其主要原因,当然在于它与南美洲最大的生活区——亚马逊地区——的广泛联系。这些地区的栖息动物,不受阻碍地迁移到洛斯兰诺斯岛和奥里诺科森林岛屿。那么,也许南非和南澳大利亚有限的西部地区上惊人的物种多样性,可归因于一片巨大的南部土地,一个与山龙眼科及其同种个体的共同起源地?

着眼于今天的欧亚大陆及其空间条件,我们很容易得出这样的结论:亚洲对欧洲的巨大空间优势,应该导致东方大陆对被称为西北前哨的欧洲的相对优势,我们可能倾向于对原始世界作出类似的假设。在近现代的地球历史时期,由于东北亚与美国西北部的联系,亚洲的空间进一步增加。这就产生了一个区域,相比之下,欧洲只不过是一个较小的半岛地区,而如果在这个地区的栖息动物中发生了向西移动,那么,在这一狭窄的空间中,各种不同物种必然会涌入和聚集在一起。纵观亚洲栖息动物中强劲的奔跑者和跳跃者,像马、羚羊、跳鼠等,毋庸置疑的是,在这个巨大的空间中,它们行动、发展和实践的能力,在这一过程中发挥了作用。

毫无疑问,取决于空间的一个重要问题是,在如此大的地区,生活条件的变化在多大程度上发生。空间的大小,与生活条件发生变化的区域(Raumbereiche)及由此产生的栖息地变化有关。在冰河时期，阿尔卑斯山脉的冰川作用确实改变了大片地区，并在相当大的空间内产生了相应的影响。但是，与欧洲一半地区被来自北方广大地区的冰层覆盖的事实相比，这一影响难道不相形见绌吗？欧洲草原的发展，与亚洲草原的发展必然有着相似的关系。

这些巨大的空间差异，显示出与其生物地理学结果相同的模式，由此，广阔的空间保护生命形式这一事实就最具影响力。这就是为什么亚洲能够将相同或密切相关的生命形式的重复浪潮注入欧洲的原因所在。也许另一个支持大地区的主题，最终也可以提及——据我所知，这个主题尚未得到考虑。我们已经了解到，许多动物对水域分界线的迷之厌恶：毕竟，几条狭窄的海峡代表着绝对的分裂。如今，当一个如欧亚大陆版块的巨大陆地提供了足够的空间，让新的生命形式不受阻碍地传播，这些形式将能够不受限制地相遇，而且在有利的地区，可能会形成相当的物种密度。

当然，这些很容易理解的简单空间效应，掩盖了其他的影响，这些影响对我们来说，仍然是完全不清楚的，因为空间与我们还无法掌握的生命过程相互作用。斯沃佐夫（Severtzov）在天山观察到，鱼的大小随着它们生活的溪流海拔高度的增加而减小。① 这一与海平面无关的事实，得到了宽阔而平静的阿克塞河的证明，这条河在 3000 米处有与下面相同大小的鱼。这让人想起这样一个事实：一些水生动物根本不能在水族馆中繁殖，而一些淡水鱼在溪流和池塘中仍然很小。为确定这种空间效应的真正原因而进行的大量实验，还没有给出某种确定的答案。

不过，我们可以肯定地说，与开放空间相比，食物供应、空气流通和有害分解物质的处置，并不能解释密闭空间与开放空间的不同增长。为了找出与这些现象有关的案例，我们可能必须研究一些动物在圈养中对生存和繁殖的无法逾越的抗拒力量。动物地理

---

① 斯沃佐夫（Nikolai Alekseevich Severtzov, 1827—1885），俄国探险家和博物学家。

学家已经指出,在同一物种中,岛屿的栖息动物比大陆上的要小。例如,设得兰群岛、撒丁岛或冰岛的小型马,巽他群岛的小鹿,马耳他岛的洪积矮象,安的列斯群岛不存在大型美洲哺乳动物,澳大利亚较小和偏远的岛屿上的亚洲哺乳动物,马达加斯加和邻近岛屿的非洲哺乳动物。

然而,很显然,我们面临着两种事实:同一属出现在岛屿上较小的物种或品种中,以及岛屿上大型动物的早期消失或灭绝,不列颠群岛的欧洲大型哺乳动物的历史提供了特别明确的证据。矮化绝非普遍现象;例如,它似乎不适用于爬行动物:在哺乳动物贫乏的安的列斯群岛,我们可以找到巨大的蛇,尽管蟒蛇只出现在靠近大陆的特立尼达;我们发现了最大的鬣蜥物种之一(圣多明戈的黑色美洲鬣蜥),而在加拉帕戈斯群岛有巨大的海龟,更不用说安的列斯群岛中水陆两栖的巨鳄了。

但是,我们不能确定岛上的矮小种类是由于岛上空间的狭小而形成的——毕竟,我们所看到的与科西嘉和撒丁岛上的小鹿密切相关的西欧鹿,比生活在中欧和北亚广阔领土上的鹿要小(特别是它们的鹿角)。我们能从欧洲动物世界的历史中,提出一个更重要的事实吗?福布斯最初描述为"卢西坦统"的动物群,从西班牙、葡萄牙、法国西南部和沉入水底的邻近陆地散布到欧洲西北部,似乎并不包括一种大型哺乳动物,而后来从北亚和中亚前来的移居动物,则使许多巨大的动物大量涌入欧洲。与旧大陆不同的是,新大陆已经看到了它自己的大型形态,从贫齿目动物群缩小为小体型,特别是在南美洲,其他各种哺乳动物——如猫科动物、熊、貘、美洲驼和猴子——在个头上变得很小。然而,刺豚鼠,一种巨大的啮齿动物,它的外观却令人惊讶。

在所有这些情况下,矮化并不是——至少不是根本的——由于生存空间所致,虽然一些学者试图让气候为此负责,但也没有证据表明这一点。然而,生存空间仍然可能产生影响,因为它要么有助于,要么阻碍增长趋势的悄然展开,不管它们可能是什么,这取决于生存空间是宽还是窄。这就为我们引出了空间对生命的追溯作用的显著形式。

七　空间的争夺

　　永不中止的生命运动和不会改变的地球空间之间,存在着一种张力。正是由于这种紧张关系,才产生了对空间的斗争。生命很快就征服了地球上的土地,一旦它达到了土地的极限,它就会流回去,从那时起,整个地球上的生命间就一直在为空间而斗争,永无止境。为生存而战(Kampf ums Dasein)——这是一个被误用,甚至更多地被误解的表达方式,其主要含义只不过是为空间而斗争(Kampf um Raum)。因为空间是生命的首要条件,空间是衡量其他生命条件的尺度,尤其是食物的生存条件。

　　在争取生命空间的斗争中,空间具有与我们称之为民族之战(Völkerkampf)的决定性高潮相似的意义。在这两种情况下,利害攸关的是,在前进和撤退的行动中获得空间。受到攻击一方只要能够进入空间,就可以脱身,但在狭小的空间里,斗争就会变得绝望。达尔文在著名的《物种起源》一书第三章中,理所当然地赞同马尔萨斯关于生物繁殖与其生存空间之间关系的观点。他预料,尽管人类是缓慢繁殖的生物,但在不到1000年的无限制繁殖中,他们将以一种无法再留出更多空间的方式填满地球。他的论点毫无疑问表明,人类与生命的斗争,在很大程度上必须是对空间的斗争。然而,值得注意的是,他和他的继任者都没有详细研究这方面的问题。

在700到750年的时间里,大象,这种繁殖率很低的动物,将会拥有1900万的后代,他们的寿命可以很好地抵消他们脆弱的繁殖力。即使我们声称每头大象只需要不足30平方公里的面积,包括肥沃和贫瘠的土地,那么,在这短短的时间内,世界上的大象也将会过度繁殖。对繁殖速度更快的其他动物来说,种群过剩会更早发生,而且随着生存空间的缩小,每一个个体生物的生活条件都会恶化。但在栖息动物屈服于这种缩小之前,每个都会试图以邻近物为代价,扩大自己的领土,这将导致争夺空间的斗争。

现在,自然界的栖息地越小,它就会越快地被一种肥沃的且飘忽不定的生命形态所占据,这就是地方性的活体生物在边界开放后不久常常被取代的原因所在。米登道夫①在下文中描述了他在西伯利亚哺乳动物灭绝方面的经验:"分布区越窄,动物越大,就更显信任,从而显得愚蠢而又抢手,就越容易被猎杀。"斯氏海牛就是这一过程的典型例子,它导致了大型北亚哺乳动物的迁移,但这种动物只给我们展示了这一过程的一面,即我想说的被动的一面:在很长的时间内,由于气候或其他我们不知道的原因,斯氏海牛被推回到小的沿海地区,在那里平静地等待着它的灭绝。在这方面,它的消亡类似于许多植物的死亡,这些植物在很大程度上被阻止了运动。相反,许多动物使用它们增强的移动能力来逃避敌对的影响,它们移动它们的栖身地:它们撤退。

但是,与传播相关的自由、不受限制的运动,对生物体来说,被推后而来的迁徙并没有同样的意义。在自愿传播的情况下,大量新的生存条件呈现给有机体,然后有机体从中加以选择。瓦格纳认为,在许多适应性特征的情况下,不同动物的自由选择,导致了

---

① 米登道夫(Alexander Theodor von Middendorff,1815—1894),俄国动物学家和探险家。

七 空间的争夺

与新居住地的对应——雪兔、雪松鸡等都是自然出现的白色种类,会有意识地寻找适合它们的雪景。在任何情况下,这个概念都避免了这样的困难,即解释一开始就无法察觉的变异如何给生物体带来优势。相反,退却的动物往往只面临一个可能的方向,一条单独的出路;这种方式通常导致不太有利的地区,因此,土壤、气候和食物的恶化只会加剧空间限制的影响。

空间的真正匮乏,在杂草侵入花园的花坛中,表现得最为明显。如果我们不去拯救它们,我们种下的小苗很快就会被泛滥的对手扼杀。通常,在夏天结束的时候,它们几乎什么都没有留下,它们都已经"死了",或者,顶多一些枯萎的残留物继续过着悲惨的生活。动物聚居群,就像人类一样挤在城市的房子里,我们看到了生存空间不足的真正症状。在太平洋的莱桑岛,绍因斯兰[①]有足够的机会观察海鸟的筑巢地,在那里,主人的权利得到了严格的一致执行。最早到达的占据了最好的位置,它们的后代繁衍生息。然而,后来者只能在最差的位置将就。

> 在这里,我们看到了数量最多的没有生命气息的幼鸟,它们的羽毛蓬乱,腿也因为海水的侵蚀而疼痛不已;这里是幼兽死亡率最高的地方,周围有数以百计的死尸。

他几乎没法抗拒地将这些鸟的生命和人类的生命做比较。

由于新的地区或整个大陆的发展,也许正以这样一种方式,在相同的过程中,以快速流入和扩张的形式发生。在几个世纪内,一块巨大土地的生物地理学方面的改变,就像一个花园花坛或悬崖在几个月中发生了变化一样。自16世纪初以来,美国经历了其民族、动物群和植物群的欧洲化,在一些地方导致了关系的完全

---

① 绍因斯兰(Hugo Hermann Schauinsland, 1857—1937),德国动物学家。

逆转。

至于民族的分布，我们不必多费口舌，因为有8000万欧洲人和非洲人生活在北美，相比之下，几十万贫困潦倒的印第安人，被赶退到最不适宜的地区。我们知道，在上个世纪，南美洲大草原、热带无树大草原和新大陆北部草原上，已经挤满了欧洲血统的马和牛。美国不仅有外来的栽培植物，而且还有自愿扩散的栖息动物。甚至在安第斯山脉的西南部，欧洲苹果树也变得如此常见(heimisch)，以至于现在它已经成为这片独特风景的一部分。就像黑人已经成为加勒比人部落曾生活过的牙买加当地人一样(einheimisch)，因此，印度灰猫鼬（Herpestes griseus）被引入当地，以消灭牙买加蛇，以一种不利的方式占据了上风。

当然，我们不应该认为，为了扎根，每一个外来物种必须取代一个当地物种。大面积的领域总是提供了一种很好的居住空间的选择。在地面上，在水里，在天空中，而且在这些元素的不同高度和深度中，为最多样性的生物体留了余地，它们的分布区域在占据同一空间时相互重叠。

在发现美洲之后，从欧洲引进的动植物，在任何情况下都没有取代当地的动植物。例如，我们不能说野马已经取代了北美中部大草原上的野牛。用猎枪和火药探险，这是人为的。同样，在南美洲大草原自由游荡的牛和马旁边，还为南美洲鸵鸟①留有足够的空间。即使是兔子，虽然它已经成为一种有害动物，但仍然在澳大利亚的沙丘中找到了生存之所，在那里，它不必取代任何当地特有的动物。因此，在所有这些案例中，新栖息地似乎都是在旧栖息地之间和之上分层。美国的殖民历史也告诉我们，在早期，西班牙人占领了印第安人以前拥有的土地上的都市，并在那里统治、改造和剥削那些被允许保留土地的印第安人；与此同时，北美的德意志和

---

① 在德语原文中是 *Die südamerikanischen Strauße*。拉采尔的意思应该是美洲鸵。

七 空间的争夺

法兰西殖民者,开始掠夺土著居民的土地,并以打猎和农业维持生活;其结果是一场歼灭战(Vernichtungskampf),其中的利害关系是空间——土地。是印第安人输了这场战争,他们对土地的控制力非常薄弱。

但是,在人们的生活中,我们也看到,当级别低的人对土地有更好的把握时,他们战胜了高级别的人。好战和富有攻击性的蒙古人和满人确实征服了中原,但他们被人口稠密的民族吞并了,他们采用了这些民族的风俗习惯。每当移民群体发现一个国家时,我们都会看到同样的景象,特别是在民族大迁徙期间,南欧的那些日耳曼征服者国家(Erobererstaaten)。① 由于这股力量,无数低等动物和植物得以存活。这种对空间的争夺,不仅仅是为了生存空间,植物在这里扎根,鸟儿在这里筑巢。更确切地说,这是一个摄食空间(Ernährungsraum)的问题,它比生存空间要广阔得多。当我们的山区仍然有足够的空间为大型捕食性动物提供庇护时,熊和猞猁已经濒临灭绝,因为它们的觅食地正一年一年地缩小。

争夺这片土地的不只是农业、高山农业和林业,作为猎人的人类也加入了它们的竞争,它们在狩猎领土上的所获越少,彼此之间的竞争就越激烈。一棵树可以存活很长一段时间,即使在很窄的空间里,它也能继续长出树苗,但是当周围的其他树长得更快,把影子投射在它上面时,它的生存空间就会变得狭窄,它就会死亡。也许无法避免落石和雪崩,这意味着,它的生存空间的安全性降低了。但是,那些曾经在树阴下蓬勃发展的森林草本植物,一旦森林的缝隙允许更多的光线进入,它们就会死亡,而且,它们的消失会先于树木本身。

美国野牛的历史是一个机械位移,及生活和摄食空间缩小得非常明显的例子;即使在这些过程没有以同样的方式发生的地方,

---

① 拉采尔所指的"征服者国家"可能是指入侵南欧的日耳曼部落。

比如那些似乎是自愿迁徙的动物，生存空间仍然在缩小，仿佛从远处就确定了这些动物的命运。阿尔卑斯山脉的野山羊、科西嘉岛的欧洲盘羊和东波罗的海国家的马鹿，没有等到它们被赶走——它们一遇到威胁，就会在人类之前撤退；它们不仅躲避人类，而且避免任何的接近，这缩小了他们的活动空间（Bewegungsraum）。这种关系存在于一种动物和另一种动物之间的事实，可以从几个分布区的位置和形状推断出来，我们普通的野兔和雪兔的领地，看起来似乎后者在前者之前撤退了。

但是，在许多情况下，我们所说的撤退，不过是一个物种在被另一个物种立即占领的土地上的灭绝，就好像另一个物种已经在等待其生存空间的扩大那样。众所周知，某些植物在其他植物入侵前"撤退"。事实上，在德国北部的荒野上，云杉被掩埋了，而在它们边缘，我们只找到封闭的山毛榉林，这表明了一个类似的过程。

顺便说一句，我们在贝丘内部发现的东西告诉我们，松鸡是和云杉木一起迁移的。从这个意义上说，被广阔的空间分隔开的北极高山植物区系和动物区系的同一科成员的领地，是一块撤退区；也许这更适用于巨型红杉的小岛屿，它们的遗骸在第三纪的一系列遗址中就已经被发现，也来自阿拉斯加和迪斯科地区[①]，而如今，它们仅局限于加利福尼亚内华达山脉西部个别山谷和山坡的一小部分区域。据推测，这些生物已经从广阔的生活区，"撤退"到今天更狭窄的地方；然而，事实上，它们是以前巨大领土的最后一堆碎石和残留。

在人群的被迫撤退中，衰退的表现（Verkümmerungserscheinungen）被描述得如此频繁，以至于再重复的话，就是多余的了。在某种程度上，它们与生存空间的缩小明确相关，因为对狩猎、捕

[①] 目前尚不清楚在称为迪斯科（Disco）的几个地点中，拉采尔所知的是哪一处。

鱼或放牧来说,生存空间变得太小;这反过来导致了社会解体、经济衰退及贫穷和饥饿效应。在气候不利的生活区边界地带生存的一些边缘民族个头矮小——这些地区营养不良,远离交通线(如南非、澳大利亚、火地岛、北亚和其他地区)——可能与此有关。

魏尔啸比较了拉普兰人和非洲俾格米人群体,认为两者都体现出匮乏的生理效应。[①] 动物和植物表现出的类似症状,要明显得多。阿尔卑斯山的岩羚羊可能看起来仍然是一种壮硕的动物,但它们已经迫使自己爬上了高山,在那里,它们找不到与更大、气候更有利的分布地区相同的空间和食物;与此同时,肯定是因为这个原因,巴尔干岩羚羊是一种非常强壮的动物,尤其是在角的形成上,它的生活区还没有像特拉夫尼克么拥挤,而且还包括特拉夫尼克附近的低海拔森林。

中欧地区,是我们唯一一个仍然能发现鹿的地区,它的大小和力量,让我们想起巨鹿时代,就是德拉瓦河和克罗地亚多瑙河交汇处附近的原始森林,尤其是芦苇丛生和荒原成片的森林;在那里,重达11.5公斤的二十分鹿角,在那儿并不罕见。在《现在的史前鹿》(*Urhirsche der Jetztzeit*)中,莫斯瓦尔[②]用充分的理由,强调了"丰饶的啃牧区域,绵延数英里之远",换言之,最重要的是有利的空间条件(Raumverhältnisse)。然而,还记得加利福尼亚那些世界上最高和最壮大树木之一的巨型雪松吗?我们犹豫不决地认为,未能充分发展的生长是空间限制的必然结果;我们应该强调空间的移位和丧失很可能以不同的方式触发内部的生命过程。有能适应恶劣条件的灵活生物体,同样,也有保持不变而因此死亡的僵

[①] 魏尔啸(Rudolf Ludwig Carl Virchow, 1821—1902),德国物理学家、人类学家、病理学家、历史学家、生物学家、作家、编辑和政治家。"拉普兰人"(Laplanders)在德语原文中相当于"Lappen",现代用法是"萨米人"(Sàmi)。

[②] 莫斯瓦尔(Johann August Georg Edmund Mojsisovics von Mojsvar, 1839—1907),奥匈帝国地质学家和古生物学家。

化的生物体。

通过观察到的旧物种衰退和新物种进步的地质证据,我们得出了相同的结论。显然,地球上生存空间的限制,要求一个旧物种腾出发展新物种的空间来。从这个意义上说,新的创造和进步以撤退和灭亡为前提。这和个人的出生和死亡是一样的。只有旧物种,才会腾出空间,因为它会慢慢撤退,而新物种也会逐渐地、一步一步地填补间隙。也就是说,在某些情况下,这似乎是一个退回和推进的过程。因此,人们可能会认为,旧物种的撤退,只是因为它们被剥夺了空间。原始民族灭绝的历史,伴随着文明的进步,这提供了大量的证据。

然而,决定还为时过早——事实上,这仍然是一个广泛的开放性问题——在旧物种中,多久远的空间损失是由于内部原因,根植于自身生命力的衰落,以及在多大程度上可以归因于新物种的胜利进步。换句话说:是否有可能证明,地球上的数百万生命形式的消失,是空间的丧失造成的?在这一过程中,空间的丧失起了主要作用——这一点从我们现在所目睹的事件中,可以明显看出来。从历史的观点上说,没有一个物种或民族在广袤的领土上突然消失,但被赶回到更狭窄的空间内,这在任何情况下,都是其消失的外在表现。通常,这些空间的生存条件也比较差。

但是,在地球的历史上,我们还不知道哪一个外部事件可以用直截了当的方式把这次灭绝归咎于它。在每一个地质时代结束时,以火或水摧毁整个动植物群这一显然非常简单的假设,已经被证明是没有根据的。首先,它是在第三纪时期和现在之间的边界处消失的。没有人能断言,在第三纪地层中留下痕迹的所有动植物在那个时期结束时都应该消失了。相反,当我们从最古老的第三纪沉积物转移到最近的第三纪沉积物时,仍然存在于地球上的动植物遗骸的数量不断增加。在第三纪中期,我们有10%到40%的物种存在,在上第三纪,我们有40%到90%的物种仍然存在。

七 空间的争夺

因此，第三纪时期与我们所处的时代之间，没有明显的界线。但更古老地层的代表，也存续至今。然后，就在我们身边，其他巨大动植物科的灭绝，在一个时代的生命中留下了它们的印记。

一个奇怪的事实是，腕足类动物群体，包括小舌形贝，这是能被清楚识别的最古老生物——它属于寒武纪时期——几乎没有变化，一直存活到今天。海豆芽和圆盘贝是从古一直持续至今的属类。甚至连它们的物种变化如此之小，以至于在某种古代物种和现存物种之间，只存在细微的差异。双壳类物种，包括双壳类中有相同括约肌的，以及那些具有不同括约肌的，变化非常小。来自头足动物属的鹦鹉螺科，在志留纪进化形成近1800种，时至今日，我们只有一个幸存的物种——鹦鹉螺，它自侏罗纪时代以来就存在了。即使是最古老的陆地动物，其踪迹也离我们的蝎子、千足虫和蟋蟀不远。从石炭纪开始，就有陆地蜗牛了。

因此，所有种类的生物都得以蓬勃发展，而它们的组织却没有任何进步。如果我们检查保存至今的最低等动物的遗骸，有孔虫类的碳酸钙壳和石化岩芯，以及放射虫类的二氧化硅壳，那么，我们就会在最古老的地层中，发现与现在相同或类似的形态。然而，在地质演化过程中，可能会出现许多不同的形态，然后消失，但这些群体的发展高度，自志留纪以来从未被超越过。甚至是含硅质的海绵动物，也已经出现在高度发达的、不固定的，因而更高的形态中。相比之下，笔石类在寒武纪发展稀疏，在志留纪发展丰富，在泥盆纪几乎不存在；它们在泥盆纪灭绝，没有留下任何同类物种。因此，我们甚至不能说它们应该分属到动物王国的什么等级。属于棘皮动物的囊虫，也经历了类似的发展。它们出现在寒武纪，消失在石炭纪石灰岩中。三叶虫，在寒武纪前期一定是从其他古老的甲壳类动物中分离出来的，在寒武纪达到了它们发展的顶峰，恰如其分地代表着志留纪，并且在石炭纪已经很稀少，并逐步消失。

地球生命发展中的一大疑问是第三纪初始,地球上生命最众多的和最古老的动物群之一的灭绝。爬行动物在三叠纪、侏罗纪和白垩纪统治陆地和海洋,在第三纪早期灭绝。在海洋中,大型哺乳动物,特别是鲸,已经取代了它们的位置,就像哺乳动物和鸟类在陆地上所做的那样。能飞的爬行动物或翼手龙,已经在空中消失了。古代的菊石类和箭石类,发展得如此充裕富饶,到了第三纪,只留下了一些掉队者的踪迹,就消失得无影无踪了。在此之前十分普遍的几种蜗牛和双壳类动物,也消失了,其中有奇特的厚壳双壳类,被认为是厚壳蛤类。古代腕足类动物迅速减少。随着这些变化,海洋的动物世界变成了一个非常不同的世界;它逐渐变成了今天围绕我们的世界。

考虑到这次灭绝,几个原因应该被认为是很可能发生的和可能存在的,尽管没有一个可以提供一个完整的解释。陆地和空中爬行动物的消失,可能与哺乳动物和鸟类的增加有关,它们的完美组织提供了一个相当大的有利因素。海洋中的大型爬行动物,可能在恒温的鲸身上遇到威胁,鲸的体型有时会超过它们。软骨鱼类,在众多种类的软体动物令人费解的消失中,一定起了相当大的作用,特别是菊石类和箭石类。与它们组织相关的强有力的内在原因,也必须在起作用,但即便如此,为了我们的研究目的,我们必须维持空间中一个动物群取代另一个的态势,数字的减少会出现在灭绝之前,这说明了分布的减少,也就是动物群关于土地的掌控的弱化。更重要的是,在这样的背景下,地球上所有群体和生命形式的相互作用特别重要。没有一个是单独存在的,没有一种事物只能被它自身所概念化和理解。正是在生命的形成和消亡中,这些相互作用才得以形成。谁会否认,那些所有痕迹都被抹去的微小生物,可能在更大的动物和植物科的灭绝中发挥了作用,就像它们在枯竭的土壤上摧毁旧的作物种植园一样?

八　边界地带

空间的争夺总是会引起内外之间、领土核心和边缘或边疆之间的紧张关系。在这里,这些边界不被理解为是分界线,而是边缘,如果只有它们是空间上有区别的话——以一种连接的方法,或像岛屿一样被分离或划出———我们才能理解它们作为生物争夺土地,并在空间来来回回的转移中所处的地位。毕竟,由于植物群、动物群和人类居民的独特构成,边界地带在许多情况下明显地从核心地区分离出来。这在较小的空间中尤为明显,作为一个非常具有特殊性的区域,边界地带通常围绕着核心区域。

在自然条件允许的情况下,向前移动和有适应能力的外来者,从外渗透到岛屿的边界地带。因此,在印度洋的岛屿上,棕榈树和露兜树形成了茂密的海滩植被边缘,只有在它们之外,我们才会发现奇特的植物形态;在各个岛屿当中,边缘本身比岛屿内部的植被更为同质化。非常小的小岛,比如接近毛里求斯的圆岛和类似的小岛,被它完全覆盖。在索科特拉岛,在中间和较高的内陆地区,也是岛上当地植物群的家园。这让我想起最初的黑人移民获得安的列斯群岛当中非常小的小岛上的整片土地,或者更多的地方;也正是通过这种方式,我们在欧洲之外的所有殖民地、在中国以及大洋洲或西非地区,甚至在黎凡特,都控制着欧洲文化的沿海边缘地带。

在高山上，我们看到平原栖身者向岛屿山顶的斜坡奋力前行，其中的一些已经混杂在夹杂着冰雪的植物群或高山小岛当中。在瑞士终年积雪的植物群与北极植物群共有的 150 个种类中，希尔①列举出了 28 种低地植物，这些植物也出现在中间平坦的土地上。在已经变成耕地的广大山区，这些外来者已经取代了高山植物。奇怪的是，如果在北极没有代表，这些植物就没有任何一种能爬向终年积雪地区——这是它们生命力和适应性的标志，而且同时也是广泛分布在沿海的许多栖息物种的奇特相似物。

在生命的所有领域，生命对土壤的控制在边界地带变得越来越弱。迅速减少和提前灭绝是在生活区边界附近生存的植物、动物和人类的命运。南半球的边缘民众——在南非、塔斯马尼亚、澳大利亚、新西兰、火地岛和很多海洋岛屿——表现出和欧亚大陆与北美洲的北极民众一样的消失和削弱。此外，我们发现印度洋和太平洋岛屿上巨型鸟类的消失，并且在北部，还有斯氏海牛、海雀、北极露脊鲸的消失，即将灭绝的海狗，在许多地方，还有海象。山区生命的边缘地带，也呈现出同样的景象。野山羊、欧洲盘羊、胡兀鹫、瑞士石松和黎巴嫩雪松只是几个值得注意的例子。早在 1870 年，西莫尼②公开谴责在达赫斯坦高原上挖掘根茎，导致欧前胡和龙胆草大量死亡。阿尔卑斯山的高山缬草和雪绒花，实际上已经从阿尔卑斯山的许多地方消失了。

当一种生命形式在一个岛屿或山脉群中不复存在，这种消失在边界地带并没有结束；如今的边界只会改变，同样的过程，在分布区的中心开始。法国人在加拿大和新斯科舍的入侵，和英国人在弗吉尼亚的入侵，使北美印第安人从他们分布区的最东边开始

---

① 希尔(Oswald Heer 或 Oswald von Heer,1809—1883)，瑞士地质学家和博物学家。
② 西莫尼(Friedrich Simony,1813—1896)，奥地利地理学家和阿尔卑斯研究者。

八 边界地带

撤退,这一进程在整个大陆缓慢推进,就像所有有影响力的事物的一个器官或载体,对较小的民族[Völkchen]来说,这是灾难性的。野牛、麋鹿、加拿大驼鹿和其他动物的撤退,也以相同的方式进行。对于这些人和动物来说,边境一直是带有弱点的地区,袭击在那里能够以最高的成功率进行。

但是,为什么分布区域的边界是如此薄弱呢?也许民族分布的地区最适合阐明这个问题。拉普兰人、萨莫耶德人、雅库特人、通古斯人和楚克奇人,这些占据欧亚大陆这一人类生活区边疆地带的人们,为了能够在这些物产贫瘠的地区生存下去,不得不广泛分布,他们被迫不断地移动住处,从而跟上生活条件的迅速波动。[①] 因此,他们是小型的游牧民族(kleine……Völkchen),从一开始就数量少,且控制力弱。他们居住地域的恶劣气候和稀疏植被,只允许饲养数量有限的牛。这是他们和他们的中世纪亲戚之间的主要对比——事实上,他们缺少大型牧群的支持。驯鹿只是提供了一种少量且劣质的替代品。而且,如果我们还考虑到气候和粮食的短缺也致使他们生病的事实,从而缩短了他们的预期寿命的话,那么,我们就有足够的攻击点,这些攻击点必须削弱这些民族在人类生活区边界地带所处的地位。

靠近两个民族边界附近的位置,并不那么不利。但在这方面,也存在明显的衰弱因素。在原始条件下,这些民族会在他们之间,留出尽可能广泛的空间,让它空着,以避免直接接触。另一些人,则会挤进这个空间,威胁到双方的居住空间,居住地逐步逼近,未被占用的空间变得越来越稀少。或者,当地球上的空间变得如此紧贴,甚至对人类来说,他们开始拥挤的话,他们的居住地从两边一起移动,并与边界地区交融,产生了混杂的边界地带,这是所有

---

① 这个过时的术语,指的是俄罗斯北部北极地区的土著人,可能是所有说萨摩亚语的不同民族。

生活在那里的民族的脆弱地区。对于一个民族来说,很容易失去被陌生人包围的周边居住区域,就像一个岛屿或一块它合并区域的外飞地。回忆一下日耳曼-斯拉夫、日耳曼-匈牙利或日耳曼-意大利边境地区的情况,就知道了。

九　广袤的空间维持生命

我们现在正在接近生命空间问题（Raumfrage des Lebens）的一个方面，直到现在，这个问题几乎没有被考虑过；然而，我认定它被证明对生物地理学，尤其是人类地理学来说，是至关重要的。在历史书中，我们有时会发现这样的表述，"拿破仑的俄国战役建立在俄罗斯帝国幅员辽阔的空间上"，而战略手册没有忽视广阔空间的重要性，广阔空间保护了攻击者，同时也给攻击者带来了潜在的灾难。但我得说，广阔的空间里有某种更伟大的东西——某种创造性的东西。在生命的发展过程中，一个民族或物种的领土扩张，总是首先意味着数量的增长，然后是对生活条件变化的适应，最后是通过杂交繁育回归到母本或物种的可能性的降低。在这里，我们不能忘记一个基本的地理事实：当面积加以平方时，它的外围只以算术方式增加；换句话说：一个生命形式的空间越大，它与它的邻居接触和杂交繁育的可能性就越小。

让我们以植物世界为例。瑞士石松（pinus cembra）是曾经广泛分布在欧亚大陆大部分地区的树木之一。如今，更大的一片只能在北亚才能找到，而在我们的山区，它已被大大推后。它的位置甚至标本，都可以在巴伐利亚阿尔卑斯山等地区单独计数。只有在其栖息地的大部分地区，它才得以保持在未被破坏的土地上；此外，它仍然分散在一个极为多样化的广大领土上，这也有助于保证它的生存。为了在从鄂霍次克海到阿尔卑斯山西部的不同气候条件下茁壮成长，瑞士石松最初必须分布在一个非常大的区域，在气温下降的时期，这片区域甚至可能比今天还要广阔。这导致了多方面的适应优势，与此同时，一种生物的重量分布在数百万平方公里的范围内。

但还有第三个更重要的优势，即，在它还在生长的时候，这种松树就被保护起来，不与相关的物种杂交繁育。正是其分布地区的大小，提供了这种保护。一个注定要成为截然不同的物种，可以通过两种方式实现这一目标，即通过最严格的分离，从而与亲本植物的杂交繁育，并回归到该物种的特性中去，或者通过一个非常迅速的扩张，它所覆盖的空间提供了一个保护功能——扩张空间减少了不同种类接触其他形态的边界。但在许多情况下，甚至在这种繁殖之前，变种都是在"创造中心"的有限位置上发展起来的。其他1000种高海拔植物和动物，也有类似瑞士石松的分布史。雪绒花在我们这些地区，已经濒临灭绝，但在西伯利亚南部，仍是一种继续生长的广泛分布的草甸植物。

也许，人类地理学中最紧迫的问题是关于起源地区的空间。直到现在，动植物世界的地理学家，一般都很少关注物种起源的细节和多变性，尤其是与空间有关的细节。但是，对于金发碧眼的民族(die blonde Rasse)、雅利安人、闪米特人、乌拉尔-阿尔泰语系的民族、班图人以及其他民族或民族的家庭来说，我们通常假定非常具体的地点是起源的领土，或者至少我们认为它们是可能的。就金发碧眼的民族而言，被定为起源地的土地面积只有几千平方公里。我建议，我们不要仅仅停留在猜测上；基于空间在新民族、品种或物种形成和保护中的重要性(如上所述)，我们可以加以进一步探索。为了在形成和固定金发民族所需的极长时期内排除外来的影响，我们必须假定它的起源领土不是一个岛屿，就是一个极其广阔的大陆地区。然而，没有任何东西支持岛屿的概念，一切都表明了一个广阔的领土的起源。

最重要的是，对于如此截然不同的民族来说，缓慢的演变需要空间。浩瀚的空间必须与充裕的时间相匹配。一个民族不会世世代代依附在同一块土地上，但它必须传播，因为它在成长。这里的增长模式是不同的：如果一个民族不受干扰地发展，它将沿着整个外围慢慢地流入周围区域。如果经济增长伴随着内部风暴和摩擦，然后部分将向外推，而其他人会自愿撤退到偏远地区。在这两种情况下，人们的空间随着时间而增长，这是过渡到一个不同种类或民族所必需的。这就是为什么我立即拒绝这种不太可能的假设，即，伟大的民族或民族应该从狭窄的领土中发源。

在雅利安人的例子中，伟大语系的萌芽分支，一定会比现在更为强大，并表明有一种自由的空间在漂浮。一棵树需要阳光和空气才能生长，而这棵语言和民族之树，需要可用的土壤才能枝繁叶茂。只有在广阔的空间中，每个分支才能保持一定程度的独立性，以发展其独特性，从而保证其独立存在。特别是在波罗的海周围地区的居民中，我们常常赞赏民族特征的稳定性；在这里，新石器时代的墓穴中，埋葬着与过去用青铜和铁器埋葬之处相同的骨骸，而昨天挖掘的墓穴中，也埋藏着相同的头骨。这并不像许多人所认为的那样，是一种静坐千年的情况，在任何情况下，都将违反各国人民生活的所有法律；它代表着另外一种意义，一种更为重大的意义：它保护人们不受海边那些不断变化的民族影响，并被陆地上的民族亲属所包围，没有任何外来的民族流入西波罗的海国家，特别是斯堪的纳维亚半岛的民众那里。

但是，我们这里说的关于欧洲的金发民族和雅利安人，当然是假定混合民族形成更广泛的周边地区，实际上，金发民族的南部是有深色头发和浅棕色皮肤的雅利安人的领地，然后是闪米特人和含米特人的空间，其混血儿特征越来越明显地表现出黑人血统的混合；同样的，从东欧开始，甚至在东欧的大部分地区，也有过渡形式指向蒙古人。

拉普兰人目前占据着欧洲北部文明世界的边缘地带（Menschengrenze），这不可能是一个古老的现象。更有可能的是，在他们发展的时期，金发民族可以自由地四处迁移，甚至可以搬到北方去。因此，金发民族并不是起源于波罗的海地区，而是被保存在那里。波罗的海或斯堪的纳维亚的金发民族的起源理论，是否建立在保护领土与起源领土的混淆之上？为了回答这个问题，让我们通过研究什么样的空间条件在新生命形式的发展中起作用，来加以结束。

十 新生命形态发展中的空间现象

　　一个民族或物种形成的空间方面,必须在三个不同维度的不同阶段内加以设想。首先,变异将出现在一个独特的领域,它仍然存在于接近亲本物种所占据的空间,有时甚至完全被它包围。如果新的形式被证明是可行的,它将会传播,并且新的领土、被边缘或边界地区包围地带有过渡和混合的形式,将会比之前更大,而且也将是连贯的。边界地带随时间推移而消失,因为它们的过渡形态被吸收或发展成独立的民族或物种,而新物种的领土,随后将与其他物种的领土接触。然而,这些现在的领土可能会侵占以前的领土,破坏其连贯性。最后,只有少数的飞地岛屿将保留以前巨大和连贯的领土。对这个顺序加以概述的话:开始是一个狭窄的起源区域,继之以一个有过渡区的广阔而连贯的领土,然后是一个广阔而连贯的没有过渡区域的区域,最后是一个狭窄的撤退区域。让我们不要忘记,这些进程是经过数千年才实现的。

　　因此,在许多情况下,新生物的发展取决于连续的空间收缩和扩张。在许多情况下,新变种和新物种需要狭小的空间,才能使自己被加以区别;在获得了它们的新特性之后,它们必须建立起自己的能力,以抵抗杂交繁育和气候影响。物种及其不同特征的保存方式,比它们通过众所周知的变异现象而形成的方式更引人注目,这种保存，是通过阻止不利的杂交繁育来实现的；然而，这种关闭，只能通过迅速扩张来实现，除非自然已经提供了障碍，如在岛屿上。在这个过程中，轻微的变化被破坏了；最可行的形式和最强大的传播能力，涵盖了尽可能大的领域；中间形式退出，鲜明的对比开始并存，斗争和进步加速了。这一切，意味着我们可以称之为生存梯度（Lebensgefäll）的增加。

现在，让我们考虑民族和物种发展的最后阶段——解散栖息区域（Wohngebiet），转变成若干保存区（Erhaltungsgebiete）。每一个离去的民族和物种都给我们提供了同样的图景：狭窄而孤立的领土，没有紧密相关的物种联系，没有等级，只有缝隙；这些被分割的领土，甚至没有被相关的物种所占据，而是被经历了非常不同发展的相似属种所占据。边缘和中间形态已经消失。从东到西看旧大陆热带地区的类人猿的话，我们在几内亚湾周围的土地上遇到了大猩猩，但是在所谓的下几内亚，大约从南纬0°到5°；也就是说，在非洲五大湖的深处，与油棕和灰鹦鹉大致重叠的地方——我们发现了黑猩猩；再往东，越过印度洋的裂口，猩猩占据了巽他群岛；因此，在非常遥远而狭窄的领土上，我们有三个非常不同的属，每一个都栖居着一个单一的物种，只有微小的变异。

这种收缩状态发展到爆发点，是一种孤立状态。难道灵长类的"三个分布岛屿"没有让我们想到实际岛屿的生物地理特征，即它们倾向于怀有单一属，也就是说，只有一个物种的属？这些单型表明，在有限的领土上长时间保持了一种分离，允许保留并可能加深个性化特征，但没有保持相应丰富的物种多样性。

这类岛屿分布的存在表明，当我们考虑狭窄空间如何影响生命的发展时，我们对生物地理学术语"岛"的理解，必须比地理所合理和习惯使用的定义更宽广。当生活区不被水包围时，受限和分隔的居住面积也被称为一个岛屿，与地理环境要求恰恰相反。沙漠中的绿洲、气候和岩石结构独特的山峰、冰冷的深海盆地、洞穴，所有这些，都是生命分布的岛屿。即使是山上潮湿的缝隙，也会在稍微偏离周围环境的条件下，把它自己的动植物小世界连接起来。在水井中，一种以前不为人知的蠕虫物种，如布拉格蠕虫，正是由于这个原因，才得以安静地生存在一个独特的栖息地。

这些并不是孤立的例子，从洞穴中生活的大量动物物种就可以明显地看出，它们只属于这些洞穴。在匈牙利的洞穴和喀斯特高原，生活着68种独特的甲虫；加上著名的洞螈，及其丰富的本地品种，如特殊的洞穴蜗牛属、20只蜘蛛、4个千足虫、几个甲壳类动物以及一些直翅类物种，而卡拉尼奥洞穴和喀斯特高原的总和，虽然数量有限，但允许一个完全独特的生活环境出现在我们眼前。绿洲就像是荒芜的山中聚集生命的岛屿。在所谓的利比亚沙漠小绿洲中，阿舍森（Ascherson）统计了232种植物，而整个撒哈拉最多只有700种。但是，撒哈拉沙漠有600万平方公里，而小小的绿洲却只有138平方公里。

就像岛屿被海洋包围一样，山脉的最高处与低地之间被连续的气候带所分割，从而形成山地岛屿。这使得个体山丘成为单独的、狭窄的栖息地，它们在许多方面表现得跟岛屿一样。在乞力马扎罗山的草原植物群之上（海拔1700米）有一条热带雨林带；这两者之间，只有一种很窄的蕨类植物间隔。林带的平均宽度为1200米，在它之上，有大片的草地和灌木岛屿，在4700米的地方，我们找到了最后的开花植物。

可以肯定的是，有些物种从高原延伸到海拔3000米，其特征完全一致，但更常见的是，在不同的海拔高度出现了连续层的物种，这样的一个区域分布，以同心圆的方式围绕另一个。因此，我们找到了阿尔卑斯山的三只富有光泽的阿波罗蝴蝶——阿波罗绢蝶、戴留斯绢蝶和觅梦绢蝶，在阿尔卑斯山按照低、高、最高顺序依次排列。

更重要的是，山脉的分支也将广阔的土地分割成小块。阿尔卑斯山不仅形成一个丰富生活环境的世界（如果我们囊括北极形态的话，高山区有超过400个独特的物种，或700种植物）——这个山系将自己置于两种植物之间，它们的不同特性，是由于彼此之间的屏障造成的。

造成高山地区孤立的，不仅仅是气候；森林的缺乏，创造出了如孤岛般隐居的生活条件，否则，只有在广阔的大草原才能找到——这也被岩羚羊、土拨鼠和其他动物的同类所证明。这使人想起吉尔吉斯人在帕米尔高原的高山牧场的扩张，他们的领土是草原。也许我们也可以把这里的骆驼科包括进来，它们占据了旧世界的大草原，而在新世界，却占领了类似安第斯高原的高地。

植物或动物收集者，熟悉钙生植物或避钙植物拥挤在一起的岩石岛屿。一旦我们越过它们的界限，踏上不同的土地，那些植物就会消失。岩石的边界常常呈现出海与陆地的边界那样的尖锐。在阿尔卑斯山脉，土壤中的花岗岩或片麻岩的存在，通常可以从落叶松的生长推断出来，而松树则带有石灰质土壤。在动物中，陆地动物特别喜欢白垩；仅仅在特兰西瓦尼亚东部受限的侏罗纪石灰岩地区，就有16种田螺属生物，在其他任何地方都不存在。这些田螺属蜗牛在炎热的阳光下，紧贴在石灰岩上，以极其缓慢的速度汲取它们的营养——微小的地衣。

在这两个半球最奇怪的狭小的居住空间中，有许多居住在温带高地和深处的极地栖息动物聚居地。就像欧亚大陆北部和北美的高山山口，经常被斯皮茨卑尔根、格陵兰岛和其他北极地区的动植物世界的栖息动物所造访一样，在大西洋寒冷的盆地深处，我们也能找到北冰洋动物世界的居民。在这两种情况下，温带内的这些极地岛屿，都包括它们自己的物种，及邻近的北极殖民者——这些物种往往与北极的物种非常相似，尽管有时在岛屿上，它们可能是相当独特的。在大西洋寒冷地区的102种甲壳动物中，萨尔斯发现了53种北极物种和42种独特的物种，独特物种占比约为41%。①

另一种已经缩小和分裂的生存空间，是残余湖（relict lake）。这是被洛伊卡特（Leuckart）创造出来的著名词汇。② 后来，这种说法遭到质疑，因为许多被认为是更古老、分布更广的海洋动物的遗骸，并不能最终证明确实如此。但是，糠虾幼体的物种，在瑞典和俄罗斯的湖泊和里海，与北极北部其他甲壳类动物相似的分布，有着密切联系，里海海豹也与北极海豹密切相关——这些例子支持了一种观点，即水体是残留的湖泊。尽管俄国地质学家尚未能够证明乌拉尔山脉两侧存在相互关联的海洋沉积物，但如此紧密的联系，使得里海与北极的联系可能直到不久前才出现。与此同时，最有吸引力的残余湖，当然是坦噶尼喀湖，它的动物世界，不仅在自然界中是非常海洋性的，而且可能也非常古老，这表明在遥远的过去，海洋的联系被切断了。

在大多数情况下，这些分布的岛屿是过去连贯的较大领土的遗迹；然而，简单地把一个分布地区的划分看作是其时代的标志，是站不住脚的。毫无疑问，北美印第安人居住地的分裂，是他们被白人压迫的标志，白人是这个国家较年轻的民族。但是，中美洲加勒比人的存在，不能用同样的方式来解释；他们也以小群体的形式生活，而且他们过去可能更分散，但这不是因为他们被赶回去，而是因为他们是移民。与周围稠密的居民区相比，他们是这一地区的年轻人。

我们在每一次的殖民中，都看到了同样的分布模式，无论是植

---

① 可能是指挪威海洋和淡水生物学家萨尔斯（Georg Ossian Sars, 1837—1927）。我们讨论的区域是威维尔汤姆森山脊。
② 可能是指德国地质学家洛伊卡特（Rudolf Leuckart, 1822—1898）。

物、动物还是人类：最初是分散的，但会随着时间的推移而合并。岛屿的后退和前进分布的区别，不在于领土的核心，而在其各自的位置和生存条件的质量上。撤退的领土被撕裂，它是随意的、不利的，而在前进的领土上，则会寻找最佳的地点，排队向着对方努力成长。在关于英国植物群不同时代的讨论中，英国生物地理学家确认了这种不连续的分布［原文是英语表述的］是所谓卢西坦统元素（Lusitanian element）时代的标志。最早使用"卢西坦统元素"一词的福布斯，他已经发现了爱尔兰、英格兰西南部、法国西部、西班牙和葡萄牙常见的大量动植物的比例；事实上，这些植物似乎占据了一个广阔的领域，由于土地的损失和气候变化，它们分裂，并变得更小。

但卡彭特[①]以此来提出一个普遍原则，根据这个原则，广泛的英国物种属于这些岛屿动物世界一个年轻的或最近的分支，而不是被当地所限制的物种，沙尔夫在他的《欧洲动物种群史》(*History of the European Fauna*)中正确地观察到，即使分散的区域分布适合旧物种（鉴于上述情况，我们不会接受），大的和连贯的领土也不一定属于年轻的物种。

然而，在另一方面，由于这些分布区域是散落的，而且仍在变化之中，如果从某一地区没有某种生命形式，就得出结论说它从未存在过，或者认为它必须来自完全不同的方向，这是很危险的。如果沼泽蛙（Rana arvalis）出现在从西伯利亚到德国中部的地区，但在东南部和西欧却没有发现，我们可能会认为它是起源于西伯利亚的欧洲许多向西迁徙的动物之一。但是，声称某些欧洲虎甲虫（Cicindela）或土鳖虫（Carabida）起源于北亚——这一说法纯粹基于在西班牙、马德拉或加那利群岛没有发现它们，但显然，它们应该存在，如果它们已经在欧洲、西亚和北非发展的话——不是一个

---

① 卡彭特（George Herbert Carpenter，1865—1939），英国博物学家和昆虫学家。

必然发生的结论。为什么它们不像其他成千上万的物种那样,在南方消失,而在北方生存呢?我们愿拭目以待,看看它们的遗骸是否有一天在第三纪晚期或后第三纪地层中被发现,这也就是在今天,许多人对它们的准确起源地点犹豫不决的地方。

十一　创造中心还是保存区？

考察"创造中心"一词的地理属性，我们发现的往往是更大的分布区域的核心部分，一个生命形式以最大的富足和丰富性，出现在那里。当人们轻描淡写地使用"创造中心"一词时，一个物种、民族等的起源比许多人可能怀疑的更难回答。在我们试图回答这个问题的过程中，我们很少——也许永不——设法确定一个地区的起源；我们经常得到的只是一个保存生命形式的区域。澳大利亚被传统地描述为单孔类动物和有袋类动物的创造中心，但这是基于什么呢？单孔类动物和有袋类动物并不是在澳大利亚创造出来的，而是在那里被保存下来的，有些可能是在当地发展起来的。但在第三纪的所有地层中，甚至在更古老的零散化石残骸中，我们可以看到这些动物群在地球大部分地区的古老分布。澳大利亚只是他们撤退和保存的地区。当然，在某些情况下，我们也可以说一个物种或亚种：这里是它发展的地方，这里是它的创造中心。

但是，生物的命运在很大程度上，取决于地球表面的变化，只有当它们的起源不是太遥远的时候，或者当物种恰好高度适应当地条件时，这才有可能。我可以确定在苏台德地区找到某些山柳菊属植物亚种的起源，在新地岛找到山柳属植物的起源，几乎可以肯定是在冰河时代结束之后。同样，我也可以说，钦博拉索山的虎耳草，最高的维管植物之一，是这座山独有的：钦博拉索山最有可能是它的创造中心。盲洞螈也很有可能是在卡拉尼奥的限制山区进化而来的，那里，它出现在不少于7种本地变种中；然而，著名的洞穴蜘蛛却出现在卡拉尼奥和摩拉维亚的洞穴中，这立即使关于它的创造中心的问题变得无法回答：它甚至可能起源于这两者之间的某个地方，在很久以前坍塌的第三组洞穴中。我还可以说，考虑到欧洲移民在北美所发展出的特殊品种：北美似乎正在成为欧洲人的一个新亚种的创造中心。但是，澳大利亚难道不可能对欧洲儿童产生类似的变革性影响吗？关于雪兔，我同样不能说北极地区应该是它的创造中心；当然，这些地区是雪兔分布最广的地区，但它可能起源于更远的南方，当时，北极气候预先形成于北美和北欧地区，而如今，雪兔仍在阿尔卑斯山和其他山区出现。这并非不可能，它明显的北极中心将会是它最大的保存区域。

但是，有无数的高山植物和动物与这种哺乳动物处于相同的位置。不少于150种瑞士阿尔卑斯山的雪层植物群，也出现在北极；其中，134个与斯堪的纳维亚重叠，68个与北极美洲重叠，其中的41个也出现在北美山区；94种北极高山植物也生长在阿尔泰山区，24种生长在喜马拉雅山中。地球上的其他地方，在靠近赤道的山区，在适当的高度，较冷地区的生物也会出现同样的现象。因此，乞力马扎罗山海拔2800米以上的高山草甸地带，也让人想起了非洲南部，而原始森林地带则被阿比西尼亚同类物种所占据，与喀麦隆的山脉有着独立的联系。在中亚的山区，与北西伯利亚和乌拉尔山一起，出现了一系列高山动物，或以相近的形式出现。但显然，在所有这些情况下，简单地假定阿尔卑斯山脉或任何其他山系是创造中心，仍然是轻率的，除非除了这些物种的重叠或密切亲缘关系之外，还可以举出其他原因。

孤立地生活在山里的植物和动物，往往在平原上的某个地方继续存在。在这种情况下，松树的例子很有启发意义，但松鸡科或松鸡的例子更是如此。在加利西亚，它只出现在平原；在德国的低山和阿尔卑斯山，它只是在山上很偏僻的、几乎隐蔽的地点被发现。黑松鸡偶尔仍会靠近波希米亚的大量平原，在阿尔卑斯山，它甚至会在交配季节越过森林线。类似地，我们的雪绒花，越来越多地被驱赶回阿尔卑斯山高处，作为一种草甸植物从西伯利亚南部一直生长到中亚南部和克什米尔地区。

北极候鸟在我们的山区暂居；北欧的高海拔形态，如欧亚大陆的小嘴鸻（Eudromias morinellus），选择沼泽或海拔 2000 米以上的湖泊和极地气候栖居。这说明新岛屿的分布，可以出现在山区。

其他原因必须由目前或以前地理分布来加以说明，这迫使我们接受一个特定区域的领土起源，这一地区的界限不能太窄。在阿尔卑斯山，有许多植物是高山地区特有的。它们与北极和周围的平原都没有关系；这意味着，它们起源于阿尔卑斯山脉，要么在早期阶段从其他山脉移过来，从而能够适应和成长为独特的物种。其中，有报春花、高山大叶野茉莉、岩石茉莉、薹草、虎耳草、牧根草、龙胆草、风铃草、缬草。其中的大部分，也分布在中亚山区。在这里，几个属有众多的同类生物，虽然它们只有一个或两个物种生长在我们的高山上。报春花在本地区的代表性并不差，但就其丰富性而言，仍然比亚洲中部山区的大得多。非洲在其山地植物中，也有报春花。阿比西尼亚有各种各样的轮生报春花，另外两种生长在西奈半岛和阿拉伯半岛。已知最近的近亲是野榆钱菠菜和弗洛琳达花（Florinda），它们来自马斯喀特和西喜马拉雅地区。一种更偏远的种类是在喜马拉雅山脉东部发现的。因此，从南部和东部都有所增加。显然，报春花在中亚山区最丰富，这一事实，使我们可以追踪它向南部和东部的分布路径。因此，我们可以相当肯定地说，中亚山区是丰富的阿尔卑斯山报春花科的起源地。一个单一的辐射发展是不够的，但它在同一地区不同方向的重复，使我们更有信心。

十一 创造中心还是保存区？

仅仅是在中亚山区的报春花的丰富，并不能提供足够的理由，将起源转移到该地区。这个发生率本身就是一个警告，提醒我们不要对一个起源地妄下结论，因为它是误解的主要来源。难道夏威夷蜗牛在夏威夷进化的基础不是每个山谷都有自己的形态，而是每个山谷的每个部分？让我们记住，当克里斯蒂将阿尔卑斯山的起源归因于41种高山植物种时，是因为它们在阿尔卑斯山比在北方更频繁地出现，希尔已经断言，理当如此，或多或少地频繁出现，并不能确定最初的起源地，正如经验告诉我们的那样，一些种类的植物和动物，在新地方比原产地生长得更好。同样地，我们也对将一个民族的起源定位在其分布最广、密度最大的领土分布地区的企图提出了质疑，我们指出，欧洲以外的一些欧洲殖民地的居民人数已经超过了其母国。

在其他任何情况下，在确定报春花可能的起源地时，起决定性作用的方法本身就是足够了：它追踪一个物种在任何方向上的扩散，直到它在任何方向遇到第二个或第三个区域的点。这样，我们就得到了一个辐射区域；尽管它是否为首要辐射区域的问题仍然悬而未决。显然，北极之所以是众多北极植物和动物首选的"创造中心"，是因为它的位置适合于北极高山植物的散布。我们不能否认在北极有许多光线汇聚在一起。据说，如果北极生存环境不是最初在南部发展，然后向极地迁移的生命形式聚集在一起的结果的话，那么，在北极内部就会发现更大的差异，而个别高山植物区系和动物群，也将与北极地区的差异更大。它们的大量相似，证明了北极作为传播地区的优势。但这只涉及传播，而不是起源：这是同样的老误解。

但是，当我们假设，在山脉早期的地质时期，高海拔动物群和植物群必然存在于那些山顶，然后，它们和类似气候的极地地区之间的联系在早期阶段就已经存在，必然导致交换各自的生命形式，特别是考虑到在气候较冷的时候，它们的领土会向四面八方扩展，彼此之间会更靠近。在欧洲低地发现的北极高山植物和动物遗骸，为这种传播和融合的程度提供了充足的证据。

有一段时间，没有人怀疑阿尔卑斯山脉的高山植物群和其他高山系统的起源，在欧洲只能在北极寻求。希尔创造了这一理论的多个经典作品。最有说服力的表述，出现在其死后出版的《瑞士雪层的植物群》(Flora Nivalis der Schweiz)一书中。值得注意的是，当时没有人提出这样一个问题：为什么不是每一座被冰川覆盖的山，都有同样的力量产生具有北极高山习性的植物呢？希尔确实证明了150种北极高山植物中，94种也存在于阿尔泰山脉，24种存在于喜马拉雅山脉，但他没有提出一个明显的问题：阿尔泰山脉是否可能没有产生一些物种，然后向北部和西部迁移。喀尔巴阡山有82种高山及北极植物；为什么喀尔巴阡山脉的人不也生产其中一些呢？

因此，在全北极区发现的北欧形式的起源（尽管是在类似岛屿的地区），不能仅仅归因于北极；而应归结于整个北半球的环极区，一直深入到温带。我想回忆一下松鸡科、松鸡、黑松鸡和榛松鸡，其分布也在整个北半球形成一个环，在南亚和北美南部则不存在，地中海国家几乎完全没有。在格陵兰、北美北极、斯堪的纳维亚和阿尔卑斯山，以及苏格兰、北亚和阿留申群岛和斯匹次卑尔根群岛，都有独特的柳雷鸟或雷鸟。其中，琴鸡属的一个种类，从比利牛斯山脉一直延伸到太平洋，而另一个非常受限制的种类，在高加索地区被发现。松鸡属和它的近亲，广泛分布在北欧、北亚和北美。其中，榛松鸡从西班牙北部一直到库页岛，而另外两个种类，生活在俄国北部和中国。这不是一个单一的创造中心的例子，而是由于它们的位置和环境而联系在一起的一系列起源和保存的领土。

如今，很明显的是，我们的任务不能确定理想的分布区域中心，这个区域的现有规模和程度毕竟是偶然的；我们唯一能够而且应该确定的是整个领土的位置和形状。普遍的假设"一个物种的原始家园……通常符合其地理范围的中心"在地理学上是完全没有根据的。①

这个不可靠的假设表明,鹿的起源在中亚,这是没有任何其他事实支持的说法。骆驼科很可能起源于亚洲,不仅是因为它们出现在今天的亚洲,而且因为它们的洪积遗迹,仅在欧洲边缘的深海静水地区被发现。在许多其他情况下,当分布区域覆盖了亚洲的大部分地区,而没有欧洲的大部分地区,特别是西欧和南欧却没有分布时,亚洲起源似乎也很有可能。但我们不会把蟾蜍的例子包括在内。蟾蜍生活在东欧、中欧和东亚,但在不列颠群岛、地中海群岛和斯堪的纳维亚半岛却不存在;毕竟,岛屿和半岛上的物种总是比广阔大陆上的物种波动更大。

因此,在这类研究中起重要作用的,不是中心,而是边缘地带。所有生物地理学关于起源的问题,都是如此。这始终只是分布运动的当前极限,它足够接近,以至于我们可以清楚地看到;但这仅仅是一个民族、品种或物种今天所占据的领地。它的主要任务是精确地确定它的大小和位置。除了这种评估之外,我们最多只能辨别一个领土在最近的过去中发展的方向。最后,通过把这个方向向后延伸,我们可能会得到一个猜想,通常是假设,关于它更遥远的起源。这是上限。在这个过程中,寻找一个中心似乎只会导致混乱。特别是在研究一个民族或民族的起源时,我们必须记住,我们不应该追问点(起源)或线(路径),而应该追问空间和领土。

---

① Scharff, *The History of the European Fauna*, 250.

图书在版编目(CIP)数据

人文地理学的基本定律/(德)拉采尔著;方旭等译.--上海:华东师范大学出版社,2022
(经典与解释)
ISBN 978-7-5760-3147-8

Ⅰ.①人… Ⅱ.①拉…②方… Ⅲ.①人文地理学 Ⅳ.①B502.232

中国版本图书馆 CIP 数据核字(2022)第 150401 号

华东师范大学出版社六点分社
企划人 倪为国

本书著作权、版式和装帧设计受世界版权公约和中华人民共和国著作权法保护

经典与解释·政治史学丛编
人文地理学的基本定律

著　　者　[德]拉采尔
译　　者　方　旭　梁西圣　等
校　　者　隋　昕
责任编辑　彭文曼
责任校对　王寅军
封面设计　吴元瑛

出版发行　华东师范大学出版社
社　　址　上海市中山北路3663号　邮编　200062
网　　址　www.ecnupress.com.cn
电　　话　021-60821666　行政传真　021-62572105
客服电话　021-62865537　门市(邮购)电话　021-62869887
地　　址　上海市中山北路3663号华东师范大学校内先锋路口
网　　店　http://hdsdcbs.tmall.com

印　刷　者　上海景条印刷有限公司
开　　本　890×1240　1/32
插　　页　2
印　　张　8.75
字　　数　180千字
版　　次　2022年10月第1版
印　　次　2022年10月第1次
书　　号　ISBN 978-7-5760-3147-8
定　　价　58.00元

出 版 人　王　焰

(如发现本版图书有印订质量问题,请寄回本社客服中心调换或电话021-62865537联系)